スーザン
の
アメリカ

ライフヒストリーによる
異国の友人理解の試み

加藤 泰子［著］

晃洋書房

まえがき

　本書はアメリカ人女性スーザン・レーンのライフヒストリーをメインに，スーザンの親族や友人たちのライフヒストリーをサイドストーリーとして，合わせて 11 人のアメリカ人の人生についての語りを描くことによって，彼らがどのようにアメリカを体験してきたか，彼らのアメリカとはどのようなものかを探るものである．その目的は日本人の筆者がスーザンとその周りのアメリカ人による語りを通して照射したアメリカ的なるもの，すなわちアメリカ人とアメリカ社会の日常的な姿を日本の読者の皆さんにお伝えすることである．

　スーザンは筆者の友人である．京都に旅行中だったスーザン夫妻が京都に住む筆者の旧友と初めに出会っていた．スーザンとは，その旧友を通じて知り合った．本書の発想は筆者のアメリカでの調査協力を申し出てくれたスーザンと筆者とのその後の交流の中から生じたものである．

　本書の登場人物たちは退職者世代である．退職者世代には社会を生きてきた豊かな「ヒストリー」がある．彼らの退職前の職業を列挙すると，スーザンやスーザンの友人たちの多くが就いていた教師，夫の職業である音楽家，スーザンの双子の弟が就いていた郵便配達員，弁護士，スーザンの再従弟の建設業，そのほかの友人たちが就いていた郵便局員，および銀行員である．このように，登場人物たちは専門職だった人も一般職だった人も含まれているが，どちらかというと教師を含めて専門的技術的職業に就いていた人が多い．

　彼らの語りからは，程度の差といくらかの例外はあるかもしれないが，弱きものにまなざしを向け，社会正義や社会的公正や多様性を大切な価値として心に抱き，日常を歩んできた人々であることが伝わってくる．今，「分断」に揺れるアメリカだが，アメリカ人の中に，排外主義，反移民，反多様性といった方向を支持する人々が増大しているように見える．しかし，彼らの人生の語りの中には，そういう極端な方向に向かわない誠実なアメリカ人の精神，すなわちアメリカの良心が，そhere ここに立ち現れている．

　本書の中で，彼らは自らが従事した職業への専心や誇りを語っている．両親の教育や家族を語り，自らが遭遇した苦悩を語り，生活や人生への想いを語っている．時に権利を求めて闘ったことを語り，時に差別を受けた痛みを語り，

時代から受けた影響を語っている．そしてアメリカ人であることについての意識や意義を語っている．他国への侵害や差別的で有害な政策といった極端な方向への憤りを語るとともに，彼らが，忘れられてきた誰かの背中を軽くたたく，アメリカンドリームを達成できるように手を差し伸べる，寛大であろうとするアメリカ人像を語るとき，機会や勇気を自分たちに与えてくれたアメリカの制度や価値が彼らアメリカ人の中に受け継がれてきたという誇りが感じられる．読者の皆さんは彼らの語りを読み進めるうちに，アメリカ社会が立ち上がってくるのを感じるだろう．

　本書の登場人物の語りから，「分断」ということ以前に，アメリカ人であることの基層にアメリカ人が共有している価値が息づいていることが見えてくるはずである．それは，アメリカの政治哲学者ウォルツァーが「社会の多様性の尊重に同意するということでアメリカ人は己のアメリカ人気質を証明する」と述べ，それを特徴づける「非排他的な性格」，「文化的規範であり続けてきた寛容」（Walzer 1992＝2006）という言葉に呼応する価値である．

　一方，アメリカ社会で可視化されてきている極端な方向に向かう人々には，時に被害者意識がある．それによって偏見や差別意識も誘発されるだろう．彼らは特別な人たちではない．例えば外国との関係について，移民について，人々の多様性について，ただ理解や正しい知識が欠如している．それはアメリカ社会だけの問題ではなく，世界のどこにでも，そしてもちろん日本でも同じだ．究極的には誰の心の中にも生じうる．軋轢が起こりそうな時，それが良く知らない相手からの問題であるとき，その問題に対して正しい知識が欠如しているとき，被害者意識は増幅する．「よく知らないもの」には偏見や差別意識が生まれやすい．対峙するものとつながりが生まれ，そこに理解できる関係の友人や知り合いや親しい人がいて，その人たちの生活の様子を想像することができるようになると，意識は変わっていくだろう．筆者は読者の皆さんに本書を読んで，是非このようにアメリカ人を見つけてほしいと願っている．

　最後に敢えて偏りに触れるならば，スーザンの紹介で登場人物をつないだ結果，上述のように，退職者世代や専門的技術的な職業をもつ人々の姿を多く描くことになった．しかし筆者は，この切り口から全体を覗くことは十分可能だと考えている．中心人物のスーザン自身も，自分はアメリカ人の典型ではないと何度か述べているが，それは常に典型というものと自身との位置づけを意識しているからである．語りにそれが表れている．彼らのこのような属性も確か

にアメリカ社会の中で育まれた一つの側面であり，全体との関わり，全体との交感で生じている．その関わりや交感の様子がアメリカ社会の描写となっている．またライフヒストリーとして生活や人生を振り返って語ってもらうためには，ある程度の時間の蓄積が強みとなる．退職者世代を対象としたことで，期せずして，その強みが存分に発揮された結果となった．

　本書を手に取って読んでみようと思ってくれた皆さんが，スーザンをはじめとする本書の登場人物たちのライフヒストリーを味わって，最後にはアメリカ人の「知り合い」ができたという気持ちになり，理解を深めてくれたなら，少なくとも私たちは，理解の欠如からくる偏見に陥らずにすむと信じている．これが本書を読者の皆さんにお届けする動機であり願いである．

目　　次

まえがき

本書をお読みいただく皆さんへ

第3章　語りからスケッチされるアメリカ …………………………… 189

本書をお読みいただく皆さんへ

　筆者は本書をまとめるにあたり，数年間にわたって質的調査法を応用しながら，フィールドワークによって，様々な情報をキャッチし続けてきた．それらを総括すると，異文化理解の試みであったと結論づけることができる．その中心的な手段は，ライフヒストリー・インタビューである．ライフヒストリーは，個人の人生の描写を通して社会や文化を分析する質的調査の方法を表す用語である．それは個人の人生は，単にその個人固有のパーソナルな出来事ではなく，その個人が生きてきた社会や文化の文脈に影響を受けていることが前提となっている．スーザンとの交流を重ねる中で，スーザンへのライフヒストリー・インタビューがスーザンの住むアメリカ社会や文化を描くことにもなると確信した．スーザンが語ったライフヒストリーは，それ自体が一人の人間の人生描写として魅力的だが，それ以上にアメリカ的なものを帯びている．それはスーザンのみならず，本書の登場人物すべての語りに当てはまる．本書の語りから個別の人生の展開にとどまらない，その背後に自ずと浮かび上がる「アメリカ」を感じてもらいたい．

　アメリカという国のリアリティは，様々な情報が溢れる現代においても依然として多くの日本人に伝えられていないのではないかと筆者は感じている．植え付けられたステレオタイプではない，個々人の生活から，彼らがどのようにアメリカという体験をしているのか見てみたいと思った．

　筆者はスーザンと彼女に関わる人たちに会い，様々な話を聞かせてもらう過程で，しばしばアメリカ社会が経験してきた出来事と個人の生活が結びついていることが面白く，新鮮に見え，深く興味を覚えるようになった．例えばスーザンは，南北戦争が，曾祖父が北軍の大尉として戦った戦争であったことを語っている．また社会改良運動の施設としてシカゴに設立されたセツルメント，ハルハウスでスーザンの二人の大叔母たちが教師として働いていたことにも触れている．スーザンの友人のアーミニュアは，祖母が南部ミシシッピー州の小さな町に奴隷の子どもとして生まれ，いわゆる大移動の一環でシカゴへやって来たことを語っている．彼女は自分がアメリカ人でありながら，自身をアメリカ人として感じられない場面についても綴っている．スーザンの親族や友人は，

家族や自身が経験したアメリカンドリームや東西冷戦，60 年代の公民権運動，ベトナム戦争などがアメリカ人としてのマインドにどのような影響を与えたのかを語っている．これらは我々にとっては，どれも遠い世界史上の出来事である．また，スーザンや夫のリーは，リーの家族が従事していたアメリカ南部テキサス州での牧場経営の生活やカウボーイ文化を描いている．スーザンの弟のジャックは，家族が暮らした中西部デトロイトという都市がアメリカにとってどのような意味を持つ場所であったか，日本人への偏見を招いた出来事とともに冷静な目で語っている．日系アメリカ人の友人，バーバラは，家族が日本から移民して 100 年経った今日でも変わらずに持ち続けている文化的な習慣と，それとは対照的に，自らの内に感じるアメリカ人としてのアイデンティティについて興味深く語っている．さらに，教師だったスーザンが印象に残った生徒たちのことを語る時，スーザンが従事したシカゴの教育現場とアメリカ大都市のインナーシティ問題とが無関係ではないことを気づかせてくれる．

　一方で家族によって刷り込まれた価値観の影響力，家族からの期待や失望，働く女性の踏ん張り，職業への専心，老親へのサポートや思いなどについての対象者たちの語りは，国は違っても気持ちは同じなのだとどれも共感し，うなずける部分である．

　本書は，続く序章で質的調査法についての解説，第 1 章でスーザンのライフヒストリー，第 2 章でスーザンに関わる人たちのライフヒストリー，そして第 3 章でそれぞれのライフヒストリーの中で出てきたアメリカ社会に関するキーワードの解説，終章で本書のまとめという構成をとっている．

　序章では，質的調査法を学ぼうとする学生たちに，本書の内容を通して質的調査法を学んでもらえるように解説した．もちろん，一般読者の方々は序章をスキップして第 1 章に進んでもらって全く構わない．

　第 1 章は，第 1 節で，スーザンのライフヒストリーをライフイベントに沿った項目ごとに記述している．第 2 節では，第 1 節のスーザンの語りを筆者が解釈して考察している．

　第 2 章は，スーザンに関わる人たちのライフヒストリーである．スーザンの夫リー，弟のスティーブとジャック，再従弟のジョン，そして友人たちのライフヒストリーである．それぞれに筆者の考察を入れている．

　第 1 章，第 2 章の内容は対象者の語りを中心としているため，まず，語りそのものを味わってほしい．そのうえで筆者による解釈を読んでもらいたい．

　第3章は，第1章，第2章の対象者たちの語りや綴りの中に出てきたアメリカ的なキーワードを筆者が取り上げて解説を試みたものである．トピックスの解説を通じて日本とは異なるアメリカ社会の特質や歴史上の出来事を読み取ってもらいたい．

　終章では，本書の内容を振り返って本書の目的がどのように明らかになったのかをまとめた．

　本書で描写されたことは，アメリカの一部分，一側面であることは確かだが，それでも，これらの描写からアメリカ人を理解し，アメリカ社会を探ることはできると信じている．是非，ページの扉をめくっていただきたい．

序 章

質的調査法による異国の友人理解の試み

　本書の目的は，「まえがき」でも記したように，筆者の友人スーザン・レーンとその周りのアメリカ人による語りを通して，アメリカ人とアメリカ社会の日常的な姿を日本の読者の皆さんにお伝えすることである．異国の友人理解，異文化理解を目的としている．この目的を果たすために，筆者は，質的アプローチ，すなわち，質的調査法によってこのプロジェクトに取り組んできた．その内容は第1章以降を読んでいただきたいが，同時にその手段としての質的調査に向き合い奮闘してきたこの数年間の実践は，質的調査法を学ぶ学生の皆さんにとっても生きた具体例として参考になるのではないかと思うに至った．そこで，この序章では，質的調査法を学ぶ学生の皆さんに向けて，その学びの参考になることを伝えたい．様々な質的調査法の基本的な解説を述べたうえで，これまでの取り組みを振り返ることで，本プロジェクトを遂行するプロセスに，どのように質的調査法が関わっているのか，目的を追究するために行った方法を記してみようと思う．

第1節　質的調査法とは

1−1. 質的調査法とは

　質的調査法とは社会調査の調査アプローチの一つである．質的調査法は，調査法の名前からもわかるように，どのようなデータをどのように分析するかという観点で調査法を区別したものであり，量的調査法との対比が含意されている．したがって，一般的には質的調査法の説明は量的調査法とともにされることが多い．すなわち，量的調査法とは量的分析を目的にデータ（数値で表される量的データに限らず，数値に置き換えて分析することができる質的データも含む）を収集する調査法であり，それに対して，質的調査法とは質的分析を目的に質的データを収集する調査法である，というものだ．そのため「量的分析を主要な分析方法として用いない研究に与えられている総称」（小田 2017：98）とか，「質的調査とは量的調査と区別するために使われている多様な方法の総称」（大谷ほか

2013：251）というように定義しやすい量的調査を明確に定義してから，それ以外の，あるいはそれと区別するものとして位置づけられている．佐藤郁哉（1992：84）は，「主にインフォーマル・インタビューや参与観察，あるいは文書資料や歴史資料の検討などを通して，文字テクストや文章が中心となっているデータを集め，その結果の報告に際しては，数値による記述や統計的な分析というよりは日常言語に近い言葉による記述と分析を中心にする調査法」だと定義している．

　量的調査は主に調査票（質問紙）という手段でデータを収集するのに対し，質的調査で収集する質的データには，インタビュー記録，参与観察記録，日記，手紙，議事録，報告書，新聞記事，雑誌記事，機関紙，公文書，小説のほか，映画，絵画，写真などの視聴覚データやインターネット上のブログなどの記録も含まれ，実に多様であることが特徴といえる．フィールドワークで調査者自身が直接，収集・記録・作成した資料（これらを第一次資料という）のほか，調査者自身ではなく，第三者によって記録，作成されたデータや第三者によって収集され，まとめられた資料（これらを第二次資料という）がある．前者は調査者のオリジナルなデータ資料であるが，後者は，第三者の解釈が加えられたものである．

　質的調査法には，主要な方法であるインタビュー，参与観察，ドキュメント分析といった，調査者が対象を調査するという一般的な方法のほかに，アクション・リサーチやワークショップといった対象者あるいは参加者と目的を共有し，調査者と対象者が双方向性をもつものもある（谷 2010：6；原田 2009：54）．また，これらの方法が併用されることもある．分析法というレベルでみれば，調査の目的によって，ライフヒストリー分析，会話分析，内容分析，計量テキスト分析，グラウンデッド・セオリー，KJ 法などが用いられることがある．もちろん，これらを用いない質的データの分析も広く行われている．

1－2．質的調査法の意義

　質的調査法の意義も量的調査法との対比で述べる必要があるだろう．量的調査法は調査票を主な手段として，質問文と回答という形をとって行われる．量的分析ができるように回答はコード化されるが，回答形式のほとんどは尺度を用いた数値化に適した形をとる．そのため，回答は選択式のほか，自由回答式であっても数値で答えるという形となっている．したがって量的調査法の意義

は，量的分析によって，対象とする母集団（調査対象すべて．量的調査では母集団
は何百，何千，あるいはそれ以上も可能である）の全体的傾向を明らかにすることが
できることである．大人数の対象者に対して，均質な方法（調査票）で調査す
ることになるが，それぞれの質問に対しての回答は尺度化されたものが大半と
なるため，その全体的傾向とは「広く浅く」という特徴をもつ．調査票と統計
的分析というように調査や分析の過程はたどりやすい．

　これに対して質的調査法は，インタビュー，参与観察，ドキュメント資料な
どから得られる，踏み込んだインタビューの記録やじっくりと時間をかけた観
察記録や多様なドキュメント資料などを質的データとすることで，比較的少人
数であるが，対象者に奥深く，掘り下げてアプローチすることができる．収集
した質的データを用いて，対象者の考え方の変化のプロセスをたどり，主観的
意味世界に迫ることもできる．上記と対比すれば，対象を「狭く深く」調査す
るという特徴をもつ．前述のようにその目的によって分析方法も多様なものが
ある．逆にいえば，そのように対象にアプローチして分析を行いたい場合に，
質的調査法が適した方法となるのである．したがって，量的／質的調査法は
「対立する二つの方法ではなく，本来互いに補うあうべきアプローチ」（佐藤
1992：121）だと言え，質的調査法の意義とは，ここで示したような質的調査法
のもつ特徴にある．

第2節　本書と質的調査法

2−1．異国の友人理解のための調査方法

　本書のためのプロジェクトに筆者を駆り立てたものは，アメリカ人としての
スーザンやスーザンの周りの人々を友人としてより深く理解したいという動機
である．それは異文化理解の試みともいえる．このような目的を達成するため
のプロセスで，筆者はフィールドとしてのアメリカに何度も訪れ，スーザン夫
妻の自宅に滞在し，観察し，様々なことを質問し，あるいは彼らから質問され，
語り合った．スーザンたちの日常生活に加わり行動を共にした．ライフヒスト
リー・インタビューに至るまでには，インフォーマル・インタビューを含む参
与観察，資料収集といった筆者のフィールドワークが伴っている．そしてその
後は質的データの分析作業だ．すなわち筆者は本書の目的を叶えるために質的
調査法を駆使したのである．既述のように，質的調査法は人間を奥深く，掘り

下げて理解しようとするときに力を発揮する調査法である．異文化理解においては，なおさら，大きな力を発揮してくれた．以下では，筆者が依拠した質的調査法を一つずつ取り上げて説明しよう．

2−2．フィールドワーク

フィールドワークは一般に幅広い意味をもち，社会調査の分野で使われる場合には，調査をする，その行動に対してフィールドワークという言葉が用いられているため，広義のフィールドワークは量的調査法，質的調査法どちらにも存在する．質的調査法で用いられるときにも，現地（フィールド）を訪れ，下見に行く，インタビューする，参与観察する，文献収集をするなどの多様な行動をフィールドワークは含意している．しかし，質的調査法で，調査者自身がフィールドに実際に足を踏み入れ，目で見て，耳で聞いて，触覚や嗅覚や味覚で感じて，尋ね，フィールドの雰囲気を総合的に肌感覚で受容することは，それ以前に単に頭の中で思い描いていた想像を遥かに凌駕する圧倒的な意味，リアリティをもつものである．

佐藤（1992：33-35）は人文社会科学系のフィールドワークを「関与型フィールドワーク」と「非関与型フィールドワーク」とに区別して，前者に参与観察，現場密着型の聞き取り（現地を何回も訪れて人々とかなり親しい関係をもって行う聞き取り），現場での第一次資料収集を挙げている．また後者に非参加的現場観察（特に現地の人々とは直接関係をもたずに現地を訪れてそこの様子を観察するようなタイプの現場観察），1回限りの聞きとり，質問票や質問リストによるサーベイ，現地での資料収集（現地の人々と直接的に接触するとは限らず，図書館や資料館などで資料を収集するような作業を中心とするもの）を挙げている．

本プロジェクトのためのフィールドワークは，前述のように現地への訪問，対象者の生活の場での参与観察，対象者との複数回にわたるフォーマル，インフォーマルなインタビュー，第一次資料の収集というものであり，佐藤（1992）の区分では「関与型フィールドワーク」に位置づけられる．このフィールドワークについて，フィールドワークに含まれるインタビュー，参与観察，第一次資料収集は後述するが，フィールドワークの全体像を簡単に述べてみたい．

本プロジェクトのための直接のフィールドワークは 2016 年と 2017 年の 2 回行った．フィールドワークに先立って，まずはこちらのプロジェクトの内容を説明し，調査に協力してもらいたい旨を E メールで伝えた．このように対象者

の協力を前提とした調査では，調査協力についてのお願い文ともいえる「依頼状」にあたるものを用意する必要がある．特に面識のない相手の場合には紹介者がいれば，その紹介者を通じて打診してもらうというのは，かなりの助けになる．しかし，その場合でも改めて，どのような目的で，どのように調査を行いたいのか，どのように協力してもらいたいのか，調査協力に際しての対象者への倫理的配慮も含めたお願い文（またはお願いメール）を渡すことは重要である．筆者の場合，本プロジェクト以前にスーザン夫妻とはすでに面識があり，これに先立って別の目的でスーザン夫妻を 2010 年（2 回），2012 年にも訪問しているが，その滞在での経験も間接的な意味で本プロジェクトに影響を及ぼしている．

　このようなつながりや紹介者の存在は助けになるが，一方で，紹介者がいない場合にも，それなりに調査対象者を探しだす方法はある．筆者は以前，文献で知ったアメリカの住宅地コミュニティでフィールドワークをしたことがある．そもそも，そのコミュニティには全く知り合いがいなかったため，筆者はまず，コミュニティがもつウェブサイトにアクセスすることから始めた．ホームページ上で公表されている連絡用の住民組織のＥメールアドレスにメールを出し，調査の趣旨を伝え，協力をお願いしたところ，窓口となった人が，筆者のＥメールをコミュニティ内の適当な人物につないでくれた．最終的には，その住民組織が住人を対象に発行しているコミュニティ新聞に調査協力のお願いの記事を掲載してくれただけでなく「コミュニティを内側から観察したいですか？」と，フィールドワークでの滞在のためにコミュニティ内の数件のホームステイ先まで手配してもらえた．お陰で図らずも，コミュニティの参与観察の絶好の機会を得ることになった．最初に滞在したお宅で翌朝，寝室の窓から外の風景を眺めた時，自分があのコミュニティの中に今，いるのだ！と感情が高ぶったのを覚えている．

　2016 年と 2017 年のフィールドは，どちらもスーザン夫妻がその頃から最終的に移り住むことを決めたミシガン州北部のノースポートという町であった．それぞれ 7 ～10 日程度の滞在であった．フィールドワークの日程は筆者のスケジュールと訪問先のスーザン夫妻のスケジュールをすり合わせることで決まったが，先方は誕生日や結婚記念日などの特別なイベントに合わせて提案してくれた．

　日程が決まると，出発まで下準備をする．本プロジェクトのフィールドワー

クでは，スーザン，スーザンの夫，スーザンの弟たち，スーザンの友人などへインタビューを行うことが大きな目的であったため，調査目的に合わせた質問項目などを考えることは当然なことだが，そのほかに，具体的な下準備としては，海外旅行一般の手続き（航空券の予約・購入，旅行保険への加入，パスポートの確認，外貨の両替，現地の気候に合わせた衣服の調整，胃腸薬など薬類の用意）のほか，手土産の準備，IC レコーダーやカメラ，充電器具，筆記具の準備などが必要となる．

　日程が決まり，準備作業が始まると同時に筆者のフィールドワークモードはオンになり，意識する，しないに関わらず，テンションは高ぶり，緊張状態となる．出発までに，健康状態を含めて不測の事態が起こらないようにと祈ることにもなる．しかし 2016 年には，それが現実のものとなり，出発の 1 日前に事情があってやむなく中止，結局，3 か月の延期となった．そのような事態は初めての経験であったが，起こりうるものである．

　アメリカというフィールドは遠隔の地である．日本と現地の国内線での乗り換えも含むため，家を出てから丸 1 日以上経過して，ようやく現地の空港に到着した．幸運なことにスーザン夫妻はいつも必ず空港まで迎えに来てくれた．これで緊張の度合いが，かなり緩和される．筆者が別の調査でアメリカを訪問した時には，自力で現地まで行くための，空港から現地までの交通手段や実際の行動にとても多くの気をつかわなければならなかった．本来ならば，特に海外でのフィールドワークでは交通事情の違いや最新の路線図や時刻表情報の確認作業は欠かせないものである．

　日程が誕生日や結婚記念日などに合わせて決められたため，滞在中にはスーザン夫妻が親族や友人や近隣の人々を招待してのパーティーが催された．筆者は現地で会うであろう人々の数を想定して複数個の手土産を用意した．さらに想定外の出会いのために予備のものも用意した．社会調査では，フィールドワークで先方に渡す「謝礼」を考慮に入れるが，この手土産は，その意味よりも大きく，文化交流の一つとなるように思う．受け取る人の顔を思い浮かべながら，「日本」を象徴する品を，心を込めて選ぶからだ．

　現地に着くと「観察」の連続という体制になる．とにかく目に映るすべてのものがカルチャーショック的な形で降りかかってくる．それまで想像していたものとの差と，それへの「上書き」作業が始まる．これから訪問するスーザン夫妻の自宅までのドライブの車窓，家々の様子，街並み，木々，風景の広がり，

光の違いなど，想定していない異文化に突入する．スーザン夫妻の自宅で荷を下ろすと今度は，家の中の暮らしや人々との出会いのカルチャーショックが始まる．滞在用に案内してくれたベッドルームや，荷ほどきが終わって向かったリビングルームにも部屋のしつらいや調度品など観察の材料は次々にやってくる．

　こちらがお願いして実現したフィールドワークの旅であるが，はるばる異国から長時間かけてやってきてくれたということに，夫妻は非常に歓迎してくれ，スーザンは得意とする手料理でもてなしてくれた．食卓の上の一切合切，プレートに盛られた料理，食器類，キッチン，戸棚，照明，そして会話．まだ英語モードになっていない頭の中をフル回転させて言葉を紡ぎだし，神経を研ぎ澄まして相手の話をキャッチしようとする．ディナーが終わり，リビングルームでしばらく雑談をしてくつろぎ，お休みを告げてベッドルームに戻ると，長い，長い1日が終わるのだが，時差も含めて文字通りの長い1日である．

　ここまでの記述は筆者の本プロジェクトのためのフィールドワークの初日の印象をごく簡単に綴ったものである．フィールドワーク中は「フィールド日誌」として1日の出来事を詳細にノートに記録していたが，その日の日程が終わり，日誌を書く頃にはペンをもったまま意識を失ってしまうこともよくあった．フィールドワークには想像以上の醍醐味がある．それがフィールドワークを特徴づけているものでもある．

　佐藤（1992：44-45）は，フィールドワークについて「フィールドワークというのは何よりもまず，このような自分のなじんできた文化とは異質の文化と接触し，それにともなって生じるストレスと当惑の体験，すなわちカルチャーショックを通して異文化を学んでいく作業」だと述べている．まさにその通りだ．

2−3．参与観察

　参与観察は質的調査法の主要な調査法の一つである．調査者が調査対象の生活や活動に参加させてもらって，その生活や活動が行われている現場（フィールド）で対象とする人々の行動，考え方，人間関係などをフィールドの環境の中で観察するものである．参与観察の観察対象はグループや組織，あるいは，ある地域，ある社会というように集団的，集合的なものである．いってみれば，そのような集団的，集合的なものの活動や振る舞いやメンバー間のつながりや

位置づけなどは，その内側に調査者が身を置くことによってしか得られないもので，その目的のために参与観察という方法が生まれたといえる．

　観察する時間的長さは比較的長期にわたることが多い．参与観察を用いた研究の古典的名著といわれる W. F. ホワイトの『ストリート・コーナー・ソサエティ』（[1943] 1993＝2000）では，この研究のための参与観察は 3 年半に及んでいる．H. J. ガンズの『都市の村人たち』（[1962] 1982＝2006）では半年，佐藤郁哉の『暴走族のエスノグラフィー』（1984）では 1 年というように，参与観察を中心的な調査法としている研究では，ある程度の時間を費やして観察している．しかし明確な目安があるわけではなく，バリエーションはあるだろう．参与観察の形も，ホワイトやガンズのように実際にフィールドに住み込むという形もあれば，佐藤のように定期的にフィールドに通い，対象者の集まりに参加したり，話を聞いたりするという形もある．

　佐藤（1992：161-62）はアメリカのジョージ・マッコールと J. シモンズを参照して，広義の参与観察として，① 社会生活への参加，② 対象社会の生活の直接観察，③ 社会生活に関する聞き取り，④ 文書資料や文物の収集と分析，⑤ 出来事や物事に関する感想や意味づけについてのインタビューが含まれ，狭義の参与観察はこのうち，①，②，③を指すと述べている．すなわち，①で調査地において現地の社会生活に参加し，②でメンバーと同じような立場で出来事をまさにそれが起こる現場で観察し，③で調査者が直接観察できない出来事（過去に起こったことなど）の事実関係や意味に関してはメンバーから聞き取りによって情報を収集する．このような調査活動がふつう参与観察と呼ばれ，①〜⑤の全体はフィールドワークと呼ぶこともあると説明している．

　筆者が本書のために行ったものは，参与観察を中心的な調査法としたわけではないが，参与観察は本プロジェクトのために必要不可欠なプロセスであり，フィールドワーク全体を通して対象者の生活世界，そして対象者の社会を理解するための重要な手段となった．上述のように，広義の参与観察はフィールドワークともいえる（この場合，そのフィールドワークは関与型フィールドワークとなる）ので，2−2.とも重なることになるが，狭義の参与観察という点で捉えると，筆者が対象者であるスーザン夫妻の自宅に滞在させてもらったことで，スーザン夫妻の生活を直接，切れ目なく観察した．スーザンは近所に住む，本プロジェクトのもう一人の対象者であるスーザンの弟スティーブとも日常的に行き来しており，スティーブの生活の様子も観察した．またスーザンやスーザンの

夫のリーと町のスーパーマーケットに買い物に行き，スーザン夫妻やスティーブが普段訪れる書店や雑貨店にも同行し，店の人たちとのやり取りにも触れた．いくつかあるお気に入りのレストランにも行った．リーの誕生日に遠方から友人が来たときには，お酒を飲まないリーの代わりに彼の友人と，スティーブとともにスティーブが愛用する地元のビアスタンドに出かけた．北部ミシガン名産のリンゴの加工所（アップルサイダーミル）にアップルサイダーを飲みにつれて行ってくれたこともあった．スティーブが自宅で開催したチャリティコンサートでは，近隣の人々と一緒にテーブルの準備をし，コンサートに訪れた来客と演奏や持ち寄り料理を楽しんだ．長年，ノースポートに住む彼が地元の友人たちとともに筆者をドライブに誘ってくれ，北部ミシガンの自然を味わわせてくれたこともあった．スーザンたちの結婚50周年パーティーでは，近隣に住む友人たちのほか，遠来の旧友や幼なじみや親族に会った．

　以上の記述は，筆者が現地の社会に直接参加することで得られた，参与観察という機会で遭遇したイベントを大雑把に，ごく一部だけをピックアップしたものだ．筆者が参与観察によって得た多くの観察は，アメリカ人の友人たちをライフヒストリー法によって描くことでアメリカ人とアメリカ社会を理解しようとする本書の目的からみると，彼らの語りの内容に具体的イメージや手掛かりを与えてくれる大きな意味のあるバックグラウンド資料となった．

2－4．インタビュー

　インタビューも質的調査法の中の主要な調査法の一つである．そしてフィールドワークの主な目的になることも多い．ここでは，インタビューについて基本的な事項を説明しよう．

　インタビュー調査は，面接調査あるいは聞き取り調査と呼ばれることもある．また，インタビューを枠組みの程度，すなわち構造化の程度で区分すると，枠組み（質問文や質問の順序，調査自体のマニュアル化の程度）がしっかりと決められている「構造化インタビュー」と呼ばれるものは，通常，量的調査法で行われることが多い．調査者が対象者に調査票の内容を読み上げて順番通りに質問し，調査者が対象者の回答を調査票に記入するといった量的調査の訪問面接調査（単に面接調査ともいう）がそれにあたる．対象者から質問を受けた場合の返答までもがマニュアル化されている．これは量的調査では対象者が多く，調査者が調査協力者を募って複数で調査にあたる場合に，調査実施者の聞き方によって

回答内容が影響を受けないように手順を統一するためである.

　一方，質的調査法に含まれるインタビューは，構造化の程度は低くなる．いくつかの質問項目を大まかに書き出しておき，実際のインタビューでは，対象者とのやり取りの中で，話の流れに応じて質問項目の順序を入れ替えたり，対象者が語る内容に関連した新たな質問項目を，その場で付け加えたりする．このようなインタビューを「半構造化インタビュー」と呼ぶ．一般にインタビュー調査では，このようなインタビューが行われていることが多い．さらに，調査者が対象者との会話の中で聞き出したい内容を自然な形で織り込んでいく，というような構造化されていないインタビューの形もある．このようなインタビューを「非構造化インタビュー」と呼ぶ．調査者の頭の中に聞き出したい内容がすべて入っているというインタビューの仕方はインタビュー調査に手慣れた，熟練者にとっては上手くできるだろうが，誰でも初めからできるというわけではない．しかし参与観察の際に観察対象の相手にインフォーマルな形で質問するような場合やライフヒストリー・インタビューでの展開の方向によっては，この形のインタビューが行われることになるだろう．

　インタビューの構造的枠組みではなく，対象者との関わりの程度，認識枠組みによる区分もある．「スタンダード・インタビュー」と「アクティヴ・インタビュー」という区分である．前者は調査者が対象者に質問をし，対象者がそれに答えるという形のインタビューであり，後者は調査者と対象者が双方向でやりとりをすることで話題を深化させて，対象者が当初気づかなかったこと，忘れていたこと，場合によっては調査者と話すことで考えが変わったことなども回答に含まれることになるインタビューである．蘭由岐子（2009）は新しいインタビュー論の境地をひらき，アクティヴ・インタビューの方法を提示したJ.ホルスタインとJ.グブリアムの議論を参照し，彼らが，回答者は，事実と経験の内容を単に保存しているパッシブな存在ではなく，インタビューの場でそれに何かを付け加えたり変えたりしている「意味の積極的な作成者」と捉えていると解説している（蘭 2009：77）.

　構造化の程度で区分された半構造化インタビューや非構造化インタビューと関連付けてみると，これらの半構造化インタビューや非構造化インタビューにおいて，スタンダード・インタビューで始まったインタビューが対象者とのやり取りの過程で相互作用が働き，アクティヴ・インタビューになることもしばしばみられるだろう．あるいは，スタンダード・インタビューとアクティヴ・

インタビューの間を行き来することもあるだろう.

　インタビューに先立って, 聞き出したい内容について検討しておく. インタビューに慣れていない場合には, 対象者から, 何を, どのように聞いたらよいか, 聞き出したい内容をしっかりと話してもらうために, 聞き方のパターンも項目ごとにいくつか考えておくとよいだろう. 相手が調査者の質問の意味がよくわからず, 答えあぐねているような場合には別の方向から尋ねてみるためである. 半構造化インタビューでは, インタビューに際して質問内容を項目ごとに書き出したもの (「インタビューガイド」という) をあらかじめ用意しておいて相手に提示しながら行うこともある. もちろん本来は, 自分用に手元においてインタビューをうまく進めるための手段とするものだが, 相手にも質問項目一覧を提示することによって相手がインタビューの概要をつかみ, 話しやすくなることもある. 限られた時間の中で相手の話が大きく脱線しそうな場合には時間配分にも気を遣ってもらえるかもしれない.

　どのインタビューでも留意する点として, 録音したい場合には, インタビュー前にきちんと了解を得るようにする. 写真を撮ることも同様であり, 了解を得ることはマナーである.

　インタビューで良い聞き手となることは重要である. 相手の立場に立てば, どういう聞き方をされたら話しやすくなるのかがわかってくるだろう. 適切な間での相づちや, 内容について理解しにくいと思った箇所では, すかさず質問することなどは, 相手の話に真剣に耳を傾けていることを示すことにもなる. また, 後述するが, メモを取りながら聞くというのも真剣に聞く態度の一つとなる. ただしメモを取りつつ, 相手を見ることも忘れてはならない.

　インタビューを終えるときには, 対象者と今後のつながりを保持できるようにしておくことにも留意しておく. インタビュー記録を作り, まとめる段階で補足したいことが出てくることも, インタビュー内容について不明な点が出てくることもある. そのようなときに, この時点で対象者にその可能性について言及しておけば, 追加のインタビューや, 問い合わせがしやすくなる.

　録音をしていた場合には, 録音をどこで停止するか, 判断が必要となる. 最後の質問が終わったところですぐに停止してしまうと, その後の話が非常に面白く, しまったと思うこともある. しかし, 録音を停止した後の逸話については, どういうわけか, よくあることのようなので, 必死でメモを取るしかない.

　インタビューメモやインタビューの録音から文字起こしをする作業およびそ

れ以降の手順については，次のライフヒストリー・インタビューの項目で記述する．

2−5．ライフヒストリー・インタビュー

　本書のプロジェクトでは，この調査法を主要な方法として用いた．そのため，ここでは，ライフヒストリー法について述べ，筆者が行ったライフヒストリー・インタビューのプロセスを詳述したい．2−4．では，インタビューについて一般的な概要だけを述べたが，以下では，本プロジェクトで行ったインタビュー実践の様子をライフヒストリー・インタビューの記述に含めて紹介する．

　それでは，ライフヒストリーとは何か，ライフヒストリー・インタビューとはどのようなインタビュー法なのか，一般的なインタビューとどこが異なっているのか，それにはどのような意義があるのだろうか．ライフヒストリーについて文献を参照して説明し，本書のデータ収集方法，執筆過程を例に挙げながらライフヒストリーの記述の実際をみていこう．

2−5−1．ライフヒストリーとは

　ライフヒストリーは個人の人生の描写を通して社会や文化を分析する質的調査の方法を表す用語である．「ライフ」とは，生活という意味であり，ライフヒストリーは生活史ともいわれる．人類学や社会学や歴史学など，様々な学問分野で用いられ，個人の一生あるいは個人の生活の過去から現在に至る記録を収集し，質的データとして解釈・分析する調査法の一つである．

　ライフヒストリーを通して数多くの研究を行っている社会学者の谷富夫によると，ライフヒストリーにはオーラルヒストリー（口述史），自伝，伝記，日記，自分史などがあるが，最近では特にオーラルヒストリーの聞き取りがメジャーな方法となっているという（谷編 2008：4）．筆者が本書のプロジェクトの主要な方法として試みたのは，このオーラルヒストリーにあたる．しかし後述のように，第2章では，インタビューだけでなく，対象者自らによる記述をライフヒストリーのデータとすることを試みたため，本書では「オーラルヒストリー」と「自伝」という，ライフヒストリーの2つの方法を用いたことになる．

　個人の一生あるいは人生の一時期の記録というライフヒストリーの特徴は，対象者の語りをある一時点の出来事として捉えるのではなく，対象者が生きてきた時間軸のなかで位置づけながら読み取ることができることである．これに

ついて，谷は，他の生活記録からライフヒストリーを分ける特色を「時間的
パースペクティブ」であるとし，過去の生活は現在の生活との関連でその意味
をあらわし，過去から現在にいたる生活の累積の上に未来の生活は築き上げら
れるという時間的パースペクティブのもとで個人の生活を把握しようとするも
のだと述べている（谷編 2008：5）．さらにライフヒストリーは異文化を内面か
ら理解しようとするとき，個人史と社会史，主観的世界と客観的世界の連動関
係を把握しようとするときに有効な方法であるとも述べている（谷編 2008：iv）.
　しかし，個人の一生や人生の一時期の記録と一言で言っても「生活とはたく
さんの平面をもつ巨大な多面体のようなものであり，そのすべての側面を一度
に見渡すことなど，とうてい不可能である」（谷編 2008：7）ため，ライフヒス
トリーには，調査者の側の視点と問題意識が必要である．その意味で「ライフ
ヒストリーは被調査者と調査者の協同作業の産物である」（谷編　2008：8）のだ.
　筆者の視点と問題意識についていえば，対象者たちのライフヒストリーを通
して照射される「アメリカ的なるもの」を捉えたいという視点と，個々人のラ
イフヒストリーから，彼らがどのようにアメリカ社会を体験しているのか，ア
メリカ人であることについてどのように感じているのかを読み取って，アメリ
カ人であることの基層にある価値とはどのようなものかを探りたいという問題
意識である．筆者が深い友好関係を育んだ人たちに対する人間理解への関心が
第一の動機であり，彼らの思考や行動を方向づける異文化としてのアメリカを
その中から見出してみたいと思ったのだ.
　ライフヒストリーの語りや記述から，内容について解釈し，分析するために
は，対象者たちの語りや記述の表層に現れるものの中から，階層構造や地域構
造などの客観的に規定されるものや，それとは別に対象者たちが主体的に選択
し，創出し，自らの行為に意味を付与している生活目標や生活様式を掬い取ら
なければならない．そしてそのような行為の内容もまた，対象者が置かれてい
る文化体系との接触の仕方に規定されていると考えられる（谷編 2008：10）．本
書で筆者はスーザンをはじめとする対象者の語りや記述を通して，アメリカ社
会の中での客観的な規定と，アメリカという文化体系との関わりに規定される，
対象者による生活への主体的な働きかけの双方を解釈や分析において読み取る
ように心がけた.

2－5－2．インタビューによるデータ収集
　量的に最も多くのボリュームを割いた第 1 章第 1 節の「スーザンのアメリ

カ」をはじめとして第2章第1節や第2節，そして第3節の3―1で行ったそれぞれのインタビューでは，筆者が対象者と対面して，あらかじめ用意した質問項目に対して自由に語ってもらった．ライフヒストリー・インタビューが一般的なインタビューと異なっている点は，語ってもらう内容が対象者の生活や人生についてであり，対象者のライフステージを意識する点である．また一般的なインタビューでは，質問と回答との往復という形となることが多いが，ライフヒストリー・インタビューの場合は対象者の語りが主体となる．

　スーザンへのインタビューでは，スーザンの家族の歴史や生い立ちに始まり，両親の家庭教育，学校時代，就職，結婚，仕事，退職などおおよそライフステージに沿ったライフイベントについて質問していった．その過程で，筆者は状況に応じて短い確認をすることはあったが，基本的には，相手の語りを傾聴しながらメモを取った．

　インタビューを始める前には，正確なデータを得るために録音させてもらう許可を対象者から取り，ICレコーダーを使用して録音もした．貴重なデータが万が一の機材の不備によって失われることのないように，ICレコーダーは2台持っていき，同時に2台とも作動させた．

　ちなみに録音していてもメモを取ることは重要である．メモによって相手の語りの重要な部分を記憶できる，語りの全体像や流れを把握できる，その場で感じたことや相手の身体的パフォーマンスを記録できる，語りの内容をざっと振り返るときの参考になるなどの聞き手側のメリットだけでなく，語り手に対して，聞き手の興味や関心を態度で表明する手段ともなる．それが語り手のさらに深い言及や記憶の喚起にもつながり，再び聞き手のメリットとなることを筆者は実感している．

　また，スーザンとのインタビューではなく，スーザンの弟のジャックとのインタビュー（第2章）の例になるが，聞き手の筆者が逆にジャックから質問を受ける場面がある．しかし注意深く流れをみていくと，ジャックが筆者に質問したのは，自分が語りたいことが既にあって，それを前提として筆者に質問していることがわかる．この時，聞き手が留意することは，相手から聞き手との相互行為として創造されるような回答を得る意義を踏まえたうえで，相手がそれ以上の議論を要求しない限り，あくまで，聞き手のコメントは対象者の語りを上手く説明するための手段として相手に委ねるべきであるということである．

2−5−3. 文字起こし

　次の作業は録音データの文字起こしだ．これには大変な時間と労力をかけた．IC レコーダーの録音データをパソコンに取り込み，専用のアプリケーションを使って再生する．英語でのインタビューのため，録音データはまず，聞き取ったままの英語で文字起こしをする．ピリオドまでの 1 センテンスを文字化するために数分かかることも，それ以上のこともあった．話し言葉のため，インタビュー時には意識することはなくても，録音の音声を聞く場合には，センテンスの切れ目がどこになるのか，「ピリオド」なのか「コンマ」なのか文脈で想像するしかないのだが，判断が難しいこともある．また，録音した音声を再生する際には，何回，何十回と聞いても聞き取れない語もあり，そういう場合は後味が悪いが，（　）として残しておいて先に行くようにした．インタビュー時にメモしたフィールドノートの内容を参考にすることもしばしばあった．不思議なことだが，インタビューではメモに残されているものが，録音の音声では聞き取れないということもあった．録音していてもメモを取る必要性は，このような時にも発揮されるものだ．大変な時間と労力というのは，話し言葉の量が膨大であることだけでなく，このように聞き取れない語や聞き取りにくい語で立ち止まる時間が少なくないからだ．

　スーザンのライフヒストリー・インタビューは 2016 年 9 月のフィールドワークで計 7 回行った．それぞれのインタビューは 30 分程度のものから 1 時間程度のものまである．そのため，この文字起こし作業だけに専念したわけではないものの，スーザンのインタビューの文字起こしだけでも数か月を要した．

　日本語でのインタビューの場合には，このような労力は，より少なくなるだろうが，文字起こし自体は日本語の録音の場合でも，かなりの時間を要するという点では同様である．

2−5−4. 校正と翻訳

　英語での文字起こしが済んだ時点で，スーザンにその文字起こし原稿（トランスクリプト）を送り，校正してもらった．この作業はスーザンにも負担を強いるものであり，分量が多いだけにある程度の時間が必要であった．

　スーザンによる校正原稿がすべて揃ったら，次に，その原稿を日本語に翻訳する作業をした．ここでは，スーザンの語りや口調を，ニュアンスを損なわないように，そしてスーザンのキャラクターも考えながら日本語に当てはめていった．一通り日本語のインタビュー記録が完成したら，何回か読み返し，直

訳的で日本語の言い回しとして不自然な箇所を，意味を損なわないように推敲した．この作業で留意することは，語りの語が含意する概念を，しっくりくる相応しい日本語に当てはめて訳すということである．相応しい日本語を探り当てるのに，かなりの時間を要することもしばしばだった．この「概念を訳す」ということについては，インタビューする側の日本語能力が試されることになる．文字起こし原稿（原文）と日本語のインタビュー記録との間を行ったり来たりしながら，原文に盛り込まれている概念をイメージし，それに近い，類似した言い回しを日本語の中に探し当てていくのだ．そもそも日本語の選択肢をどのくらい持っているかという，最終的には翻訳する側の限界も突きつけられることになる．普段から多くの文章に触れ，様々な言い回しに耳を澄ますことは大切だと感じる．このようにして一連のデータ収集作業は終了した．

　しかし，本書で取り上げた11人のライフヒストリーには様々なタイプがある．既述のように，オーラルヒストリーや自伝ということの他に，インタビューの時間的な長さも様々であり，本人たちに文字起こし原稿を校正してもらう過程で本人たちによって多少の編集が行われているものもあった．

　その場合には別の留意点がある．オリジナルの文字起こし原稿（原文）にある小さなエピソードや出来事などの記述が本人による校正の過程で省略されてしまうこともあるからだ．本プロジェクトの場合，スーザンの友人のシャーレーン夫妻の校正原稿がその例である．本人による校正では，原文の生き生きとした語りが，より真面目な文体でまとめられた印象になっていた．貴重な語りだと思っていたものが，本人によって些末なこととして除外され，編集されてしまうことも起こりうると留意しておく方がいいだろう．筆者は最終的な確認作業の段階で，シャーレーン夫妻に校正原稿に含んでいないものについても原文からいくつか取り上げたい旨を伝えて了承を得た．それは本人がインタビューで語ったことでも，後になって，取り上げてもらいたくないと判断して削除したのかもしれないからだ．校正していただいた厚意に感謝しつつ，慎重に言葉を選んで打診したところ，快諾の返事を得た．

2－5－5．データから記述へ

　本書のライフヒストリープロジェクト全体の過程では，収集したオリジナルデータを日本語に翻訳し，推敲するところまでがデータ収集の段階である．ここまでで，ライフヒストリー研究の「素材」が揃ったことになる．2－5－5．では，その後の作業，すなわち揃ったデータをどのように記述していくか，ラ

イフヒストリープロジェクトとして，素材である語りをどのように解釈し，分析し，まとめていくのかについて述べたい．本書では語りの分析だけでなく，語りそのものを読み物として読者に味わってもらうことを念頭にしている．そのため，記述についてのここでの説明は，学術論文等の場合と異なる点もあることを断っておく．

2－5－5－1．混在するテーマ

本書の中心人物であるスーザンのライフヒストリー（語り）とその考察を例に記述の過程を説明しよう．2－5－1．でライフヒストリーは，対象者の語りをある一時点の出来事として捉えるのではなく，対象者が生きてきた時間軸のなかで位置づけながら読み取ることができるという特徴を挙げた．しかし実際のスーザンへのライフヒストリー・インタビューは，各インタビューにつき30分〜1時間程度のインタビューを7回にわたり行っている．そのため各インタビューでは，おおよその人生の時間軸の流れに従って主な質問のテーマをあらかじめ伝え，それに沿って語ってもらっているものの，人生のエピソードは，異なるテーマの描写においても，時間軸に関係なく語り手の脳裏に浮かんでくるものである．また，語りながら思い出すということもある．インタビューの語りを起こした原稿には，そのように異なるテーマや異なる時間軸が各インタビューの中に混在してしまっていることも，時には記憶が曖昧だったり，後のインタビューで記憶がよみがえった結果，先の語りとの相違があったりということも含まれている．

2－5－5－2．テーマごとに語りを配置

第一段階として，筆者は，スーザンの人生の時間軸に沿って，祖先・家族の背景，両親の家庭教育，出生家族の思い出，学校時代，青年期，就職，結婚，教師としての職業，退職，アメリカ人としてのアイデンティティという，大まかなテーマごとにインタビュー記録の語りを配置していった．もともとこのようなテーマごとにインタビューをしていたため，基本的には，一連の語りは，つながったまま配置することができた．しかし前述のように，異なるテーマでのインタビューの中にも別のテーマと関連する語りが出てくることがある．そのような場合には，そこから，その語りも取り出して配置した．つまり，テーマに沿って文字起こし原稿の内容を整序した．この段階では，別の回のインタビューにあった関連した語りを，移動先のテーマ区分の文字起こし原稿の中のどの位置に入れるかは保留にしておき，次の段階で考えることにした．

　第二段階として，区分されたテーマ（例えば両親の家庭教育，学校時代など）の中の語りの配置を考えた．文字起こし原稿の語りの流れに従うことは重要だが，上記のように別の語りで補足的に語ったものを，その流れに逆らわない形で，適切な位置に配置（挿入）した．

2－5－5－3．小見出しとコメントを入れる

　第三段階として，テーマごとのタイトルと語りの流れに沿って短い見出しをつけた．後の作業で流れをつかみ，内容に入っていきやすくするためである．さらに，筆者の短いコメントを適宜，必要と思われる箇所に配置していった．もちろんそれは対象者の語りとは明確に区別できるように，文字の大きさや段落を変えて記述した．

　本書では，ライフヒストリーの語りについて，筆者が読み取り，考察する部分をライフヒストリーの語りとは別の項目で設定している．この作業は，2－5－1．で述べたように，スーザンのライフヒストリーの語りを筆者の視点と問題意識によって読み取り，考察するという，本書の目的を達成する上で重要なプロセスである．しかし，別項目として設定した箇所だけでなく，ライフヒストリーの語りを記述したところにも筆者のコメントを短く記載した．対象者の語りに対する筆者の視点や気づきをその場で示すためである．それによって読者は，ライフヒストリーの語りの読みを単に丸投げされるのではなく，筆者の視点をもって，共に読んでいくことができる．後の考察部分に先立って，筆者が，このライフヒストリーの語りをどういう視点でどのように捉えているのかを確認しながら読み進めることができる．

　一方，学術論文等では，ライフヒストリーの語りは筆者の論述の根拠として取り上げられるため，抜粋の形で部分的に記述される．その場合，論述が主であり，語りは従となる．

2－5－5－4．元原稿に戻り確認する

　最後に，文字起こし原稿（原文）やインタビュー記録（原文の日本語訳）にもう一度戻り，確認をする．文字起こし原稿の記述を100％，ライフヒストリーの中に記述するわけではなく，筆者が判断して不要だと思う部分は取り上げていない．これには慎重な判断を要する．取り上げなかったことによって，語りの真意や本質を損ねないか，微妙なニュアンスが伝わらなくなっていないかを熟慮する必要がある．筆者が取り上げなかった内容というのは，既に語っていることの重複であったり，個人的過ぎる内容あるいは，大きく脱線した内容だと

筆者が判断したことなどである．しかし，第一段階で文字起こし原稿から配置した際に，うっかり見落としていることもあるため，時間をおいて再度文字起こし原稿に戻り確認することは重要である．

　スーザンの四人の友人のライフヒストリーは，そもそも３つの質問項目（後述）に限って，本人に記述してもらった自伝形式のライフヒストリーであるため，筆者が記述の合間に短いコメントを加えたこと以外は，本人による記述そのままの流れである．

2−5−5−5．作業の留意点

　一連の作業で特に労力を要したのは，膨大な量のライフヒストリーのデータを時間的パースペクティブとテーマに従って整序する段階だ．人生の中のライフイベント，すなわち就学や就職や結婚や職業生活などは，すっきりと区分できるものではなく，入り組んでいる．しかも記憶が後から蘇ることもある．今回のスーザンのライフヒストリー・インタビューでは，４回目のインタビューにスーザンの弟のスティーブが同席した．その後に予定されていた彼へのインタビューのためにスーザン宅に来訪してくれたからだ．そのことによって，スーザンが記憶していた弟たちの学校生活での出来事に訂正が加わった．さらにスティーブとの会話の中で，スーザンが忘れていた出来事がスーザンの記憶に蘇った．しかし，これをどのように取り上げるのか，なかなか複雑な問題であった．これは工夫した点であるが，筆者は，確認作業をする過程で，これらの訂正や記憶喚起の顛末もライフヒストリーに含めることにした．ライフヒストリー・インタビューに本人に近い第三者が加わる効果がそれによってよく出ていると考えたからだ．筆者との一対一のインタビューだけでは，このようなエピソードは起こらなかっただろう．しかし，もし，もう一人の弟のジャックが同席していたら弟たちの学校生活での出来事として，また違ったエピソードが語られたかもしれない．このように語りは常にその語り手にとっての理解であることを聞き手は意識することも重要である．

　ここで，ライフヒストリー・インタビューについて一つ留意すべき点に触れたい．ライフヒストリー・インタビューで表明されたことが，語り手の生活世界の氷山の一角である可能性もあるということだ．語り手が，ある話題について，それ以上語らなかったとしても，ひょっとすると語らなかったことの方に本質が隠れているかもしれない．それは語り手にしかわからない．あるいは語り手にとっては自明のこととして無意識のうちに見過ごし，語らなかったとい

うこともあるだろう．しかし，これがインタビュー法の，ライフヒストリー法の追究の方法であり，また限界である．ただ，どのような調査研究にもそのような限界がある．だからこそ，谷 (2008) が指摘するように「生活とはたくさんの平面をもつ巨大な多面体のようなものであり，そのすべての側面を一度に見渡すことなど，とうてい不可能である」(谷編 2008：7) という意識をもつことが大切である．ライフヒストリーには，語り手のそのような巨大な多面体のような生活世界全体のなかの，どの側面に注目するのかという調査者の側の視点と問題意識が当然，必要となるのだが，その側面にしても，意識的にせよ，無意識にせよ，すべてが語られるとは限らず，調査者は相手が語ったことを手掛かりに考察していくほかはない．その意味で「ライフヒストリーは被調査者と調査者の協同作業の産物である」(谷編 2008：8)．そしてその協同作業の過程には，少なくとも被調査者と調査者との十分な信頼関係 (ラポール) が生じていることがかかせない．それによって調査者は問題意識の解明に少しでも近づくことができるはずだ．

2－6．ドキュメント分析

　ドキュメント分析という調査法の「ドキュメント」とは記録といった意味であり，ドキュメント分析は，記録されたもの，すなわち，自伝，手紙，日記，小説，新聞記事，雑誌記事，報告書，議事録など，記録されたものであれば，個人的な記録や公的な記録のどちらも対象となる．もちろんウェブ上のブログ等の記述も含んでいる．大谷ほか (2013：294) では「何らかのドキュメントを素材として分析し，人々の生活ぶりや人々の生活に影響を与える事がらといった社会的事実を読み取り，社会について考える方法こそが，ドキュメント分析」だと説明している．さらに同文献ではドキュメント分析の特徴として，ある社会現象の今と昔の比較や変化の経緯というように，社会事象をかなり長い時間の幅で捉えることができること，また社会問題や社会通念の成り立ちを追求することができること，そしてドキュメント分析はその分析手法も多様であることを挙げている．なかでも最も基本的な分析手法として，一つの対象を分解する方法と，多くの対象を分類・整理する方法を紹介している (大谷ほか 2013：295, 297)．例えば，対象とするドキュメントが新聞記事であれば，新聞記事のデータベースや縮刷版などによって，時間軸をもった分析が可能となるだろう．筆者は以前に 1950 年代の何種類かのアメリカの女性誌の表紙や目次

や広告部分を国会図書館で閲覧，複写することで，当時のアメリカ社会の性別役割分業の描写の状況を考察したことがあった．それは文字記録だけでなく，写真やイラストなども含むドキュメントの分析だった．

　2−5．で述べたように本書の主な方法はライフヒストリー法であり，インタビュー記録をデータとして分析しているが，第2章のスーザンの友人たち六人のうちの四人から得たデータはインタビューによるものではなく，本人たち自身による記録（自伝）である．第2章の本文中でも簡単に述べているが，このドキュメントデータ収集の手順は以下の通りである．

　まず，スーザンを通じてスーザンの友人たちに連絡を取ってもらい，筆者のプロジェクトと協力してもらいたい内容を簡単に説明してもらった．事前に，スーザンから筆者に「こういう友人がいるが，連絡を取ってもらいたいか？」との打診を受けた．筆者はその機会を最大限に利用させてもらった．この中には，以前，筆者の別の調査で対象者となってくれた人，すなわち面識のある人も二人含んでいた．スーザンから紹介された友人たちには，Eメールを通じて，こちらから，自己紹介，スーザンと筆者との関係（これらはすでに面識のある人には省略），筆者のプロジェクトの内容，改めて協力のお願いを伝えた．スーザンのような仲介者の存在は，それがない場合と比べると，相手からの調査協力の許諾の際のより大きな後ろ盾となる．

　彼らからの快諾の返信が届くと，次に謝意とともに自由記述式の質問紙フォームをEメール添付で送信した．四人への質問紙フォームの質問内容は「子ども時代および学生時代」，「その後の人生」，「最もアメリカ人だと感じる時」の3つを共通事項とした．質問紙フォームに記載し，返送してもらった四人の記録，すなわち自伝形式のドキュメントが分析の対象となった．これらを日本語に翻訳してデータとした．貴重な第一次資料である．

　筆者が，どのように日本語に翻訳した自伝の記録を分析したのかを簡単に見ていきたい．自伝記録は，上述の3つの内容，すなわち「子ども時代および学生時代」，「その後の人生」，「最もアメリカ人だと感じる時」に沿って記述してもらった．四人の記述は，ボリュームも記述の視点もそれぞれ違いがあったが，本書の目的に沿って，彼らの記述から彼らのアメリカ社会の体験やアメリカ人であることの意識をつかみ，アメリカ的なるものを捉えるということを意図して読み込んでいった．読み込む過程で，彼らが育った時代性，行動，人生の選択，家族とのつながり，アメリカ人としてのアイデンティティの表明などに注

目した．具体的に注目したのは，冷戦やミサイル競争，ベトナム戦争，公民権運動などの時代性，転学や抗議運動といった行動，就職や結婚や退職といった人生の選択，親の期待や理解のかたち，それからアメリカ人としての自己についての記述である．そして，アメリカ社会の中に生じた当時の時代性がどのように彼らに影響を及ぼしたのか，彼らは自らの行動や人生の選択をどのように行ったのか，彼らにとってのアメリカ性の感覚はどのように身に付いたのかを，それぞれの記述を通して解釈し，分析していった．

2－7．記述から公表へ

　本プロジェクトにおいては，最終的には対象者たちのインタビュー記録の内容や自伝の内容が，筆者が出版する書籍の一部となることについて，11人の対象者全員に改めて連絡を取り，許可を得た．データ収集時の許可とは別に，出版物となることについて，それが決定する段階で再度承諾を得ることは重要である．対象者には自身の描写が公的な読み物となることの意味を理解してもらわなければならない．その時点で対象者の何人かから，加筆や若干の改訂の申し出があった．そのような変更を済ませて完成原稿とした．

　本書では対象者の承諾のもとに対象者を実名で表記した．しかし，一般的には，個人名や地名などは仮名を用いるということも頭に入れておいてもらいたい．

　また，対象者や自宅が映っている写真の掲載についても対象者たちから掲載の許可を得る手続きを忘れてはならない．筆者は編集時点で掲載候補の何枚かの写真データを対象者たちに送り，承諾を得た．対象者だけでなく，その家族たちが含まれている場合には，対象者は場合によっては家族メンバーにも確認しなければならないであろう．

　以上の手続きは学術論文等の場合においても同様である．

第3節　学びのための読み取り

　本書は第1章～第2章でアメリカ人たちのライフヒストリーをまとめ，第3章でアメリカ社会のトピックスをまとめているが，そこから読み取る視点は，読者により自在であり，それぞれの関心で読み進めてもらいたい．本書は，「まえがき」で記したようにライフヒストリーを通して，個人の日常からアメ

リカ人とアメリカ社会を浮かび上がらせたいという意図があるが，彼らのライフヒストリーには，図らずも，家族社会，教育社会，福祉社会，ジェンダー社会，多文化社会，移民社会，宗教社会など，アメリカ社会の多様な側面が包含されていた．それぞれの関心で読み取り，それを読者の皆さんに自由に分析してもらっても面白いのではないかと思う．以下に，本書を通して学ぶための視点をいくつか挙げてみたい．

問1　一般的に日本人がもつステレオタイプのアメリカ人像とはどのようなものだと思うか．そして筆者が描こうと試みた別の一面としてのアメリカ人像とは，どのようなものだろうか．

問2　本書の対象者たちは家族をどのように描写しているだろうか．

問3　本書の対象者たちの語りからアメリカの教育について読み取れることはどのようなことだろうか．

問4　本書の対象者たちの語りから福祉社会のあり方について読み取れることはどのようなことだろうか．

問5　本書からアメリカ社会をジェンダー的な視点で読み取るとどのようなことがわかるだろうか．

問6　本書からアメリカ社会が多文化社会や移民社会や宗教社会だということが良くわかる描写を取り上げてみよう．

問7　本書からアメリカ社会に存在する差別や偏見を読み取り，日本の社会のそれと比較しながら考察してみよう．

問8　本書の第2章の4つの自伝のうち，2つを取り上げて，自伝の比較のドキュメント分析を行ってみよう．

問9　本書の第1章，第2章の語りや第3章「語りからスケッチされるアメリカ」の中からあなたが興味を引いたフレーズやトピックを取り上げて，あなた自身の補足の調査も加えて，さらに深い分析を行ってみよう．

問10　筆者が対象者たちの語りから捉えた「アメリカ的なるもの」とはどのようなものだろうか．それをあなたが読み取った「アメリカ的なるもの」と比べながら批評してみよう．

問11　対象者たちの語りに表れた，国や文化の違いを問わず，同じ人間としてあなたが共感できた場面とはどのようなものだろうか．

問12　本書に挿入された対象者や対象者たちに関係する写真，図などの視覚

的資料は，本書を質的調査の一つとしてみた時，それにどのような役割を
果たしているだろうか．

　また，ライフヒストリー法に特に関心がある読者には本書を読み進める際に
以下のことを頭の片隅に置いてもらえれば学びの観点となるのではないかと
思う．

問 13　一般的なインタビューではなく，ライフヒストリー・インタビューと
　　　いう手法を取ったことによって日本とは異なる社会や文化の中で生活する
　　　人々，ここではアメリカ人に対する理解はどのように違ってくるだろうか．

問 14　それぞれの対象者自身の個人の生活史としてのライフヒストリーは，
　　　彼らが生活する，その時どきのアメリカ社会（アメリカの社会史）によって
　　　どのような影響を受けているといえるだろうか．

問 15　本書では 2 種類のライフヒストリー法で対象者たちを描いているが，
　　　筆者によるインタビュー（オーラルヒストリー）と対象者自らの記録（自伝）
　　　を比較して，対象者のライフヒストリーの描写にはどのような違いが生ま
　　　れているだろうか．

問 16　本書では複数の対象者のライフヒストリーを描いているが，そのこと
　　　は本書のメインキャラクターであるスーザンのライフヒストリー描写の理
　　　解にどのような役割を果たしているだろうか．

問 17　スーザンのインタビューに弟のスティーブが同席した場面が一度ある
　　　が，インタビューにどのような効果や影響が出ているだろうか．

問 18　本書のライフヒストリーのどれかを選んで，それを質的データとして，
　　　あなたの問題意識でライフヒストリー分析を行ってみよう．

問 19　異文化理解を目的として，あなたの身近に住む外国人あるいは，異郷
　　　の友人にライフヒストリー・インタビューをして，その語りを通して，日
　　　本社会や自分の育った地域には表れにくいもの，異なるものなどを掬い
　　　取ってみよう．

第1章

スーザンのライフヒストリー

　スーザン・レーン（Susan Lane）は 2020 年 12 月で 78 歳になった．現在はミシガン州北部のリゾート地，ノースポートに 77 歳の夫リー・レーン（Lee Lane）と二人で住んでいる．58 歳になった 2000 年に小学校教員とカウンセラーの仕事を退職した．夫はメジャー交響楽団の演奏家であったが，2009 年に退職した．ノースポートの家は 2016 年の冬に購入したばかりである．それまで 15 年以上，主に暮らしてきたシカゴ都心のコンドミニアムは思い切って手放すことにしたのだという．その経緯については後述する．

　ここからはスーザンに 2016 年 9 月に実施したインタビューで集めたスーザンの人生についての語りを中心に記述する．アメリカ人，スーザンの人生とはどのようなものなのか，そこに映し出されたアメリカ社会はどのようなものかをこれからみていこう．スーザンは，少なからぬアメリカ人がそうであるように，家系図（family tree）（第 3 章参照）の調査に興味を持っていたこともあり，親族の描写が詳細であるため，理解を助けるために家系図を載せておく（図 1-1）．祖先を辿ることはアメリカ人にとっては特に意味のあることのようだ．

第1節　スーザンのアメリカ

前半生❖生い立ち・結婚・仕事

1−1．私を形成した価値

　初めにスーザンが語ってくれたのはスーザンの祖先たちについての話である．スーザンの両親，そこから遡って父の祖先や母の祖先について，曾祖父，曾祖母にまで言及されている．スーザンは彼らがどこからアメリカにやって来たかということにも触れている．

写真 1-1　スーザンとリー（2006 年）

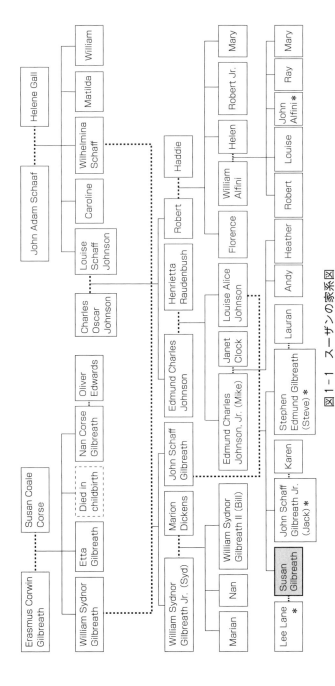

図 1 - 1 スーザンの家系図

スーザンの監修により筆者作成. 本書に登場する親族に＊を付した.

　私はジョンとルイーズ・ギルブレス
の両親のもとにスーザン・ギルブレス
としてミシガン州デトロイトで生まれ
ました．3年半後に私の双子の弟たち，
ジャックとスティーブが生まれました．
ジャックの名前はジョン・シャフ・ギ
ルブレス・ジュニアで，スティーブの
名前はステファン・エドムンド・ギル
ブレスです．エドムンドというのは私
の母親の父（母方の祖父）のファースト
ネームです．私の両親のジョンとル
イーズはとても社会的意識が高く，社
会の状況に敏感でした．彼らはまた芸
術に大変興味を持っていて，舞台芸術
（劇場）や文学，音楽，絵画，彫刻と
いった芸術に関するものすべてに関心
がありました．そしてもちろん，私や
弟たちはそういう世界の中に生まれま
した．

　私たちはとても裕福な家族というわ
けではありませんでした．もう一方の
家族，父の兄のウィリアム・シドノ
ア・ギルブレス（シド）は裕福な家族
でしたが父は会計士でした．いわゆる
ホワイトカラー職でした．父はフォー
ド自動車会社の会計士でした．給料は
良く，生活は快適でしたが，それでも，
とても裕福というわけではありません
でした．

　これらが，私が生まれた環境です．
私の大本のベースであり，私にとって
重要なもので，私の人生を通じて重要

写真1-2　スーザンの父方の曾祖父
　　　　　エラスムス（左から二人目）
　　　　　と家族（1800年代）

写真1-3　スーザンの父ジョン（左）
　　　　　と祖母ウィルヘルミナ
　　　　　（ミニー）（右）（1905年）

写真1-4　父ジョン（左）と父の兄
　　　　　シド（右）

写真 1-5　スーザン（後ろ中央）と母の従弟たち（前列）

であり続けているベースなのです.

　父の母を私はグランマと呼んでいましたが彼女はウィルヘルミナ・シャフと言いました. 誰もが彼女のことをミニーと呼んでいました. 彼女の父親と母親はジョン・アダム・シャフとヘレン・ガルでした. 彼らはドイツと（フランスの）アルザスで生まれました. そしてそのジョン・アダム・シャフとおそらく従弟が（アメリカにやってきて）ピアノのベースの弦を作る機械を発明しました. それがシャフピアノストリング会社になりました. それがシカゴにあって（夫の）リーと一緒に工場の人たちがベースストリングを作るのを見学したのを覚えています. そしてジョン・アダム・シャフの従弟のアダム・シャフはピアノを製造しました. ジョン・アダム・シャフと（その妻の）ヘレンには五人の子どもがいました. ルイーズ, キャロライン, ウィルヘルミナ（父方の祖母）, マチルダ, それからウィルヘルムです.

　（父方の祖母の姉妹の）ルイーズ・シャフ・ジョンソンと（その夫の）チャールズ・O・ジョンソン（スウェーデン系2世）には二人の息子, エドムンドとロバートがいました. エドムンドが私の母の父（母方の祖父）でした. エドムンドはヘンリエッタ・ローデンブッシュと結婚しました. 彼女（ヘンリエッタ）の父はミネソタでピアノを製造していました. ですから, 言うならば弦の会社とピアノ製造の会社の結婚でした. エドムンドとヘンリエッタは私の母の両親です.

ここまでにドイツ, フランス, スウェーデンといった祖先の出身地が登場している.

　ジョン・アダムとヘレンには第一子にルイーズが, それからキャロラインが生まれました. それから私の祖母, つまり私の父の母, ウィルヘルミナことミニーが生まれましたが, 彼女はウィリアム（シドノア）・ギルブレスと結婚しました. つまり私の父と私の母は世代の違う従兄妹（再従兄妹）になります.

　母方の曾祖母（父方の祖母）の姉妹たち, マチルダとキャロラインはシカゴの

写真 1-6　子どもの頃のスーザン
写真左：幼児期のスーザン．写真右：従弟のナニーの結婚式で　左から，従弟のマリアン，父，スーザン．

　ハルハウス（Hull House）（第 3 章参照）で働いていました．ノーベル平和賞を受賞したジェーン・アダムスによって設立された施設です．彼女たちはそこで教師として働いていました．結婚はしませんでした．結婚せず，独身でした．それで彼女たちは教えること，音楽を教えることに精力を注いだのです．

　続いてスーザンは自分の両親について詳しく語っている．両親がどのような人物だったのか，これらの語りではスーザンがどのような環境に生まれ育ったのかということがわかる，両親の価値観が描写されている．

❖スーザンの父

　（私が生まれたのは）父が 40 歳の時で母が 28 歳の時でした．母は父より 12 歳若かったのです．父はいつも私のよき理解者でした．父は亡くなるまで（98 歳）疑いなく無条件に私を愛してくれて支えてくれました．だから私は彼がいなくなってとても寂しく思っています．父の愛はすばらしかったのですから．彼は決して「それもいいけど，もっと違う，もっといいことをやるべきだ」などとは言いませんでした．私をありのままに認めて愛してくれました．

　父はとても好奇心の旺盛な人物でした．いつも物事について知りたがっていました．そして晩年，彼は私の車で出かけたがり，運転していると，何かを見ては「あれを見てみようよ」と言ったものでした．それが私や弟たちに刷り込まれているのだと思います．センスオブワンダー（sense of wonder）や好奇心といった

写真 1-7　両親と弟と
左から父，母，スティーブ，スーザン．

ものですが，同時にまた，それは社会的意識とバランスを取るようなもので，父から社会には私たちのようには恵まれていない人々がたくさんいることを学びました．

❖ **スーザンの母**

　母はとても優れたピアニストで彼女の祖母（ルイーズ・シャフ・ジョンソン）は母のことをまるでプリマドンナのように扱っていました．彼女は王女様のようだったのです．世界は彼女中心に回っていました．彼女は彼女のグランドピアノがお気に入りでした．そして彼女の祖母の未婚の姉妹（キャロラインとマチルダ）にとってはプリマドンナ以上の存在でした．

　母は特に政治にとても活動的でした．政治家ではありませんが政治についてよく知っていました．彼女は非常に熱心な民主党支持者（第3章参照）でした．父もそうでしたが，母はとてもはっきりと意見を言う人（vocal）でした．母はいつも政治について話していたし，大統領について，大統領選に出馬する人について，私たちの上院議員たちについて話していました．私は成長する過程でそういうことをすべて学びました．

　スーザンは後述する語りのなかでスーザンの政治についての知識に同級生や教師が一目置いていたことを述懐しているが，スーザンの政治的価値観の形成に特に強く影響を与えたのが母親であることがわかる．ピアノ製造で成功した裕福な家庭に生まれ，優れたピアニストだったというスーザンの母ルイーズが，いったいどのような経緯で政治に活動的で，非常に熱心な民主党支持者になったのか，そのことについてスーザンはライフヒストリーの中では語っていない．これについては第2節で考察することにする．

　ここからの描写はスーザンの双子の弟たち（ジャックとスティーブ）が誕生した後の両親の子育ての奮闘の様子，弟たちの学校での評判，きょうだい間の軋轢についてである．苦笑するような逸話が語られている．またスーザンの母が子どもたちの教育に深く関わっていた様子も語られている．優雅にピアノを弾

いていた母に双子が生まれ，否応なしに子育てに圧倒されていく経過や，きょうだいが誕生したスーザンの幼い心理がわかる．

❖スーザンの弟たちの誕生

　　弟たちは 3 年半後に生まれました．母は彼らが生まれる一週間前まで双子が生まれるということがわかりませんでしたから，それは驚きでした．医者が彼女に「ルイーズ，心音が 2 つ聞こえるようだ」と言ったのです．ですから母と父は二人ともとってもびっくりしました．今日のように双子が生まれることがすぐにわかるわけではなかったのです．

　　もちろんそれは母にとって，とても大変なことでした．助けのあてもなかったのです．父の考えは母を助けるつもりで私を外に連れ出すことでした．父は私を車に乗せて連れ出しました．私たちはどこかに行って母と弟たちだけにしておきました．父はどうしていいかわからなかったのです．そういう時代でした．女性は家にいて男性が家の外にいるという時代だったのです．

　　母は完全に圧倒されていたということを後の人生で私に語ってくれました．それは母にはあまりに大変なことでした．母が私を生んだときは，赤ん坊一人だったからよかったのです．父は，日中は仕事で，私は母と図書館に行ったことを覚えています．そして彼女がピアノを弾いていたのを覚えています．私は楽しい生活を送っていましたが，両親は弟たちのことを予期していなかったのです．それは驚きだったのです．もう少し後にしたいと思っていたのですが，私が 3 歳半のときに彼らが生まれました．ですから昼間は，父親が仕事をしているときは，彼女は私と二人の赤ん坊の世話をしなければなりませんでした．彼女にはとても困難なことでした．そして私は母を失ったように感じたのだと思います．弟たちが生まれた時，私は 3 歳半でしたので私は除け者にされたように感じました．No. 1 だったのが突然，警告もなく二人が生まれたのです．

❖弟たちの評判

　　高校時代，教師たちの何人かはスポーツ選手である弟たちがディアボーン高校に進学して来るということで私のことを気にかけていました．弟たちはとても優れたスポーツ選手として既に評判が高くなっていました．高校では，とても優れたスポーツ選手であれば特典として「学校の頭文字（"letter"）」がもらえるのです．その文字はディアボーンのDでした．学校の一年は 3 つのパートに分かれていました．子どもたちはそれぞれの時期に違うスポーツをしました．高校は 3 年

間でした．ジャックとスティーブは"letter"をすべての 3 年間のそれぞれの時期に受け取りました．すなわち 9 つの文字です．それはとてもすごいことでした．

この letter とは，高校や大学において優れたスポーツ選手に対する賞の意味をもち，学校の頭文字（school letter）をジャケットやシャツに付ける権利を与えられるものである．ジャックとスティーブはディアボーン高校の頭文字の D をすべての時期に獲得したということをスーザンが説明している．しかし後述で，スティーブの語りによって新たな事情が判明し，この情報が修正されている．

ここから以下，しばらくの記述は，スーザンとのインタビューに弟のスティーブも参加した場面である．途中からはスーザンがスティーブに当時の様子を質問する場面もある．スティーブの同席によって記憶が曖昧だった部分がよみがえってきた様子がわかる．

❖コーチの悪い行為

　　私にとって興味深いのは私の母がしたことでした．スポーツにはコーチがいます．彼はその高校の教師でもありました．フットボールのコーチが生徒たちに体罰を加えて，もてあそんでいるということで知られていました．彼は生徒たちを壁に押し付けていました．学校が生徒たちの指導に問題を抱えると，そのフットボールコーチはオフィスに行って子どもたちの指導を引き受けていました．今日，この時代ではそのようなことは起こりません．母はそのことに気がついて，そのコーチがいるために弟たちにフットボールをさせなかったのです．彼女は弟たちが生徒たちに暴力をふるうような人物から指導を受けることを許さなかったのです．私は母の決断にとても感銘を受けました．私は，彼女は正しいことをしたと思います．自分の子どもたちを守るのは彼女の仕事です．私は，それをつい最近，スティーブから聞きました．弟たちが高校に入る頃には，私は（大学のある）アナーバーにいましたから知らなかったのです．ですから弟たちに何が起きているのか気がつきませんでした．彼女はいつも私たちが行っている学校に来ていました．特に私が小学校の時には母はいつもいました．小学校の時に母がクラスルームのホームルームマザーだったことを覚えています．クラスごとにお手伝いをする母親がいました．例えばクラスで何かをしようとすれば親に手伝いに来てもらうのです．ですので，母はいつも関わっていました．いつも何が起きているのかを知っていました．私は，それは私たちにとって，とても大切なことだったと思

いています.

❖姉が弟たちを気遣った

　以下のコメントではスティーブの回想によってスーザンの記憶がよみがえっている. 母の子育てと人生との葛藤の側面をスーザンが客観的に捉えていることがわかる描写だ.

　　私たちの誰かが何か悪いことをした時, 私たちは決して叩かれませんでした. 私たちは決してそのように罰せられませんでした. (スティーブに向かって:マミーやダッドから叩かれた? スティーブ:ううん, まあ. マミーは一度, 僕たちを抑えつけたんだ. 抑えつけた. (笑))

　　母が弟たちを抑えつけたことが怖かったのを思い出しました. 私は母が弟たちを傷つけるのではないかと心配しました. それで私は彼女を連れ出そうとしました. 一度, 母は(家を)出て行きました. でも遠くには行かず, 彼女は家の裏に行きました. 長子として私は小さな弟たちに責任を感じていましたので, それには怯えました. でも母は母親としての, 特に双子の母親としての準備もありませんでしたので, 彼女にはとても大変なことだったのです. 私たちはピアノを学び, 素晴らしい才能を示しました. 母は音楽でのキャリアを持つことができたはずでした.

❖ジャックとスティーブの大学進学

　　スティーブが大学能力テストで, とても高いスコアを取った時, 母は教師の(スーザンがスティーブに:教師の名前は何でしたっけ? スティーブ:ヤング氏だよ)ヤング氏に相談に行きました. 彼の教師のヤングは母にジャックとスティーブの進学を別々に考えているのか, それとも一緒の大学に行かせようと考えているか尋ねました. ジャックのスコアはそんなに高くありませんでした. しかしジャックとスティーブはともにカラマズー・カレッジに行ったのです. そこはたぶん当時としては小規模ながら最も優れた大学でした. 確かにミシガン州では. 国中でも確かに秀でた大学でした.

　この弟たちの出来事についてのスーザンの理解とのズレが後にスティーブによって語られる.

　　ほかに私が言いたかった興味深いこととは, 母のルイーズはいつも私たちの学

38

校に関わっていたということです．彼女は周りにいました．でも両親は私には意
見を押しつけることはありませんでした．やりたいことをする自由がありました．
私は長い，長い間，教師になりたいとわかっていました．ですので，音楽が自分
の職業にはならないと気がついたときに，私は長い間ずっと教師になりたかった，
そうなるのがとても嬉しいことだと自覚したのです．

❖ 排他的な少年グループ

　母が副校長のレイモンド氏に電話をかけました．スティーブとジャックが高校
で，ある排他的な少年グループへの入会を申請したからです．それはフラタニ
ティ（第3章参照）のようなものでした．それにはギリシャ文字の名前がありま
した．スティーブは入らず，ジャックは入会しました．それで母は何があったの
か，いぶかしく思ったわけです．母がなぜスティーブが入らず，ジャックが入っ
たのか知ろうと思って電話をかけたのです．スティーブは申請書に記入し，そし
てジャックも同様に申請書に記入しました．副校長はそれらを一緒に見ました．
申請書の質問の一つは「教会にはどのくらいの頻度で行きますか」というもので
した．スティーブは「一度も行きません」と書き，ジャックは「毎週日曜日に行
きます」と書きました．それは真っ赤なウソでした．それは作り話でした．
ジャックはうそをつき，スティーブはそうしませんでした．おそらくスティーブ
が入れなかったのは彼が礼拝に行っていないからだったのです．私たち家族の誰
も教会に行っていませんでした．ジャックは入会するためにどうしたらいいか
知っていたのでしょう．

❖ 父はシグマ・カイというフラタニティに入っていた

　父はウィスコンシン大学でシグマ・カイというフラタニティに入っていました．
シグマ・カイはとても有名なフラタニティでした．母はとても大胆で，ミシガン
大学で，フラタニティ，シグマ・カイの正面玄関に歩いて行って「私はシグマ・
カイの恋人です」と言ったのです．メンバーの恋人はシグマ・カイの恋人という
ことになるだろうということで．（スティーブに：シグマ・カイの歌がありません
でしたか？　覚えている？　スティーブ：その歌を歌う）

　上述のフラタニティについては第3章でソロリティとともに解説しているよ
うに，共通の目的や利益や楽しみのために組織されたグループとそれに属する
人々を意味するが，排他的で秘密結社的な性格を帯びている．高校にもこのよ

うな少年グループがあったのは興味深い.

❖母はジャックに特に気を遣っていた

　（スーザンがスティーブに：マムは学校によく行くような感じだったの？　そしてあなたたち二人が学校で何をしていたか知っていたの？　スティーブ：そう，確かにそうだった．彼女は僕たちがどこに行くのかにとても敏感だった．だから彼女は彼（ジャック）がどこに行くか知っていたし，彼女は彼がどこにいるのか知っていた．彼の学校の課題についても知っていた．彼女はジャックが課題を済ませたか確認していたんだ.）

　私は自発的なタイプでした．そう思います．彼女が私を監督していたという覚えはありません．私は単に課題をこなしていました．私は良い子でした（笑）．

スーザンがフットボールのコーチのことで母が取った行動を称賛する一方で，そのためにフットボールができなかった弟たちは異なる考えを抱いていたようだ．インタビュー時に同席していたスティーブが語っている．スーザンとは馬が合わなかったジャックのこと（後述）をスティーブは尊敬している様子もうかがえる．

❖母が弟たちにフットボールをさせなかったことでジャックは傷ついた

　（スティーブのコメント）彼女は，とても僕たちに保護的だった．例えばフットボールのことで．僕たちにフットボールをさせなかった．過保護の例かもしれない．ジャックは，それにとても傷ついたんだ．それをとても深刻に捉えていた．僕にとっては，それほど重要ではなかったけど，彼はとても優秀なクオーターバックだったんだ．それはチームの中で一番重要な選手だ．（スーザン：そうだったの？　知りませんでした.）そうだったんだよ．それで彼は若い男子がしばしばそうであるように，大学のレベルか，そんなようなところでプレイすることを夢見ていたんだ．でもルイーズ（母）はそれを否定したんだ．それがジャックにはとても辛かったんだ．（スーザン：それをどうやって伝えたの？　ジャックは母と口論になったの？　それについてジャックが母と口論したのを覚えている？）いや僕はそれを本当に覚えていないんだ．（スーザン：ダッドは何かしたの？）いや彼は母に協力的だったよ．（スーザン：へえ.）でもダッドも僕たちにプレイさせたかったとは思わないよ．怪我などのことで．（スーザン：そう.）誰が，何が起こるかわかるというんだろう．（スーザン：ええ.）そして，それがジャックのターニングポイントだった．彼はミシガン大学か，どこか他のフットボールチームでプレ

イするための奨学金を得るのに十分だったんだ．僕はどのコーチも知らないけど，彼は獲得したんだ．（スーザン：彼が？）そう．だからその出来事はとても大変だったんだ．（スーザン：あなたはそんなに気にしなかったのね．）うん．僕はそんなに気にしなかった．

❖ **ジャックとスティーブはフットボールの代わりにクロスカントリーを学んだ**

（スーザン：それで，あなたたちは二人とも9つの（Dの）文字をもらわなかったから，クロスカントリーをしたのね．）フットボールの代わりに僕たちはクロスカントリーランニングをやった．長距離走を．そう．フットボールの代わりに僕たちはそれをやったんだ．ジャックはとても上手くやった．彼は僕よりもすぐれていた．それで彼はチームのベストランナーである4走者のグループの一員だったんだ．僕たちはミシガン州の8強のチームの一つだった．だから彼はとてもナーバスだった．僕は最終ランナーだったと思う．

僕たちがバスケットボールをしたときは，彼は僕よりも，もっと多く先発していた．彼（ジャック）はトップ・テニスプレーヤーでもあった．彼はシングルスのNo.1だった．僕はシングルスのNo.3だった．でも僕たちは，テニスよりもバスケットボールをよくやった．だから僕たちはテニスを練習する代わりに室内でバスケットにシュートしたんだ．僕たちは一番のディアボーン（プレイヤー）になった．（スティーブのコメント終わり）

デトロイトの新聞の大きな見出しに載ったわね．ディアボーン高校のバスケットボールチームがイプシランティのチームを破りました．そのスポーツ記事の見出しは「ディアボーンはイプシにツイン（双子）による敗北を与えた」でした．ディアボーンチームはミシガン州のイプシランティのチームと試合をしました．ディアボーン高校が勝ったのです．そして見出しは「ツインが破った」と．それはジャックとスティーブのことです．

❖ **スポーツが得意だったが関わらなかった**

スーザンの弟たちが非常に優れたスポーツ選手だったことは上記で語られているが，スーザンもまたスポーツが得意だった．しかし女性がスポーツをする時代ではなかったためにスーザンのスポーツの能力は，それ以上，引き出されなかった，無視されたと以下のように語っている．

私は常にスポーツのことをわかっていました．それは私たち家族の中でとても

重要でした．私はスポーツが得意でしたがスポーツに関わることはありませんでした．私は野球が得意でした．打順が回ってくるたびにホームランを打ちました．チームの少女たちは，みんな後ろに，フィールドの後ろに下がっていったから，おかしかったです（笑）．ずっと後ろにね．（スティーブ：全然知らなかった．）体育の先生が私のことをスーザン・スニードと呼んだのです．偉大なゴルファーのサミー・スニードにちなんで．体育の先生は私が自然なゴルフのスウィングを身につけていると言いました．それで彼女は私のことをスーザン・スニードと呼んだのです．彼女がそう呼んだのは大変な褒め言葉だったのです．けれども私の学生時代には，スティーブとジャックと私が学校に行っていた頃は，今の時代のようではなく，女性のスポーツチームはなかったのです．今は全く違っていますが．もちろん水泳も得意でした．スポーツに関しては，私は得意でした．でも私は無視されたんです．ジャックとスティーブは奨励されたのです．そういう時代だったのです．夏にはヨットをしたのを覚えています．私たちは父と一緒にボートに乗りました．（スティーブに：ルイーズはボートに乗らなかったかしら？　スティーブ：乗らなかった．）とにかく私たち四人がヨットをしましたが，父は特にジャックとスティーブにヨットのやり方を教えていました．私は，ただ一緒に乗っていただけでした．私は特に役目を与えられなかったのです．残念ながら，それはもちろん私たちが育った時代がそうだったのです．

❖**ジャックはもがいていた**

　私はキュートでした．私は可愛く愛嬌のある子どもだったと思います．ジャックは三人の中で最も愛嬌がないと思います．でも私はそれが悪いことだとは言っていません．彼はより，もがいていたようだと言いたいのです．

　（スティーブに：あなたは両親がフットボールを辞めさせたことの例を言ってくれました．私は，彼（ジャック）がそのことをそんなに深刻に思っていたことは知らなかった．スティーブ：深刻に思っていたよ．スーザン：それで彼は特に母にとても怒っていたの？　それとも母と父に？　スティーブ：特に母に．僕はジャックと母が不安定な（rocky）関係だったと思うよ．スーザン：ええ，そうだと思う．）

　母と私は言い争いました．母とジャックは言い争っていました．そして父とジャックが言い争っていました．けれども父は私の味方で，私はそれをわかっていました．そしてスティーブは両方味方につけていました．ルイーズが，スティーブは一番扱いやすい子だと言っていました．だから彼は本当に父と母の両

方が味方でした. 私には父でした. スティーブと私は家族の中でこれについて話
しました. けれども, 長子として私は目をかけてもらい激励してもらいました.

❖ジャックは音の大きな楽器を選んだ

　ジャックはもっと, ずっとはっきりものを言いました. 彼はトランペットを選
びました. それからホルンに換えました. つまり, それらは大きく, 金属音の楽
器です. 私はバイオリンを選びました. スティーブはクラリネットを選びました.
どの楽器を選んだかということは私たちのことを物語っていると思います. バイ
オリンはオーケストラで最も重要です. クラリネットはバンドで特に重要です.
でも音の大きさの点では, トランペットとホルンは, とびぬけて大きい楽器なの
です.

❖スーザンにとって学校はいつも前向きな場所だった

　あなたの質問に戻ると, 私にとって学校はいつもとても前向きな（positive）場
所でした. そして私は教師たちととても強く関わっていました.（スティーブに：
ヤスコに, 高校時代にスポーツチームのコーチたちは私がアスリートの姉なのでコーチ
たちが私のことを知っていたと話したのよ.）教師たちは弟たちについて私に話しか
けてきました.（スティーブに：だから私は, 彼らがあなたたち二人にとても関心を
もっていることを知っていたわ. でもそれはいいのよ. 私はそのことを気にしなかった
から.）

　上記の語りは, 既述の語りをスーザンがスティーブに再度説明している部分
だが, それによってスーザンがそれをどう感じていたかという微妙なニュアン
スが描写されている.

　ここまでがスーザンとのインタビューにスティーブが同席し, インタビュー
内容にスティーブの存在が影響していると考えられる記述である. スティーブ
の同席によって年齢の離れていた弟たちの学校での様子や彼らと親との関係が
映し出されている. 親の子育ての様子もスーザンとは違ったアングルから捉え
られていることがわかる.

❖ナズナフ先生

　学校はとても前向きな場所でしたし, 私は教師たちが大好きでしたが, 私は素
晴らしい生徒というほどではありませんでした. ナズナフ先生は数学の教師でし
た. 彼から中学の数学を習っていました. 私はそれが大好きでした. 高校時代に

は幾何がとても好きでした．幾何でAを取りました．覚えています．高校になっ
てから，それが面白いことに気がつきました．でも両親は決して私に成績を見せ
るようには言いませんでした．私は，それは少し普通ではないことだと思います．

❖ **スティーブとはうまく行き，ジャックとは対抗していた**

　以下の語りは姉弟間の関係について述べたものだが，幼少期のことだけでは
なく大人になってからのエピソードも含まれていることが興味深い．

　　私は，親族間の関係は難しいと思っています．母は，スティーブは扱いやすい
子で，ジャックは，より骨の折れる子だと言っていました．母は，私もまた骨の
折れる子だと感じていました．私にとっては，常にスティーブはジャックに比べ
て付きあいやすかったのです．スティーブと私はとてもうまく行きました．
ジャックと私は，いつも対立していました．激しくぶつかり合うような関係で，
今日まで，なお，そうです．まさに対抗関係でした．ジャックは長子だったらよ
かったと願っていたのだと思います．

　　スティーブは，いつもジャックに対してサポーティブです．もう少し異議を唱
えたらいいのにと思います．というのは，それについて彼と話したことがあるの
ですが，今ではスティーブは私の考えをより理解してくれるようになりました．
スティーブはジャックの面倒をみるような立場でした．なぜかしら？　何か（双
子に特有な）理論があるのかしら？　母と父がスティーブをサポートしてあげる
方がやりやすいと気がついていたことに対して，スティーブは罪の意識をもって
いたのだと思います．

　　父は私にサポーティブでした．それがジャックにとって悩みの種となっていた
のです．両親とジャックとの関係は，より張りつめていました．私は弟のジャッ
クが法律の勉強を始めた時のことを覚えています．ジャックと父と私と母がいて，
両親の家に一緒にいました．私は，ちょうどアメリカの最高裁判所について書か
れた *The Brethren* というタイトルの本を読んだところでした．そのトピックは
私にとって，とても面白く，それで私はコメントをしたのです．私がコメントを
述べる直前に父はジャックを批判していました．それらの言動はジャックの気持
ちを傷つけたに違いありません．しかしジャックは直接，父に言い返すことはで
きませんでした．それでジャックは，父に言い返す代わりに私にかかって来たの
です．もちろん，それは単に私の言い分ですが．父はジャックに何か傷つくこと
を言ったのです．ジャックが知っている何かを私が言おうとすると，ジャックは

怒って私に言わせないのです.

❖両親の子育て

スーザンが生まれた頃にスーザンの両親は音楽家の居候と同居していたことが語られている. それは音楽家を経済的にサポートするパトロン的な意味があったと思われる. 当時の, 両親のレコードを売るサイドビジネスも含めて音楽が両親の生活と非常に関係が深かったことが示されている. そしてそれがスーザンの生育環境であった. また両親が子どもたちに対して社会的正義の意識を植え付ける教育をしていたことも語られている. しかし価値観を押し付けるだけではなく, 自分で考えさせることも重視していたことが続く教会についての語りでわかる.

　　私が生まれてしばらく経って, 両親は大きいアパートメントで暮らしていました. 両親はレコードショップを持っていました. そこで78回転のフォノグラフレコード（筆者注：蓄音機で聞くレコード）を売っていました. 彼らのビジネスの名前は「レコードショップ」でした. そのアパートで両親はバーナード・ローゼン（"バーニー"）という人と一緒に住んでいました. 彼はデトロイト交響楽団のクラリネット奏者でした. ですから私は, 一人の母親と二人の父親のいる家族に生まれたようなものでした. 両親はバーニーのことを, とても敬愛していましたし, もちろん私もバーニーが大好きでした. 彼は私たちの家族のメンバーのようでした. 私は, とてもすばらしい恵まれた環境にいたのです. それから私の弟たちが生まれました.

　　両親は価値観を大切にしていました. 両親は関心のある事を重要に思っていました. 二人とも読書家でした. すべての人々のための社会的正義を求めてもいました. それは誰もが良い生活を送ることができることです. 私が10歳か11歳くらいの時, 私たちはシカゴを訪れました. シカゴに, 母の親族に会いに行ったのです. 両親は, 弟のジャック, スティーブ, そして私をシカゴの貧しい地区, ブロンズビルに連れて行って, 他の人々が大変な思いをして暮らしているのを見せてくれました. もちろんそのような人の多くはアフリカ系アメリカ人でした. シカゴにはミシシッピーから多くの人が移り住んで来ていました. ミシシッピーからシカゴに移って来た黒人たちがその地区に住んだのです. 私たちはシカゴでその地区を実際に目にしましたが（その前に）デトロイトで話は両親から聞かされていました.

　スーザンの両親がジャックやスティーブとともにスーザンを連れて行ったブロンズビルはシカゴ南部の貧困地域である．スーザンの友人のアーミニュアは，この地域で幼少期を過ごしたことを綴っている（第2章参照）．スーザンの両親は子どもたちに自分たちのように恵まれた生活をしている人ばかりではない，大変な思いをして暮らしている人々がいるのだということを実際に見せにそこに連れて行ったのだ．誰もが良い生活を送ることのできる社会的正義を求めていたという両親が子どもたちに授けた教育の一つとして重要な語りだ．

❖教会

　　両親は近隣の他の家族と違った関心を持っていました．私は教会に行きませんでした．私は何となく決まり悪い感じがしていました．それで私は友達と教会に行きました．両親はダメだとは決して言いませんでした．勧めてくれさえしました．両親は私にそういうことを体験させて所属感を感じてもらいたかったのだと思います．ある時，私がとても小さかった頃，長老派（プレスビテリアン）教会に行きました．教会では聖餐式が行われました．聖餐式とは小さな葡萄ジュースのカップを一人の人から次の人へ，そして次の人へと渡すのです．それはキリストの血を表していました．それから小さなパンのかけらが回ってきました．それはキリストの身体を表していたと思います．私は予期していませんでした．とてもびっくりして，うろたえました．とても不安になったので，帰宅し，父に言いました．「血を飲む？　魂を食べる？　何？」父は「しーっ，スーザン，そんなに大きな声を出してはダメだよ．そういう戯言を信じている人もいるのだから．」父はあまり良い言葉とは言えない，戯言（crap）という語を使いました．そんなにいい言葉ではありません．父が選んだ言葉で，私は彼が私の体験をどう思ったのか，はっきりと理解しました．彼は，それを馬鹿げたことだと思っていたのです．私の家族は私たちが暮らす社会で宗教的な信仰を持っていませんでした．

❖祖母の思い出

　スーザンは，父が祖母を毎週訪ねて買い物や用事をしてあげていたこと，健康の心配をしていたことを語っている．おばあちゃんにお小遣いのニッケル硬貨をもらって，りんごのサイダーを買いに行ったというところはフルーツの産地でもあるミシガン州の地域性が出ている古き良き時代の思い出である．また祖父母によってスーザンの家族の歴史についての関心が引き出されたことや，看護師とのやりとりで見た祖母の自尊心についても語られている．そのことに

スーザンが感動している描写にも興味が引かれる.

　　私が学校に行っている頃, 高校時代にかけて父は母親, つまり私の祖母を毎週
日曜日に訪ねました. そして彼女を連れ出して買い物に連れて行き, 彼女の用事
をしてやっていました. しばしば, 私は父と一緒に行きました. 弟たちが父と行
くこともありました. 祖母は私たちにニッケル, つまり5セントをくれました.
25セントのときもありました. とてもわくわくしたものでした. 私たちはサイ
ダー製造所に行きました. そこではりんごを砕き, りんごからジュースを圧搾し
てくれました. 私たちはそういったことを祖母と父と一緒にやりました.
　　祖母が彼女の夫について話してくれたのを覚えています. そうして私は, 家族
の歴史についての感性を得ました. それが自分にとってとても重要なことになり,
プリッカー・ミリタリー博物館と図書館による (曾祖父の) 従軍日誌の出版につ
ながっているのです (筆者注:スーザンは曾祖父の従軍日誌を偶然, デトロイトの図
書館で見つけたことがきっかけで, この数年前に, それを編集出版している (第3章参
照)). 子どもの頃, 祖父が父のために作ったスクラップブックを見つけました.
私はとてもとても私の家族の歴史に興味を持つようになりましたし, そのスク
ラップブックによって家族のことがよくわかりました. 父は家族の歴史に興味を
持ちませんでした. 母も弟たちも同様でした. でも私は興味を持ちました.

❖祖母のキリスト教信仰

　　祖母はクリスチャン・サイエンス (筆者注:キリスト教系の新宗教) の信仰者で
した. クリスチャン・サイエンスを信仰する人たちは, とりわけ医者を信じてい
ません. 私は日曜日になると祖母を訪問したのを覚えています. 祖母は足にとて
も大きな腫物を抱えていました. それは腫瘍でした. 父は, 彼女が診察を受ける
ことを主張しました. 祖母は94歳くらいでした. 父は祖母と一緒に私を病院の
救急の入り口で降ろしました. 父は車を駐車しに行きました. 私は祖母と一緒で
した. 看護師は祖母にではなく, 私に話しかけ, 祖母の代わりに書類にサインす
るようにと頼みました. 祖母は当然のことながら激怒したのです. 看護師が彼女
を無視したので, そのことで怒ったのです. それは侮辱でした. 看護師はそうす
べきではなかったのです. 祖母はその書類をつかむと, それにサインしました.
私は祖母にとても感動しました. 彼女は断じて正しかったのです. 彼女は一人で
家に住んでいました. 彼女は最終的には老人ホームに移りました. 彼女は強い女
性でした.

❖当時の女性たち

　スーザンが学生時代を過ごしたのは 1950〜1960 年代である．1960 年代になると，アメリカは社会変革の時代になるが，その前の 1950 年代までは，スーザンが語るように女性には以下のような結婚に依存する人生が期待されていた．スーザンは，その意味では家族の中で育まれた，より自由な価値観を持っていた．そして，やがて 60 年代という時代が来て，その時代思潮にスーザンは同じ方向性を感じたという．

　　　私の世代の女性たちは，私は 73 歳ですが（インタビュー時），高校に行き，結婚して，子どもを持ち，職業に就いた人もいるかもしれませんが，お祖母ちゃんになって，人生を送るというのが典型的でした．ディアボーンでは，私が行った高校では，私が小学校から高校まで一緒だった女性たちの多くは，ほとんど 100％大学に進学しました．私たちはとても教育水準の高い集団でしたが，女性たちは大学に学士号を取りに行くのではなく，修士号を取りに行くのでもなく，MRS の学位を取りに行く，つまり結婚するために行くのだというジョークがありました．彼女たちは結婚相手（夫）が欲しかったのです．私の従姉たちは，ナニーもマリアンも二人とも，まさにそうしたのです．彼女たちは大学に行きました．私よりも年上でしたが，大学に行き，ミシガン大学に行き，彼女たちの夫と出会い結婚しました．教育水準の高い女性たちでしたが職業は持ちませんでした．

❖スーザンの価値観を育んだもの

　両親がもっていたリベラルな価値観や家族の関心がスーザンの価値観の形成に影響していることがわかる描写である．

　　　私の状況はといえば，両親は決して結婚しなさい，子どもを持ちなさい，そういった伝統的なことをしなさいとは言いませんでした．私は，それがその当時の私たちの世代では普通のことではないと感じていました．結婚するようにということを強調しなかったのは普通ではありませんでした．そして私も結婚することになるだろうとも決して思っていませんでした．結婚しなくても幸せになれると思っていました．それは普通の考えではなかったので他の人たちと自分を隔てていました．大学に行った多くの女性たちは夫を見つけ，結婚して子どもを持ち，そして祖父母になりました．職業も持ったかもしれませんが．

　　　（家には）たくさんの本がありました．（両親は）音楽，演劇，絵画，彫刻，映

画など芸術に多くの関心がありました．私たちは美術館やその他の場所に芸術を
体験しに連れていかれました．祖父のギルブレスは読書家でした．ですから，そ
ういったものが私を形成する価値となっているのだと思います．私の読書への関
心や演劇，優れた映画を観ること，それほどではない映画もですが．それらの関
心のすべてが私の人生の基礎となりました．私が育った価値観や両親や両親の家
族の関心が人生の基礎となりました．そういった関心は変わることはありません
でした．

　次の話は，両親がよく連れて行ってくれたというデトロイト美術館にまつわ
る逸話と，当時の時代思潮が両親から育まれた価値観と重なっていった心地よ
さについてである．

　　そこはメキシコの壁画家のディエゴ・リベラが描いた，とてもとても重要な壁
　画がある，重要な美術館です．最も重要な壁画家の一人です．私にとっては，デ
　トロイト美術館は手のひらの中にあるように身近な存在です．両親はいつも私を
　そこに連れて行きましたし，その壁画が大好きでした．でも，友人のほとんどは
　行ったことがありませんでした．ディアボーンに住んでいたのでデトロイトには
　行かなかったのです．ですので，私の生活は，私の世界は，（友人たちとは）違っ
　ていたので，彼らの（グループの）一部ではなかったのです．典型的とはいえま
　せん．典型的な育ち方ではありませんでした．普通のようには育てられません
　した．
　　（1960年代の）社会革命を経ても同じままでした．1960年代に，学生達が反抗
　していたとき，ここアメリカでは社会革命（第3章参照）があり，学生達はベト
　ナム戦争や社会の古い慣習に対して反対運動をしていましたが，そういった社会
　的な価値観は両親が私たち三人に植え付けてくれた，私が親しんできた価値観の
　方向性だということを感じました．その当時，この国が向かって行った方向に私
　は心地よさを感じていました．

1－2．クラスの仲良しグループには属さない

　スーザンの両親は教育熱心で子どもたちに良い教育を受けさせるためにデト
ロイトから郊外のディアボーンに引っ越している．スーザンのここからの語り
はディアボーンで受けた学校教育について，友人，教師，学習など様々な話題
が展開する．スーザンの幼なじみ，シャーレーンによって後述されるが，スー

ザンたちが通ったディアボーンの学区はフォード自動車会社の恩恵で充実した
教育環境が得られたという.

❖学校教育

　　私の正式な教育は，私が3歳で保育園に通った時から始まりました. 弟たちが
生まれる前に私は保育園に行っていました. そして保育園から，最初は祖母の家
の近くの幼稚園に行きました. というのは，ほんの少しの間，私たちは父の母，
つまり祖母と一緒に住んでいましたので. それから両親はミシガン州のディア
ボーンに引っ越しました. ディアボーンの学校がとても良いとわかっていたから
です. ジャックやスティーブや私に良い，充実した教育を望んでいました. それ
でヘンリー・ヘイグスクールという小学校に行きました. 私は学校に行くのが大
好きでした. とてもワクワクしました. そして私は11歳の時に6年生で小学校
を終えました. それから私は中学校に入り，7年生，8年生，9年生とディア
ボーン・クララ・ブライアントで過ごしました. それから10年生，11年生，12
年生はディアボーン高校です. 大学に行くときには，とても良い基礎教育を授
かっていました.

　　学校に入った時，私は既に読むことができました. 両親が私に読んでくれてい
たので，どうにか読み方を学んでいたのですが，教師は私を，私よりも上手に読
める子どもたちのグループに入れました. でもそれについていくのが難しかった
のです. 他の子どもたちは，とても早く読み，私はわからなくなりました. それ
で教師がやってきて「スーザン，別のグループに入りたい?」と聞いてくれたの
で，私は喜んでそうしました.（第3章参照）

　スーザンはしばしば，自分の育った家庭が平均的ではないとか，他の家庭と
違っていた，ということを述べている. それは，共和党支持者が大半だった近
隣の中で民主党支持の家庭だったこと，特に母親がはっきりとした政治意識を
持っていた人だったことも関係しているだろう. そういう意識はスーザン自身
にも影響を及ぼし，他のクラスメイトと異なっているという感覚となっていっ
た. このことはスーザンが幾度となく語っている. たぶん特定の仲良しグルー
プからは独立した存在だったのだろう. しかし，だからといって孤立していた
わけではなかった.

　　学校には共通の興味を持つ子どもたちのグループがありました. でも私は決し

写真 1-8 学 校 時 代

て，そういったクリーク（clique）には属しませんでした．私は平均的とはいえない家族の中で育ちました．私の興味は他のクラスメイトとは異なっていました．地理について学ぶことが大好きでした．小学校時代のある日，先生が地理の競技大会を企画しました．彼はクラスを4つのチームに分けましたが，私は，すべての質問に答えていました．教師は，私がすべての質問に答えるということに気づいて私をクラスと戦わせたのです．そして私は勝ちました．私は，まさに地理を知っていました．アメリカ合衆国の地理を知っていました．母はトイレに地図を貼っていましたので私たちは世界地図やアメリカ合衆国の地図をトイレで見ていました．そうやって私は世界の地理やアメリカ合衆国の地理を学んだのです．それから父は私に旅行の計画を立てさせてくれました．私をアメリカ自動車協会に連れて行って，私が夢想している旅行の地図を手に入れました．箱いっぱいの地図を持っていましたし，仮想の大旅行を想像していました．リーと私が旅行する時は私が地図を見ます．

❖音楽の能力試験

充実した教育環境であったことが，ここでも語られている．スーザンが小学校で受けた音楽教育は才能のある生徒たちの能力をさらに引き出すために，能力がある生徒に楽器を演奏する機会を与えていた．

小学校では，すべての生徒たちは音楽の能力試験を受けました．私は音楽の教師ジャック・マークスのオフィスを訪ねるように言われ，高得点を得たことを伝えられました．そして楽器を演奏することができると言われました．音楽の能力試験にパスしたのは5年生の時でした．そして楽器を演奏する機会を得たのです．それは驚くことではありませんでした．家では音楽は私たちの生活の中で重要なものだったのですから．少なくとも私が振り返ってみる限りでは，彼は，好きな楽器を演奏できる資格があると言いました．そして何を演奏したいかと尋ねました．家に帰ると，私はバイオリンをやりたいと言いました．私はすぐにバイオリンを演奏したいと言いました．私はデトロイト交響楽団の演奏を聴いていました．

私が生まれた時に，バーニーが両親と一緒に住んでいましたから，彼を見ていました．その交響楽団でバーニーがクラリネットを演奏するのを見ていました．バーニーはクラリネットをやっていました．母と父は，とてもびっくりしました．なぜならバーニーのことがあるので，私がクラリネットをやりたいと言うだろうと彼らは思っていましたから．バーニーがクラリネットを練習するのを聴いていましたが，私はバイオリンをやると決めました．それでそうしたのです．しかし最初の子どもとして，そして父と母とバーニーとともに3年半を過ごしたことによって私の固い基礎ができたと思います．

❖中国人の友人

　小学校では，白人でない，ヨーロッパ系のアングロサクソンではない生徒が一人いました．それがアンナ・タンでした．彼女は中国人でした．私たちは友達でした．彼女はバイオリンをやっていました．オーディションで彼女が勝つ時もあれば，私が勝つこともありました．私が一番になることも，彼女が一番になることもありました．でも私たちは友達でした．今日までずっと友達です．彼女は（弟の）スティーブの妻のローランを知っていました．アンナとローランはミシガン大学でルームメイトでした．ですので（そういう縁もあって，ずっと）私たちは，アンナと私は友達なのです．

　子どもの頃，彼女は中国人でしたので友達がいませんでした．彼女は（他と）違っていました．私はディアボーンのアンナの家に夕食に招かれました．彼女の母親は，私が中国の食べ物が好きではないかもしれないと心配していました．それでそれに備えて私にアメリカの料理か何かを作ってくれました．

　このアンナ・タンとの交流の話は弟のジャックが取り上げている．アジア人への偏見があった中でスーザンが偏見なく友達付き合いをしたことは，両親が地域のどの人々や家族よりもはるかに寛大な心の持ち主だったことの一つの結果だとジャックは語っている（第2章参照）．スーザンが夕食に招かれた時，アンナの母親がスーザンのために中国料理ではなくアメリカの料理か何かを作ってくれたという描写からは，娘の友人となったスーザンに対するアンナの母親の思いがよく伝わってくる．

❖中学校と高校

　それからクララ・ブライアント中学校に行きました．クララ・ブライアントと

いうのはヘンリー・フォードの妻の結婚前の名前でした．ヘンリー・フォードの
妻はクララ・ブライアントといいました．それから私はディアボーン高校に行き，
1961年の1月に卒業しました．

　私は学校が好きでした．比較的易しかったし，レポートを書くのが大好きでし
た．最近，私は南北戦争について私が書いたレポートを見つけました．（南北戦
争で戦った曾祖父の）従軍日誌を見つけるずっと前のことです．それは北部と南
部の間の戦いでした．南部はレベルと呼ばれていて，北部はユニオン，ユニオン
軍と呼ばれていました．南部の州は，コンフェデレイトは，彼ら自身の政府を作
りました．彼らは合衆国を去ったのです．彼らはコンフェデレイトの紙幣を造幣
したりもしました．私の曾祖父は南北戦争の時のお金を持っていました．彼の息
子，つまり私の祖父はスクラップブックにそれを貼っていました．それを私は見
つけたのです．父はそのスクラップブックに興味を持ちませんでした．でも私は
興味を持っていました．私はスクラップブックから，その紙幣を外して，レポー
トに付けました．教師がどう思ったかを想像できますか．

　スーザンは以下の語りで仲良しグループには属さなかったという，スーザン
の学校に対する複雑な心境を描写している．いじめのような状況が存在し，そ
れに憤慨していたこともわかる．

　とにかく，いずれにしても私は，そのようなことやレポートを作ること，そし
て友達やクラスの仲間との会話に参加することが大好きでした．私はクラス皆の
友達になろうとしたのです．私たちのクラスには，皆が好まないような子どもた
ちもいました．そういう子たちに皆は，とてもとても意地悪でした．たいていは
女の子たちでしたが．私は他の人たちをからかったりすることに，いい気持ちが
しませんでした．意地悪だと思ったので憤慨しました．それは残酷でした．でも
言ったように，それはディアボーン高校にいることの一部だったのです．私は，
それは珍しいことではないと思っています．私はミシガン大学に行きはじめるま
では，学校がそれほど心地よいとは感じませんでした．

　高校では，私はバイオリンをやっていました．アンナ・タンがミシガン州の
ウォーレンに引っ越しました．ある日，オーケストラの指揮者が私にビオラに変
わるかと尋ねました．私は喜んでそうしました．両親は私にビオラを手配してく
れ，エイブ・レーヴィンのレッスンを受ける手配をしてくれました．彼は素晴ら
しかったです．私はビオラを弾くのが大好きでした．ビオラをする生徒はとても

少なかったので，多くの利点があったのです．私はミシガンのここ（ノースポート）に近い，インターローヘンに行きました．また夏にはミシガン州立大学でのミュージックキャンプで数週間を過ごしました．

　バイオリンをやっていたスーザンがビオラに変えたことは，後にビオラ奏者の夫と出会う縁の一つであっただろう．リーも，高校になってからバイオリンからビオラに変えているが，二人とも同じ頃，同じような経験をしていることが興味深い（第2章参照）．音楽は彼女の重要な側面だった．

　　私の教師で指揮者だったのはルソー氏でした．彼は今なお，存命です．ディアボーンに住んでいます．彼に会いましたが，それほど前のことではありません．彼に会って，とても，ぞくぞくするような感じがしました．彼はとてもいい人で，多くの人が彼のことを好きでした．事実，私がディアボーン高校を再訪した時に，高校の中央部から音楽科に行くまでのホールは「アンソニー・ルソー通路」と呼ばれていました．人々を称えるために通路の呼び方が有名な人にちなんで名づけられることがあります．音楽科へのホールにルソー氏の名前を付けることで，彼に敬意が表されていたというわけです．

　　私はオーケストラで演奏していました．私たちはギルバートとサリバンによるオペレッタ「ミカド」を演奏しました．オーケストラで「ミカド」を演奏した時に，私が演奏している写真を持っています．オーケストラで演奏するのは，とても楽しいことでした．オーケストラで，そういった作品に一生懸命に取り組み，演奏したのは素晴らしいことでした．だからそれが大好きでした．音楽は，いつもとても重要なものでした．私たちは他の高校と一緒に巨大なコンサートで演奏しました．ミシガンのディアボーンの3つの高校の音楽科の学生が一緒になって演奏したので，とても大きなオーケストラでした．本当に楽しいものでした．

❖高校の教師たち

　　私がとても好きだった高校の幾何の先生がいました．私は幾何学が大好きでした．それが非常に論理的だったからだということを覚えています．まず，第一段階があって，第二段階があって，そして第三段階があるという，非常に論理的で面白いものでした．それが大好きでした．それから美術の教師もいて，とても楽しみました．彼の名前を思い出そうとしていますが，彼は大変興味深いアート作品に取り組んでいました．心理学を教える教師もいました．それはとても楽しい

54

ものでした．何か私を夢中にさせるものがあったのです．これらは私の関心を強
く引いたものだったのだと思います．

❖友人のジェリー・ウォーナー

弟のジャックが，両親から学んだことは高いレベルの自由主義だった，大変
リベラルな熱情的信条だったと語っている（第2章参照）が，両親は政治意識も
高く，それがスーザンの学校生活にも大きく反映していたことがわかる．

> 私は学友の一人と友達になりました．私たちは，クラスは違っていました．彼
> が私よりも上だったか下だったか覚えていませんが，彼の名前はジェリー・
> ウォーナーといいました．私たちは，どちらも政治のことや大統領のことにとて
> も興味がありました．クラスメイトのほとんどは政治には興味がありませんでし
> た．ジェリーと私は興味がありました．私たちはどちらも民主党候補を応援する
> 家庭の出身でした．クラスメイトのほとんどは共和党（第3章参照）の家庭の出
> 身でした．ジェリーと私は，他のほとんどの生徒たちと自分たちが違っていると
> いうことを気にしていませんでした．

❖民主党支持の家庭

> 私の小学校時代，中学校時代，高校時代は，ごく普通でした．私たちの家族が
> 民主党（第3章参照）であったため（他の家族とは）違っていたということはあり
> ましたが．両親は民主党支持者でしたが，私たちが育ったのは，どちらかといえ
> ば保守的な，皆が白人の地域だったので，私たちは少々目立っていました．1952
> 年と1956年にアイゼンハワー将軍が大統領選挙に出て勝利しました．彼は共和
> 党でした．民主党からはスティーブンソンが出ました．彼はイリノイ州の知事を
> していました．母はスティーブンソンをとてもはっきりと応援していました．
>
> 私たちの教師がクラスでディベートを企画しました．私はスティーブンソンを
> 代表し，共和党と対決しました．教師は私がそのディベートに勝ったと考えまし
> た．クラスメイトの多くが共和党の家庭の出身でしたが，私は他の人と違ってい
> ることを気にしませんでした．
>
> ボブ・パイランはクラスメイトでした．彼は賢い生徒の一人で，MIT（マサ
> チューセッツ工科大学）に行ったのですが，ボブ・パイランが，私たちが，もう
> 大人になってから私に言いました．私が教師たちと議論することができて，誰も
> 私たちが何について話しているのか理解できなかったと．それは私が政治の事に

ついて話していたからです．母のおかげで，私は政治について何でも知っていま
したから．彼女はとても政治に関心を持っていました．ボブが私に話してくれた
ことは本当にびっくりしました．まず彼が35年経っても覚えていたことです．
そして私が他のクラスメイトがあまり知らないことについて教師たちと議論でき
たという事実によって彼が衝撃を受けたということです．

　スーザンの家族のユニークさは，政治的な関心だけではなく，様々な場面で
表れている．

❖ステディ

　　中学や高校では，男の子が女の子にステディになって欲しいと頼むと，それは
結婚の約束をするということではありませんが，お互いに，いつもデートをする
ということでした．男の子は女の子に首に付けるリングを贈るのです．それは
ビッグニュースでした．例えばシェリーがジョーからステディになって欲しいと
言われたときは大騒ぎでした．でもそういう騒動には加わりませんでした．私は
それにしり込みしたのではありません．私はデートをしたりステディになったり
するクラスメイトのグループには加わっていませんでした．友人のシャーレーン
が私に話してくれたのを覚えていますが，彼女の母親はいつもデートする相手を
見つけてデートをして欲しいと思っていたので，彼女がデートをしないと，とて
もいやな気分になったそうです．私はそんなことは気にしませんでした．両親も，
です．

❖ミドルクラスの生活

　　ジャックとスティーブは近所の子どもたちとスポーツを一緒にしていました．
私たちは，みんなとても快適なミドルクラスの生活をしていましたが，私たちは
他の家族と違っていました．テレビを買ったのは一番後でした．近所の人たちは
私たちがテレビを買うずっと前にテレビを買っていました．私たちは一階に2つ
の寝室と屋根裏部屋だけの小さな家に住んでいました．その屋根裏部屋が私の部
屋でした．地下室があり，テレビやカウチや小さなピアノ，それからビリヤード
台と作業用ベンチなどがそこにありました．その後，私たちは洗濯機，乾燥機を
手に入れました．それから私は高校を卒業し，家を出てミシガン大学に進学しま
した．

❖大学

　スーザンはミシガン大学が大好きだ．卒業生であることをとても誇りに思っている．ミシガン大学の通称である，「U of M」とよく口にする．出会った相手が，たまたまミシガン大学の卒業生だとわかると，面識のない人でも一緒になって大学歌を歌い出すほどだ．スーザンの大学生活は楽しいものだったに違いない．

　　私はミシガン大学に行くことに決めました．私はミシガン大学のミュージックスクールに入ることを許されました．そして 1961 年の 9 月にミシガン大学に入学しました．私は，そこのオーケストラで演奏しました．そこに 4 年間いました．私は喜んでアナーバーの学校（筆者注：ミシガン大学のアナーバー校）に行ったのです．大学生活は素晴らしかったです．とても気に入り，私は教育の学士号と教員の資格を得て卒業しました．

　　家族がもっと大きな 4 つの寝室のある家に引っ越したのはその後でした．両親は私の部屋も作ってくれていたので，夏には，何回か帰省しました．基本的には，いったん大学のために家を離れたら，私はあまり家には帰りませんでした．自分の好きなようにやりたいタイプでしたから．私はとても大学生活を楽しんでいました．私はそれほど勤勉な学生ではありませんでしたし，特に専心するタイプでもありませんでしたが，勉学の仕方がよくわかるだけの要領は心得ていたので，それをやりました．そして自分のやりたいこと（my project）をやって楽しんでいました．学ぶことは楽しく，大切なことです．それがとても重要な私のベースになっています．私は学校が大好きで，ミシガン大学も大好きでした．とても大きなキャンパスにたくさんの学生がいて，いろいろな人たちと知り合い，友人たちと知り合いました．

　　卒業後はすぐに教職をはじめ，そしてリーと出会いました．

1－3．けれども私は教師になると決めた

　スーザンは小学校の教師だった．これはスーザンが誰かに勧められたわけではなく，自分で選択した職業だ．教えることがしたい，そのような選択をする自信が，成長の過程で身近な大人たちから無条件で受け入れられていたという感覚によって養われたとスーザンは振り返っている．

❖生徒は弟たち

　私はいつも自分が教師になりたいということを自覚していました．私が小さかった頃，両親は私にスレート板を買ってくれました．それは黒い板に書くもので，スレートは黒い岩石なのです．それには白いチョークを使って書きます．両親はチョーク板を与えてくれました．私の生徒は弟たちでした．私は彼らに算数やそのような類のことを教えました．

写真1-9　スレート板に描く幼い頃のスーザン

　ですから私は教えることが私のやりたいことだといつも自覚していたのです．それは私の祖先のマチルダやキャロラインのように，女性にとっては結婚しないで就く職業だということもわかっていました．教えるという職は女性たちにもありましたが，皆，未婚の女性たちだったのです．

❖自信を与えたくれたもの

　自信というものは自分自身でいることを受け入れられているという感覚を経験することで得るのだと思います．私は人が気に入ることをする必要がありませんでした．私は，母が望むような人になる必要がありませんでしたし，父がして欲しいことをする必要もありませんでした．私には，やりたいことをする強さと能力と自信があることがわかっていました．だから私が教師になりたいと決めた時，父は実のところ，思いとどまらせるような感じで，どうして私が教師になりたいのかと尋ねてきたのです．私は父が私に何になってもらいたいと思っていたのかは知りません．けれども私は教師になりたいと決心しました．私は他の人たちを見て，あの人のようになったらとか，できたらとか，何か他のものになりたいとは思っていません．私は，成長する過程で，無条件でサポートされていたのだと思います．

　でも自信ということについては，ただ両親からの影響のおかげだけでなく，バーニーのおかげでもあると思っています．両親やバーニーは私のことを大切にしているということがわかりました．自信はそこから来ていると思います．大人の関与とサポートに満ちた幼少期の関係です．自己に対して良い感覚を持つこと

は，とても重要です．両親は私がしたいことを何でもサポートしてくれましたし，私がやってみたいことを何でもサポートしてくれました．

❖学生教師から教員へ

ここでは，始めに教師という職業を志した動機が率直に語られている．実は音楽家になる夢もあった．音楽はスーザンにとって幼少期から家族や学校によって育まれた世界であった．それを芸術教育に軌道修正したことがわかる．

とにかく私は母親と同じような人生は送りたくなかったのです．料理をしなければならないとか，家事をしなければならないといったようなことは望んでいませんでした．教えることがしたいと思っていました．それで私は大学に進学し，ミシガン大学に入学し，ミシガン大学のミュージックスクールでビオラを専攻し，素晴らしい時間を過ごしました．そしてプロの音楽家にはなれないということもわかりました．それほどまでにハイレベルには，決してなれませんでした．しかし教えることには可能性がありました．ですので，私は一般教育の授業を取り，教育の学士号を得て教師の資格を授与されました．私は一般芸術の学士号を取得しました．それはもちろんミシガン大学から私が取得した芸術教育の学士号です．

私は大学を卒業しました．卒業前に私は学生教師（student teaching）をしていました．私はそれがとても気に入りました．私は指導教官と呼ばれる監督役の教師とともに従事しました．それは去りがたいと思わせるものでした．私は，まさしくその場で教師になりたかったのです．とても良い体験をしました．そこの校長先生が私を気に入ってくれて私を雇ってくれました．アナーバーは，大学教授の配偶者の女性たちがいっぱいいましたので，それ（自分を雇ってくれたこと）は，とても素晴らしいことでした．彼女たちは教職に就きたがっていました．それでも彼女（校長先生）は私を選んでくれたのです．とてもうれしかったです．それで私は，まさに最初の年に教職を始めました．私たちは学生教師と呼んでいますが，それは，私が学生教師をした，教育実習をした同じ学校でした．

私は結婚するボーイフレンドを探してもいませんでしたし，そういったことも欲していませんでした．それは私の世代では周囲と大きく異なる，普通ではないことでした．ほとんどの人は結婚したがっていました．でもそれは私の目的ではありませんでした．

❖卒業旅行

　　卒業後，仕事に就く前の夏に，私はイギリスのロンドンで1か月を過ごしました．ミシガン大学のグループと一緒に行きました．その目的は，アメリカとは少し異なるイギリスの学校制度について学ぶためでした．私たちは，いろいろな学校を訪れました．素晴らしい体験でした．そして私はロンドンに滞在することにしました．私はユーレイルパスを使ってヨーロッパを小旅行して回りました．でもそれから私はロンドンに戻ってきました．私は最後の2か月間をロンドンで過ごしました．ですから，私は1か月間をミシガン大学のグループと一緒に過ごし，1か月間一人でヨーロッパ旅行をし，そして2か月間をロンドンで過ごしました．私はロンドンに恋に落ちました．

❖教員生活を始める

　　私はアメリカに戻り，アナーバーのバッハ小学校の3年生を教え始めました．アートプロジェクトのために私たちがやったことの一つは，生徒たちがアナーバーの私たちの教室でロンドンの町を作ることでした．私たちは他のクラスの生徒全員を招待しました．他のクラスの生徒たちは私たちのクラスにやってきて，ロンドンの有名な建物を見て回りました．それはとても楽しいものでした．そういえばスクラップブックでお見せしましたよ．その時の2つの絵をお見せしました．そのうちの一つは，小さな女の子ジュディが描いたものでした．私たちは印象派の画家たちについて話していて，印象派たちが，どのように光を使うのかということを話していましたから，これは1965年です．彼女はその絵をクレヨンで描きました．それは本当に見事で，今日のこの日まで持っています．この小さな女の子は今58歳です．私は今なお，その絵を持っているんです．それは私の印象派の授業から，ひらめいたものだったのです．それから私の友人たちもクラスに来て楽器を演奏してくれました．（その前に）私は子どもたちにバッハやモーツァルトについて話してやりました．友人の男性たちが私のクラスにやって来ました．生徒の一人が，8歳の子どもが「ねえ，何かバッハを弾ける？」って尋ねたんです（笑）．私のバックグラウンドが教えることに影響しているのがわかりますね．

1―4．リーとローマに行きたい

　　私は教師になり，1966年の冬に友人と一緒にコンサートに行きました．デト

写真 1−10　当時のスーザン
(1966年ローマにて)

ロイト交響楽団の演奏を聴きに行ったのです.
1966年には,リーは既にデトロイト交響楽団
にいました.コンサートの後,私たちは舞台
裏に行って,そこでリーに出会ったのです.
デトロイトで,お互いの友人とコンサートの
後に.そして私たちは付き合い始めました.

❖ リーとローマに行く決心

　　それから1966年の春に,彼はフルブライト
奨学金を受賞しました.私が教えているとき
に,彼は私を電話で呼び出しました.その頃
は教室に電話がありませんでした.携帯電話
もありません.ですので,事務室の秘書が
「ギルブレスさん,あなたに電話がかかってい
ます.教員ラウンジまで来られますか」と言

いました.私は子どもたちに「すぐ戻るから」と言って教室を出ました.リーは
「ええと,ローマに行く準備はできていますか？　私は奨学金を受賞したんです」
と言いました.私はわかっていました.誰にも相談する必要はありませんでした.
それは,私が望んでいたことだとわかっていたからです.その頃には,とても
リーのことが好きになっていました.夏が過ぎて私は1か月ロンドンに行きまし
た.それからリーの準備が整ったので,リーは私にローマに来るようにと手紙を
くれました.行きたいと自覚していました.(自分の気持ちを)疑う余地はありま
せんでした.

スーザンはビオラ奏者のリーに出会って音楽の夢の世界を間近で経験すること
になった.

　　私は校長先生にバッハ小学校には戻らないということを知らせました.1年目,
私はそんなに良い経験ができませんでした.でも私のことを素晴らしい教師だと
感じていた教師がその学校にはいました.彼女が私のためにアナーバーにある彼
女の夫の小学校で仕事に就けるように取り計らってくれたのです.ですので,私
はバッハ小学校を去ることになっていたのですが,リーが電話をしてきて「ロー
マに行きましょう」と言ったとき,私は「はい」と言いましたので,その女性に

「残念ですが，お受けできません．イタリアに行くことになりました」と告げました．私たちは1967年の6月21日にローマで結婚しました．

スーザンは目指していた教職に就いたばかりの頃にリーと出会って恋に落ち，リーの留学の時期と重なったために仕事を中断してリーについていくことにした．その時の気持ちについて葛藤はなかったようだ．人生のシナリオは予測がつかないものだ．結婚というものに全く憧れていなかったスーザンだが，リーと結婚したいと思ったのだ．スーザンの人生にリーという人間が加わって，音楽の世界とともに新たに展開して行くことになる．

写真 1−11　スーザンとリーの結婚写真
（1967 年ローマにて）

写真 1−12　スーザンの家族に加わったリー
前列左からスーザンの母，父，リー，後列左からスティーブ，スーザン，ジャック．筆者撮影．

　　私たちはアパートに住みました．リーは音楽の道に突き進んでいました．

❖ リーと渡り歩く

　リーと結婚した後の数年間の描写からは，予期せぬ出来事の連続であった様子がうかがえる．二人は短期間のうちにデトロイト，ハラッパ（メキシコ），メキシコシティ（メキシコ），カンザスシティ，ミネアポリスを経て，ようやくシカゴにたどり着いた．音楽家としての職を得る難しさと，交響楽団が置かれている困難な状況がわかる．以下の語りでは，メキシコに行くことになった経緯がおもしろい．メキシコではスーザンもオーケストラの一員として演奏したことが語られている．

　　その年の終わりになって，彼は奨学金の延長を受けることができませんでした．大抵は一年が過ぎると，さらに2年間の延長が得られるのです．しかし1966年に，イタリアのフィレンツェが大きな洪水に見舞われました．美術の分野でフル

写真1-13　メキシコ時代の二人

ブライト奨学金を得ていた人々はイタリア滞在のもう少しの延長が認められました．彼らは，洪水でひどく損傷したものを復旧する手伝いをすることができたからです．彼らはイタリアでの危機を救う手助けをしました．ですからリーは奨学金が無くなり，仕事もありませんでした．私は奨学金を取っていませんでしたから，奨学金も仕事もありませんでした．リーはヨーロッパで仕事を得ましたが，ベトナム戦争があり，アメリカに戻らなくてはなりませんでした．私たちは帰国し，彼はミシガン州デトロイトのウェインステイト大学で音楽の修士号を取りました．私自身は教職に就きました．6年生を教えていました．以前は年少の子どもたちを教えていましたから，年長の子どもたちをどう教えていいかわからず，難しかったです．しかし，そのバーバー小学校には，私を支え助けてくれる良い校長先生がいましたので，頑張って少しずつ教えるのが上手になっていきました．

❖メキシコへ

　一年後，私たちはデトロイトを離れることを決めました．私たちはデトロイトに住みたいとは思わなかったのです．それでリーは，職を探し始めました．彼は（リーの母校の）イーストマンスクールに求職のための手紙を書きました．求人は来たのですが，彼はそれを見て屑籠に捨てました．ごみの中から私がそれを見つけて「ええ！　メキシコだわ！」と言いました．次に私たちがしたことはメキシコに発つことでした．それで私たちは，メキシコに2年間，2年と1か月間住むことになったのです．私は，そのメキシコのベラクーシのハラッパのオーケストラでビオラを，リーはバイオリンを演奏しました．私たちはベラクーシ州の州都であるハラッパに9か月いたのです．それからリーは，メキシコシティでビオラを演奏する職を得ました．私には仕事がありませんでした．でもリーの給料はとても良かったのです．メキシコシティで私たちが住んだ家の写真があります．ですので，そこで私たちは1970年の秋まで残りの時間を過ごしました．

❖カンザスシティへ

　リーはデトロイト交響楽団のコンサートマスターで第一バイオリン奏者をして

いる人から推薦状をもらい，彼の演奏のテープを送って職を得ました．彼はカンザスシティ交響楽団の職を得たのです．それで私たちはメキシコシティから，すべての家財を荷造りして，そこに行きました．私たちは4匹の猫を飼っていました．私たちはカンザスシティまで旅立ったのです．しかしそこで，その交響楽団が解散したということを告げられました．カンザスシティ交響楽団にはもう資金がなかったのでした．

❖ ミネアポリスへ

　それでリーは，ミネソタでオーディションを受け，ミネアポリス交響楽団のアシスタント主任ビオラ奏者としての職を得たのです．ですから私たちはミネアポリスに移動しました．それはリーにとって，ひどい状況でした．音楽家たちは，彼らが好まない，酷い指揮者に悩まされていました．ビオラ奏者たちは，リーが来ることを知らされていませんでしたので，怒りました．まさにとてもひどい状況でした．そして，そのオーケストラの第一チェリストだったか，第一ビオラ奏者だったでしょうか，チェリストだったと思いますが，その人がリーに「シカゴのオーディションに行くべきだ」と言ったのです．それは11月のことでした．

❖ シカゴへ

　彼はオーディションを受けてシカゴで職を得たのです．一年で私たちはメキシコシティからカンザスシティ，ミネアポリス，シカゴへ移動したのです．私はすべての（荷物の）箱を捨てしまい，もう再び移動したくありませんでした．そして1971年の5月に，リーはシカゴ交響楽団での演奏生活をスタートしました．彼の最初の仕事は，ウラジミール・アシュケナージがベートーヴェンを演奏するコンサートのレコードを作ることでした．

1－5．再び教師になる

　夫のリーがシカゴで職を得てからは，スーザンたちはそこで腰を落ち着けることができた．スーザンは，ひょんなことから再び教職の道に戻ることができた．そしてフルタイムの教師の道が開け，スーザンの生涯を通じてのキャリアに突き進むことになる．

　それから1971年の秋に，私はシカゴ交響楽団の演奏を聴くために定期券で週に一度，演奏会に行っていました．彼らは一週間ごとに違うコンサートを演奏し

て，それを週に4回から5回繰り返していました．それで私は，ある男性の隣に
なり，顔見知りになりました．ある日，彼はコンサートに来て，私に，今日は彼
の誕生日だと言ったのです．私と同じ誕生日でした．「今日はご機嫌いかがです
か？」と言うと「ええと，今日は私の誕生日なのです」と彼は言いました．それ
で私は言いました．「ええ，私の誕生日ですよ」．つまり12月2日ですが．そん
なことがあって私たちは大の仲良しになり，彼は私が何をしているのか尋ねまし
た．私が教師だと言うと彼は「仕事をしたいですか？　私の学校で求人があるん
です」と言ったのです．それで私は，そこの校長先生のところに面接に出かけて
行って，採用されました．その年の終わりまで，私は幼稚園で5歳児を教えまし
た（筆者注：幼稚園は義務教育ではないものの，アメリカの学校教育のシステムでは小
学校とセットとして捉えられている）．そして秋に，1972年のことですが，その学
校でヘッドスタート（第3章参照）の制度を開始しました．ヘッドスタートとい
うのは，貧しい4歳児のための政府の保育園政策です．校長は私に，ヘッドス
タートの教師になりたいかどうか尋ねました．それはフルタイムの仕事だったか
らです．幼稚園は半日の仕事でした．それで私はそうしたいと言いました．

❖スーザンのスケジュール

　新学期はレーバーデー（筆者注：労働者の日（祝日））の翌日に始まりました．
レーバーデーは9月の第一月曜日です．学校の一週間は，月曜日から金曜日まで
です．年間を通じて多くの祝日がありました．コロンブスデー，サンクスギビン
グ，クリスマス／新年，大統領の日，メモリアルデーなどです．学校の年度末は
6月でした．2か月半の間は，正規の学校はありませんでした．サマースクール
がありましたが，それはしばしば落第した子どものために限定されていました．

　学校の一日は8時30分くらいに始まったと思います．よくは覚えていません
が，私は学校に早く来ていました．ラッシュアワーの交通を避けることができま
した．私は，その日の準備をする静かな時間を過ごしました．日々のスケジュー
ルは，学校長によって決められていました．大抵はリーディングが午前中の最初
にすることでした．

　生徒たちは標準化されたアチーブメントテストを春に受けました．それらはと
ても重要でした．どの学校が上手くやっているか，どの学校が上手く行っていな
いか，ということが一般の人々にわかるように，それぞれの学校のスコアは紙面
で公表されました．春季に導入される教材は子どもたちにテスト準備をさせるた

めのものでした.

❖子どもたちの役目

　以下はスーザンが行った, 子どもたちに特別な仕事をしてもらうという教育実践の語りである. この具体例が, 後述の「印象に残る生徒たち」で語られている. また, 一斉授業ではなく少人数ごとに指導を行い交替するという方法が取られていたことがわかる.

　　　私が特別教育での職に就く前（筆者注：スーザンは, その後, 特別教育の教員資格を取り特別教育の教師になった）は, 朝, 子どもたちが私のクラスに最初にやってくると, 私が朝の決まったペーパーワーク, つまり出席を取ったり, ランチの数を数えたりなどをしているときに彼らがすることを決めておきました. 何年かするうちに私は特別な仕事を特定の生徒たちにしてもらうようにすると, うまくいくと気がつきました. それで, より公平になるように, 私はあるシステムを開発しました. 私は子どもたちをアルファベット順に並ばせました. その日の朝に列の最初の子どもが特別な仕事をするのです. 私はクラスの子たちをホールに先導し説明しました. 例えば, 時々, 私が職員室から頼まれるのは, いくつかの書類をオフィスに取りにくるように子どもを派遣するということです. 列の最初になった子がそれをします. 私は, より困難を抱えた子どもたちがホールで監督もなしにいる時に, トラブルにならないかと心配しました. しかし, とても嬉しいことに, トラブルは決して起こりませんでした. 各々の子は, 列の最初になって自分の番がくるのを楽しみにしていたのです. その翌日, 列の最初になった子どもは列の最後に行きました. 彼らは, その役目をとても気に入っていました.

　　　私は子どもたちの小グループを作っていました. 政府は, 通常は一人の担任の子どもたちのクラスに二人の教師を配属するための補助金を付けました. 私の学校では, 私は学校の地下のスペースに作られた小さな部屋を持っていました. 私はその小さな部屋が大好きでした. 子どもたちの小さなグループには心地よいものでした. 私は仕事が大好きでした！

❖ルーティン

　　　朝には黒板に何か書いておきました. 子どもたちが入ってくると, 何をするかがわかるのです. 子どもたちは各々, 必要なものを入れるボックスを持っていました. 一日の終わりに, 私は彼らのボックスをチェックしました. 彼らがなお,

クレヨンや鉛筆やハサミを持っているか確かめるために．午前中，最初に子ども
たちは必要なものをもらい，それらを自分たちが忙しく作業する机に持っていき
ます．

　私が朝の作業を終えた後，私は少人数のグループの子どもたちを連れてリー
ディングをしました．その間，他の子どもたちは何か他のことをやっていたので
す．それから子どもたちは交替するのです．一定の時間になると 10 分くらい休
憩を取りました．子どもたちは，外に行って走り回ってくることもできました．
それからランチを食べ，教室に戻ってきて，その日の終わりまで過ごします．

　私はいつも彼らに本を読んであげました．ランチの後，私は本を取って子ども
たちに読み聞かせました．静かな時間を過ごしました．誰も話をすることはでき
ません．ジェスチャーすることはできても話すことはできません．とても静かで
安らいだ時間でした．そうやって残りのスケジュールを始める準備ができるので
す．理科，算数，そして社会を．

❖特別教育の教師になる

　以下では特別教育の教師の資格を得たスーザンが特別教育の教師として勤務
することになり，それまでの普通教育とは異なる教育活動の様子が語られて
いる．

　私が特別教育の教師になった時，子どもたちは，自分のクラスに行ってから私
のところに来ました．そして私は，少人数のグループの子どもたちと一緒にやり
ました．そして彼らは，また自分のクラスに帰っていきました．私の主要な教育
活動は，特別教育の子どもたちに対してでした．それは楽しかったです．という
のは少人数ですので，家族のような感じがしたからです．あるグループをシカゴ
の中心部に連れて行き，シアーズタワー（筆者注：現在のウィリスタワー）に行き
ました．シカゴで最も高いビルです．チケットを買うために私たちは並びました．
チケットを売っている男の人に，私が教師で彼らは私の生徒たちだと言いました．
それでその男の人は，私たちを家族料金にしてくれたので，彼らはとてもはしゃ
ぎました．私たちは家族でした．

　特別教育の教師は"普通の"子どもたちがもつような学習する能力が妨げられ
る問題をもつ子どもたちと向き合うように訓練されます．彼らは能力が乏しく，
理解するのがとても遅く困難を伴います．あるいは行動上の問題を抱えている場
合があります．子どもたちの多くは学習の障害によって区分されます．知的な面

では標準でも，聞いたことを理解するのに問題を抱えている子どももいます．また書かれたものを見て，言葉をごちゃ混ぜにする，あるいは入れ替えてしまう問題をもつ子どもたちもいます．私は学習障害と行動障害をもつ子どもたちと取り組むように訓練されました．私はまた，カウンセラーの学位を取得しました．

　私が特別教育の教師になった時，スクールイヤーごとに私は生徒たちのニーズに合うスケジュールを作成しました．私は，通常のクラスを離れて私のクラスに来る子どもたちの小グループと一緒に授業に取り組みました．それぞれの子どもの個別のニーズによって，私は彼らをグループに分けました．私はリーディングのグループを担当することが多かったです．その校舎のすべてのクラスがリーディングを教えている同じ時に，私はリーディングを教えました．たいてい私は子どもたちと私のクラスでリーディングに取り組みました．

❖始業と終業の時間

　ここからは学校での勤務の様子が述べられている．スーザンの授業準備は始業時間前の早朝の2時間を使って行われていたようだ．以下の勤務形態をみると，フレックスタイム制のようだということがわかる．

　学校には6時半か7時に来ていました．私は，しばしば一番早かったです．朝に，ほとんどの準備をしていました．ほとんどの準備は学校でしなくてはなりませんでした．高学年を教える場合には，例えばプリントを採点することなど，家でできる仕事がたくさんあります．私はプリントの採点のほかに，たくさんの準備をしなくてはなりませんでした．それで朝，子どもたちが来る前に，だいたい2時間準備をしました．それは子どもたちが来る前に，ほっとできるひと時でもありました．

　始業が早かったので，だいたい午後2時半か3時くらいに終わりました．私は6時間，勤務しました．もし8時半に始めたら，2時半に終わりました．時にはランチの時間がその日の中間にありました．でもそれは稀でした．私たちは全てを通しでやりました．教師たちの大半は，2時半くらいの早めに帰るのを好んでいました．というのは渋滞の前ですので，ラッシュアワーの前に出るためです．子どもたちは学校でランチを摂るので，教師たちは彼らとともにランチを摂ることもできました．私は子どもたちが帰るときに帰りました．家に仕事を持ち帰りましたが，同時に，その日の準備を続けるために学校にとても早く行きました．

❖ケースマネージャーは特別教育のコーディネーター

　普通クラスの教師だった時は，スケジュールは，まさにルーティン通りでした．私が特別教育の教師になった時は，少人数のグループの子どもたちと一緒に取り組んでいたのでスケジュールは変わりました．それぞれの子は，その子たちの障害に適応するように教えられなければなりませんでした．それはとても素晴らしく，私は本当に楽しみました．それはまたコツのいることでもありました．そして私は，授業を普通クラスの教師たちと調整しなければなりませんでした．

　特別教育の教師になった後にスーザンは，さらにカウンセリングを学び，修士号を得てカウンセラーの資格を取得した．この資格を得てからスーザンの仕事は，特別教育の管理，ケースマネージャーという専門的な任務を帯びるようになっていった．しかしシカゴ当局の特別教育に対する教育政策が変化して，スーザンの仕事は子どもたちと直接関わる教育活動からペーパーワークの連続になっていったようだ．

　それから私はカウンセリングの修士号を取得しました．シカゴの小学校では，カウンセラーは，ほとんどカウンセリングを行わず，彼らはケースマネージャーでした．カウンセラーたちは小学校で特別教育を管理していました．それは大変な仕事でした．カウンセラーたちは，それぞれの特別教育の子どもたちのためのプログラムをコーディネートしたのです．私は教師たちから紹介状を受け取り，評価をコーディネートし，親にテストをする許可のサインをもらい，親，教師，インタビューやテストをする人たちと面接を受けてもらう調整をし，個別の教育プランを書き，資料を保持し，プランを更新し，それぞれの生徒をテストしました．3年ごとに全体の評価プロセスをやり直しました．少なくとも，心理学者が子どもたちをテストしました．ソーシャルワーカーが親と子どもにインタビューをしました．看護師も親と子どもにインタビューをしました．そして私は，それらすべてをコーディネートしたのです．親と一緒に日程を決めて，それを心理学者とソーシャルワーカーと看護師に渡しました．時には，子どもたちは身体的セラピーや職業セラピーや話し言葉のセラピーを受けました．それらのサービスを担当するすべての人は，それぞれの特別教育の子どもたちをテストしなければならず，そして3年後に，再テストをするのです．それぞれの専門家による，すべての報告が終わった時に，私はミーティングのスケジュールを立てました．そのミーティングには親たち，普通クラスの教師たち，心理学者，看護師，ソーシャ

ルワーカー，その他の専門家たち，カウンセラーが含まれます．時にはテーブルは完全に一杯になりました．というのは，子どもたちが必要とするサービスがとてもたくさんあったからです．

　私の考え方は親と関係を作ることでした．私は，もし親と良い関係を築くことができれば，それは子どもたちにとって最良だと感じました．特別教育の教師になってからは，そしてカウンセラーになってからは，

写真1-14　教師をしていた頃（1985年）

私の学校での仕事は劇的に変わりました．そして大学レベルでも教えるように招かれました．私は大学の授業に招かれ，特別教育の教師になりたい学生たちと向き合いました．

❖夫と自分の生活のバランス

　音楽家の夫の仕事とスーザンの仕事とのやりくりは大変だったようだ．交響楽団員と教師の生活時間は大きく異なっていた．しかもスーザンもリーも自己実現に余念がなかった．その綱渡りのような生活の工夫の様子が語られている．

　私がフルタイムで教師をすることになって，私たちの2つの職業を，どうバランスさせるかを考えることが必要になりました．私の職業は昼間でしたし，彼のは，そうでなかったのですから．私たちはエバンストン（シカゴ郊外）に住んでいました．私たちは月曜日から金曜日まで別々にシカゴに通勤しました．リーのスケジュールは，たいてい，火曜日はリハーサル，水曜日は2つのリハーサル，木曜日の午前中のリハーサル，それから木曜日の夜，金曜日の午後と夜，土曜日の夜，時には日曜日や月曜日がコンサートでした．それでリーは2通りの方法での通勤し始めました．彼は月曜日と火曜日に（シカゴに）行き，電車でオーケストラホールに行き，エバンストンに戻ってきて帰宅して一緒にディナーをとりました．エバンストンで，です．コンサートがある時には，つまりリハーサルがありますので，彼はシカゴとエバンストンの中間まで電車で来て，そこで会いました．ディナーが終わると彼は電車でシカゴに戻りました．私は車でエバンストン

に帰宅しました.

　それから私が大学でもう一段上の学位を取りたいと決心した時に，事態はより複雑になりました．私は特別教育の資格を得たかったのです．70年代の終わりには，私は修士課程に就学しました．そのために私は（職場の）学校から大学に行き，家に戻りました．私は大学の授業を取りました．たぶん週に3回だったと思います．それはなかなかやっかいでした．一日中教えた後，夕方に私は大学に行っていました．仕事を終えて大学に週3回通っていました．修士号を取るのに2年かかりました．それから私はカウンセラーになれるように2つ目の学位であるカウンセリングの学位を取りました．もしフルタイムの学生でしたら，修士の学位はたいてい1年で取ることができます．でも私は違いました．私はパートタイム学生でした．ですから私は，特別教育の修士号を取るのに2年，カウンセリングの修士号を取るのに2年かかりました．両方の学位を合わせて4年です．私はミシガン大学から学士の学位を取りましたが，2つの修士号，一つは特別教育の，もう一つはカウンセラーの修士号をシカゴのノースイースタン・イリノイ大学から取ることになったわけです．

　それから私は楽しみのために，いくつかの授業を取るようになりました．教職に関する修士号を取った後，経済学，歴史，文学のコースを取りました．そのあとに私は文学のすべての授業を取りました．とても素晴らしかったです．フォークナーをたくさん読みました．とても好きな先生もいました．ハワード博士という先生に出会いました．彼の大学院のセミナーを取りました．彼の専門はフォークナーでした．アメリカの作家です．全期，私たちは彼と一緒に，ただフォークナーの作品を読みました．それが素晴らしかった！　ハワード博士のように，彼と一緒に南部アメリカ文学のセミナーをやりました．それから歴史のコースを取りました．そして経済学を学ぶことを楽しみました．それは私にとって全く初めてでした．

　リーはといえば，彼もまた室内楽に大きな関心を寄せていました．リーはたくさんのコンサートで演奏していました．ある年にはカレンダーを見て，完全に二人だけで過ごす日が一日もなかったということを覚えています．それで私は大学の授業がない日に，いわゆる個人休暇を取りました．リーは，その日はリハーサルもコンサートも何もしないと約束してくれました．でも何か起きるものです．とても多忙でやりくりするのが大変でした．

　その頃までには，私たちは家を掃除してくれる人を雇いました．掃除をしたく

写真 1 - 15　ウィスコンシンのサマーハウス

2010 年筆者撮影.

なかったし，リーは「僕がやるよ」と言ってくれましたが，それは一週間続いた
だけでした．それで私は掃除してくれる人を雇ったのです．というのは，私たち
は二人と 4 匹の猫だけでしたが，5 つの寝室のある大きな古い家に引っ越してい
たからです．ですから私たちは誰か掃除してくれる人が必要だったのです．土曜
日にはコンサートを聴きに行きましたので，リーを乗せて運転しました．リーと
私はディナーを一緒にすることなどをやりくりしたのです．

　少しばかり楽だったのは，私たちに子どもがいなかったからです．ですから，
この大変なやりくりに子どものことでバランスを取る必要がなかったのです．そ
れで私が仕事をし，彼が仕事をし，昼間に時間を見つけ一緒に過ごすことができ
ました．私は月曜日から金曜日まで朝早く起きて仕事に行きました．

　それから私たちはウィスコンシンの家を手に入れ，夏をウィスコンシンで過ご
しました．私がウィスコンシンにいて，リーは最後のコンサートの後に来て，
ウィスコンシンで 5 泊くらいしてシカゴのエバンストンに戻りました.

　このようにサマーハウスで共に過ごし，旅行することもできた．二人の職業
柄，比較的長い休暇があったことやオーケストラのコンサートツアーへの同行
の機会があったからだ.

　オーケストラのスケジュールは素晴らしいものでした．オーケストラは，クリ
スマスの時期は 2 週間の休暇があり，6 月のダウンタウンシーズン後に 2 週間の
休暇が，夏のシーズンの後には 4 週間の休暇がありました．ですから冬期は，し
ばしば私たちはクリスマスを過ごしにアリゾナまで電車に乗って行きました．そ

こは，とても心地よい天候で，少なくとも 10 日間の休暇を過ごしました．私たちはそうやって私たちの生活のバランスを取りました．

シカゴ交響楽団（CSO）と関係していることの大きな楽しみの一つは，もちろん彼らがする大旅行，つまりコンサートツアーでした．私はいつも学校を休んで，これらのツアーに参加し続けることに対して，校長が反対しないようにしていました．私は職場の学校の人たちや校長を尊重しなければなりませんでしたが，彼らは私がこれらの旅行を続けたいということについてサポートしてくれました．

1－6．アメリカの学校制度

アメリカの学校制度については第 3 章で詳述するが，日本のように全国一律ではなく，スーザンの説明にあるように，地域や学校区によって異なっている．

アメリカ合衆国では，私の知る限りでは保育園は義務ではありません．アメリカの政府は一般的に貧しい家庭の子どもたちは家で（普通の家庭と）同様なメリットを享受できないということを認識しています．そのため政府は（保育園や幼稚園とは別の）ヘッドスタートと呼ばれるプログラムを創設しました．私はそのプログラムで教えていました．親は所得の証明を私たちに提出しなければなりませんでした．

保育園の後は幼稚園です．私は保育園と幼稚園の両方に行きました．1 年生は義務教育です．リーは保育園にも幼稚園にも行っていません．ほとんどの学校教育のシステムは，小学校（幼稚園から 8 年生），そして高校（9 年生から 12 年生）です．ジャックとスティーブと私が育ったディアボーンでは小学校（幼稚園から6 年生）と中学校（junior high：7 年生から 9 年生）と高校（senior high：10 年生から 12 年生）でした．

❖経歴と給料

教師たちは教育レベルが高いほど多くの給料をもらいます．また，より経験豊富な教師たちは，より多くの給料をもらいます．シカゴの公立学校のシステムでは，教師の給料は経験年数と学歴に基づいています．私が退職したとき，私は学士号，修士号，修士号＋30 時間，修士号＋60 時間を持っていました．博士号は取りませんでした．私はまた最多の経験年数でもありました．

ちなみにシカゴ交響楽団のソロでないすべての演奏家たちは，みんな同じ給料を得ていました．彼らは等級によって支払われていました．ソロの演奏家たちは，

彼ら自身の契約について交渉し，等級よりも高い給料を得るのです．

❖生徒たちは高校を修了しなかった

　シカゴでは高校の卒業率は低かったです．ですから生徒たちが8年生の終わりに小学校を離れる時は，それは大きな出来事だったのです．子どもたちは帽子とガウンを身につけ，卒業証書をもらって，友たちと家族が一緒になって生徒の卒業を祝いました．

1−7．印象に残る生徒たち

　ここではスーザンが教えた生徒の中でも印象に残っている子どもたちの思い出を語っている．それらを通じてスーザンが子どもたちとどのように関わって来たのか，どのようなことを学んでもらいたかったのか，スーザンが子どもたちに注いだ愛情が見えてくる．

　私には印象に残る生徒たちが多くいますが，生徒たちは（それぞれ）違った面で印象に残っています．

　ノエミという子がいました．私は今なお，ノエミと友達です．彼女は4歳だったときに私のクラスに初めてやってきました．彼女はアメリカで生まれましたが，直ぐにメキシコに連れて行かれました．アメリカに戻った時，彼女の家族は彼女をシカゴに連れてきたのです．彼女は私のヘッドスタートのクラスにいました．彼女はハーバード大学に行きました．そして今は弁護士をしています．良く成し遂げました．4歳の時，私は直ぐに彼女がとても賢く素晴らしい子どもだとわかりました．

　私にはもう一人，本当に酷い家庭出身の印象に残る生徒がいました．サンディです．この子どもは学校に汚れた格好で来て，臭っていました．彼女の髪はぐちゃぐちゃで，時にはアタマジラミがいたために家に戻らなければなりませんでした．彼女はとても貧しかったのです．私は彼女に遅刻してきたら（ほとんど毎日でした），指でサインを送ると教えました．そのサインは私が彼女を大好きだということ，勉強を始めるということを意味していました．そして私は時間ができたら彼女に特別の注意を払いました．ある日，学年末が近づいていた頃，彼女の，とても怒った父親が学校に来て，私の教室のドアをバンと開け，その子をクラスの外に連れ出しました．サンディが父親とホールを下っていくとき，背中に手をまわし，私が彼女に教えた，あのサインを私にしてくれたのです．それは大

変，感動的でした．私は再び彼女に会うことはありませんでした．いまだに彼女のことを思っています．

マーティンという子がいました．彼は私のところにやって来て，自分の誕生日だと言ったのです．彼は妹と父親と住んでいました．彼の母は子どもへの虐待で拘置されていました．彼女は子どもの一人を熱いアイロンで殴ったのです．私は誕生日に何が欲しいかと尋ねました．すると彼は，ベッドルームのドアが欲しいと言いました．彼は7年生でした．彼は12歳か13歳くらいでした．彼はプライバシーが欲しいと言ったのです．私は唖然としました．彼は歳の割にとても小さかったので気にしていました．私は彼の腕が大きいことに気がつきました．私たちが飼っていた猫のココは，子猫の時に普通ではないほど長いしっぽと長い脚と大きな耳を持っていました．でもココが年をとるにつれ，身体が成長しました．ココは大きな遅しい猫に成長したのです．成長した猫になった時，彼のしっぽ，耳，そして脚はすべて身体とフィットしたのです．私はマーティンにその話をしてやりました．私の退職のパーティーで彼が私の家にやって来た時，彼はココに会いたがりました．その猫を見たがったのです．彼は自分の腕が大きいから彼が背の高い人になるかもしれないということを知って良い気分になっていました．そして彼はそうなりました．

スティシーという子がいました．ドラッグハウス（筆者注：スラムにある麻薬密売所）に住んでいた子でした．それは酷いものでした．（スクール）バスの車掌でさえも，その家族と周囲の環境には怯えるほどでした．でもなんて素晴らしい子どもだったでしょう．

❖ サンディの役目

ある日，これはサンディが，サンディ・ダニエルズが教室にいた時ですが，オーケストラの団員の妻，パット・ジョンソンが教室にやって来ました．彼女はジンジャーブレッドハウスを作るキットを持ってきました．ジンジャーブレッドはソフトクッキーのようなものです．ジンジャーブレッドのたねをシート状にして，それを，家を作るために使えるピースにカットするのです．アイシング（砂糖衣）で屋根と同様に家のサイドをくっつけます．小さなドア，小さな窓を作ります．飾りたいところにアイシングをして飾り付けるのです．子どもたちはとても興奮しました．そしてその日の朝の役目はサンディの番（列の一番）でした．オフィスからインターコムで「レーン先生，ジョンソン婦人がオフィスにお越し

です」と言われました．私は「サンディ，オフィスに行ってジョンソン婦人のお手伝いをしなさい」と言いました．彼女はぞくぞくしました．彼女はジョンソン婦人を私の小さな部屋に連れてきました．サンディがジョンソン婦人とおしゃべりをしているのが聞こえました．私たちは素晴らしい時間を過ごしました．とてもとても素晴らしかったです．

　これは，既述のように子どもたちをアルファベット順に並べ，特定の日に，列の最初の子どもに特別な仕事をさせるという，スーザンが開発した教育方法の具体的な語りである．サンディがその役割を得て張り切っている様子が目に浮かぶようだ．またこの描写から，サンディを注意深く観察していたスーザンのまなざしも感じることができる．

❖作り話をした生徒

　　特別教育で担当した少年の一人にアレックスという子がいました．彼は8年生でした．たぶん，一度に五人の子どもたちが教室にいたと思います．ある日，ほかの一人の生徒が宿題をしてこなかったことの言い訳を私に言いました．アレックスは私に言い訳をした生徒に，とても苛立ちました．アレックスは彼に「レーン先生はお見通しなの，気がつかなかったの？（Don't you realize that Mrs. Lane has been around the block more than once?）」（笑）と言いました．「been around the block」というのは「たくさんの経験がある」という意味です．アレックスの言う通りでした．私はたくさんの経験（been around the block）を何回も何回も何回もしました．ですからアレックスは，私がその生徒が作り話をしていることを知っていることをわかっていました．私にとってはアレックスのコメントはとても愉快でした．

1－8．子どもたちが九九で私を負かせた

　普通クラスや特別教育をしていた頃の思い出や，ヘッドスタートで教えていた頃の素晴らしい思い出が順不同に語られている．

❖学校外でのお楽しみ

　　時々，私は生徒たちの中から，あるグループを選んで彼らをシカゴの中心部，ループ（筆者注：シカゴの都心区の名称）に土曜日のお楽しみに連れて行きました．私はまた，二〜三人の子どもたちを週末にウィスコンシンの家に連れて行きまし

た．学校の外の，そういった小旅行は私も生徒たちもいつも楽しみにしていたことでした．

　ある時，私は子どもたちを競技に連れて行くということに挑戦しました．私は彼らに九九の表を知ってもらいたかったのです．算数を助けている少人数の子どもたちのグループがありました．それで私は挑戦をしたのです．もし彼らのうちの一人が九九の表の1ページをやって私を負かすことができたら，私は彼らをシカゴ・レッド・ウィングス，シカゴのホッケーチームの試合に連れて行くというものです．そして私の生徒たちの一人が，ついに私を負かせたのです．私たちはホッケーの試合に行きました．わくわくしました．とても楽しいものでした．

　これらは子どもたちの学びの過程に，夢中にさせるような目標を与えたスーザンの工夫が感じられる話だ．そしてこれらの実践を通じてスーザンが子どもたちと過ごした時間をとても楽しんでいたことがわかる．

　特に特別教育の教師になってからは，毎日が同じものではありませんでした．教えることで気に入っていることは，何も典型的なことがないということです．子どもたちは，どの子も違っていたので，彼らがどうなるのかわからなかったのです．

❖ スティーブがクラスルームにやって来た

　4歳のヘッドスタートの子どもたちが色の学習や文字や数の学習をしました．彼らはアートプロジェクトをしました．たくさんの材料が教室にありました．おもちゃのレンジやおもちゃの冷蔵庫などがある，小さなキッチンがありました．ある日，弟のスティーブが教室にやって来ました．教室には大きなテーブルがありました．その周りの3つ半のサイドをダンボールで囲っていました．子どもたちがそこに隠れるのです．スティーブが来た日は，子どもたちは，その隠れていた場所から出てきてケラケラケラと笑いました．スティーブの気配がありませんでした．私は子どもたちに，スティーブがどこにいるか知っているか尋ねました．突然，彼はテーブルの下から現れたのです．彼は子どもたちと一緒にテーブルの下で遊んでいたのです．スティーブは教師になったらよかったと思います．彼はとてもとても良い教師になったことでしょう．子どもたちはそのテーブルの下に隠れていた大人が大好きでした！

　弟のスティーブはユーモアあふれる人物だ．子どもたちは，そんなスティー

ブと遊ぶことを心から喜んだに違いない．スーザンは教室にスティーブだけでなく，音楽家の友人やオーケストラの団員の妻など様々な人たちを招いたことを語っている．子どもたちの学びとして教室に適切な第三者を迎えることの効果がよくわかっていたのだろう．教育の現場に変化を取り入れることに長けていたのは次の蝶のエピソードにも表れている．

❖蝶を通して自然な理科教育

　　ある日，子どもの一人が教室に蝶を持ってきたのを覚えています．蝶は動きませんでした．私は，羽の鱗粉がいくつか取れてしまって動けないのだと心配しました．私たちは蝶を窓台に置きました．そしてその蝶のことは忘れていました．突然，その羽は動き始め，教室の中を飛び回りました．なんとか捕まえて，私たちは皆，外に出ました．私は手を開き，そしてその蝶は空中に飛んで行きました．子どもたちは喜びました．皆，手を叩きました．私はそのようなことを即興的にするのが好きでした．学ぶためのとても良い機会となるからです．

❖祝日の特別なこと

　　私がヘッドスタートを担当していた時に，いろいろな祝日に特別なことをしました．もちろん 10 月末のハロウィーンには，みんなコスチュームで着飾りました．年上の生徒たちが小さな子どもたちに会えるように，子どもたちを連れて年上の生徒の教室を回りました．私たちはたくさん歌いました．私はピアノをいくらか弾きました．私はジター（自動ハープ）を持っていました．ジターは演奏者が，かき鳴らす弦楽器です．ピックを使って，弦をかき鳴らすのです．また，それはボタンを押して異なる和音を作り出します．私がピアノかジターを弾き，私たちは皆，歌いました．私たちはいつも音楽やアートをしていました．

1－9．教師としてセーフティネットを作り出すという信念

　スーザンは，在職中に通った大学院で，未知の分野を学んだ時に味わった感覚を生徒たちの感覚に置き換えて子どもたちを理解しようと努めた．その中で教師に必要なセーフティネットという役割について考え，実践していった．さらに，親たちとは良い関係を築くことに力を注いだ．その結果「親たちが協力したがっている」と同僚から評価を受けるようになった．

❖セーフティネットを提供する教師の役目

　それ（大学で知らない分野の講義を受けたこと）は実際，何か初めてのことを
やっていた生徒たちの気持ちを気づかせてくれたのです．大人でも子どもでも，
全く初めてのことを学んでいる時には人は傷つきやすくなると思います．私はす
べての教師が，自分が全く知らない科目を取ることが，とても重要だということ
を確信したのです．そうすればクラスの子どもたちのことを理解できるのです．
子どもたちが何か，もがいていてわからないときに，どう感じているのかを理解
することが重要だと信じていました．

　教師としての私の目標の一つは，子どもたちのためのセーフティネットを提供
することだと思っていました．サーカスでは，グランドの上の高いところにいる
人には，もし落ちてもキャッチされるためにセーフティネットがあります．演技
者はセーフティネットがあるので，落ちてもケガをしないのです．私はセーフ
ティネットを備えてやるのが教師の役目だと感じています．子どもたちが間違っ
ても，大丈夫だと感じることができるように．私たちは皆，間違いをしてしまい
ます．間違うことも学習の内なのですから．間違いをしてしまっても安心してい
られる必要があります．愚か者だと感じない必要があります．もし生徒が間違う
ことを心配しすぎてしまうと何か新しいことをやってみる時でも心配してしまう
かもしれません．セーフティネットを作り出すことは私にとって，とても重要で
した．生徒たちが優れている，大丈夫だと感じていることを確かめるために．私
は彼らをサポートする必要がありました．

❖親をサポートするというスーザンの方針

　親たちは子どもたちが学校で上手くやることを望んでいると思います．子ども
に問題があると親たちは悲しい気持になり，子どもの問題に対して，親自身を
責めることがわかりました．そのために私は，それぞれの親と良い関係を築くこ
とがとても重要だと感じました．彼らが私のサポートと理解を感じてくれている
ことを確かめることが必要でした．

　ある日，私は学校の看護師のバーバラ・マイケルと話していました．彼女は特
別教育の評価をするのを助けてくれていました．バーバラは私に「私は親たちと，
こんなに良い関係を築いたカウンセラーと一緒に働いたことはありませんでした．
親たちが協力したがっているのですから」と言いました．それを聞かされたこと
は，私にとって，とても重要でした．とてもありがたいことでした．幸運なこと

に私たちは，どの親とも何の問題もありませんでした．何人かの親たちと問題を
抱えていたカウンセラーたちを知っていました．そういう親たちは，不満を言う
ために直接，地方のオフィスに行きました．私にはそのようなことは何もありま
せんでした．それは私が親たちに協力的になるという方針のためだと思っていま
す．親たちに，サポートされている，理解されていると感じて欲しかったのです．
どうにかして私はそういうことを達成する方法を見つけ出そうとしていました．
それぞれの子どもが独特なのと同様に，それぞれの親も独特でした．親が協力的
であれば，家族にとっても学校にとってもより良いことでした．

1—10. 同僚は警察のスパイだった

　スーザンは教師の組合の学校代表として立候補した．そして，それまで代表
をしていた人物と選挙で争った結果，スーザンが勝利したのだが，その相手は
なんと警察のスパイだった．現実離れしたような話だが，スーザンは，このこ
とで酷い目に遭わされたことを語っている．また組合の代表としての仕事の様
子も描写されている．

　　私たちの教師の一人が警察のスパイでした．彼女がスパイであることはアフリ
　カ系アメリカ人の警察職員の組織によって明らかにされました．摘発された時，
　このことは新聞の見出しにもなりました．（スパイの）シェリーは私たちの組合
　の代表でした．代表の次の選挙があるときに，私は彼女の対抗として立候補しま
　した．
　　私は当選しましたが，彼女は私の生活を地獄にしました．彼女は恐ろしい人物
　でした．最終的には，私はCTU（シカゴ教職員組合）の弁護士に会いに行かなく
　てはなりませんでした．私たちの組合は2万4000人のメンバーがいました．教
　師，助手，心理学者，学校看護師，スピーチセラピストやその他を含みます．弁
　護士は，私が直接，組合の会長のロバート・ヒリーに会うことを提案しました．
　ヒリー氏は私に，あなたがしてもらいたいことは何でもしましょうと言ってくれ
　ました．なぜならば，私がシェリーに対抗して出馬し，勝利したからです．ヒ
　リー氏は，選挙で選出されていたこの女性をクビにすることができなかったと私
　に言いました．彼女は私の学校から選出されていたので，彼は彼女を代表団から
　除名することができなかったのです．代表団は市全体のすべての組合の代表たち
　の組織でした．私が代表団に選出された時，彼女は，もはや私たちの教員たちの

代表ではありませんでした．彼女はシカゴ警察署の内部に作られた，いわゆる
レッド・スクワッドのメンバーだったのです．彼女はスパイとして有名だったの
です．私は学校の教師たちから，たくさんのサポートを受けました．彼らが助け
てくれたのです．

❖組合の代表として

　シカゴでは，それぞれの学校に職業上の問題のための委員会（PPC；
Professional Problems Committee）がありました．もし教師たちが問題を抱えてい
れば，彼または彼女は，組合の代表としての私のところに来ました．私は組合の
代表でしたので，私は自動的に PPC の議長でした．教師が校長と問題を抱える
と，私は最初に委員たちと会いました．その会議の後，私たちは校長に会い，そ
して問題を解決しようとしました．時には，私たちは組合から助けを求め，その
問題を校長のボス，その地区の総監督に持ち込まなくてはなりませんでした．組
合の代表というのは重要な仕事でした．組合の職員はシカゴ市の学校理事会と教
員の契約について交渉をしました．時には組合の代表の人たちがストライキをし
ました．それらはあまり喜ばしいことではありませんでした．

　ここまで，スーザンの出生から生い立ち，学生時代，そして教師になって経
験した，ヘッドスタートや特別教育で出会った教え子たちとの思い出，培われ
た教育上の信念，仕事上での経験など，スーザンの前半生をみてきた．次の項
からは，夫リーが所属するオーケストラとの関わりや両親の死，子どもを持た
ない人生，退職など，主にスーザンの後半生に生じた出来事をみていく．また
スーザンによるリーの家族の描写も興味深い語りである．

　後半生❖交流・両親の死・アメリカ人として

1−11. 私たちはシカゴ交響楽団という共通項で結びついていた

ビオラ奏者である夫のリーが所属するオーケストラや著名な音楽家たちとの
私的な交流を含め，音楽家の夫を通してスーザンには華麗な音楽界も身近な存
在であった．社交的で料理が得意なスーザンは，彼らも含めて多くの来客を自
宅に招いてもてなした．リビングルームや書斎に並べられた写真には，そう
いった華やかな世界も垣間見える．けれどもスーザンは，彼らとも少しも飾る
ことなくフランクに付き合い，インタビューでは，彼らとのごく日常的な交流
について語っている．以下では，リーが所属していたオーケストラとオーケス

トラの家族たちとの関わりが描かれている．オーケストラのコンサートツアー
に同行したこと，オーケストラの妻たちと作った組織やその組織が出版した料
理本の話題，親しく交流していたオーケストラ団員の妻たちとの冒険旅行など
の話題である．

❖オーケストラのツアー

　1971年5月にリーがオーケストラに入団した時，シカゴ交響楽団は最初の
ヨーロッパツアーに行こうとしていたところでした．私たちは5週間それに行き
ました．大変長いツアーでした．私は（当時は）教師をしていませんでした．で
すから私はオーケストラの音楽家たちや彼らの配偶者たちの多く，ほとんどは妻
たちですが，そういう人たちと知り合いになりました．妻たちの多くは最初のツ
アーに付いていきました．妻たちの大半はヨーロッパに行くのは初めてでした．
私はイタリアに住んでいましたし，ロンドンで4か月を過ごしましたので，旅行
について少々の心得がありました．オーケストラの団員の多くは，年配の音楽家
で構成されていましたので，子どもたちが既に大きくなっていましたし，家を出
ていましたので，妻たちは多くがツアーに参加することができたのです．ですか
らオーケストラの妻たちの大きなグループになりました．私は最年少の一人でし
た．私は髪を腰まで長く伸ばしていて，髪を括っていました．何人かのオーケス
トラの妻たちと，とても楽しみました．

❖オーケストラの妻たち

　強制収容所のアウシュビッツにいたエヴァ・エイティのことはお話ししました
ね（筆者注：筆者に以前話してくれたことを指す）．1971年のツアーからずいぶん後
のことですが，エヴァと私はオーケストラとともに飛行機に乗っていました．彼
女は私の前の列でした．そして彼女が立ち上がり，私に話しかけてきました．彼
女のシャツの袖が上がって腕が見えました．私は彼女の腕に青いギザギザの数字
があるのを見ました．私は手を伸ばし，それに触れました．私は，はっとしまし
た．「エヴァ，それは何？」彼女は「私はアウシュビッツにいました」と答えま
した．私はその瞬間を忘れることができません．初めから私は，彼女がとても好
きでした．

　スーザンが最初に語ったのはエヴァのことである．迫害を体験し，アメリカ
に来た人々の一人だ．エヴァのことでスーザンが別の折に話してくれたのは，

次のようなことだ．それはエヴァのアウシュビッツでの体験をスーザンの生徒たちに聞かせたいと思ってエヴァに打診してみた時の話だ．エヴァは直接の返事をする代わりに，こう言ったという．「私は以前，映画監督のスピルバーグにアウシュビッツでの体験を話して欲しいと言われたことがありました．それでお話ししたのですが，後日，機材の不備で録音できていなかったため，もう一度，話して欲しいと頼まれました．それはできませんと断りました」これを聞いて，エヴァがアウシュビッツでの体験を話すことは，彼女にとって，どれほどのことだったのか，スーザンは気づいて，はっとしたという．

　　ベブは音楽家でした．彼女はオーケストラでイングリッシュホルンを演奏していたグローヴァー・シュルツの妻でした．ベブは女性にはとても珍しく，ストリングバスを演奏していました．

❖オーケストラの妻たちの組織，コーダ
　　ある時，オーケストラの妻たちはコーダ（Coda）と呼ばれるグループを組織することにしました．コーダは，作品の終わりに来るものです．リーがオーケストラに入団した時，女性の音楽家は，たったの五人でした．そのため配偶者の大きなマジョリティは妻たちだったのです．今は半分が女性で，半分が男性ですが．それで私たちは，コーダと呼ばれる組織を結成しました．私の友人のエバス・ハーセスが最初の会長で，私が2番目でした．

❖コーダの料理本
　オーケストラの妻たちのグループが手探りで苦労しながら料理本を編集していった様子が以下の描写からわかる．しかし最終的には，この料理本から利益を得て，交響楽団員の楽器購入ローンの基金に役立ててもらうという目標を達成できた．交響楽団員の内情にも触れられているのが興味深い．

　　私が代表になっていた時，私たちは料理本を作ることを思いつきました．私たちはオーケストラの多くの音楽家，二〜三人のシカゴのシェフたち，オーケストラと連携しているほかの音楽家二〜三人から多くのレシピを集めました．料理本には，レシピ，オーケストラの音楽家のリスト，イントロダクション，目次などが記されていました．とても面白いものでした．そして，とても骨の折れるものでもありました．ある日，一人の女性が電話をしてきて「スーザン，私たちは章をどのように区分しましょうか？」と言いました．それで私は（手元の）料理の

本の一つを見つけ，その章立てを使いました．
そうやって私たちは，この料理本を編集した
のです．

　私には，一緒に楽しむことのできるオーケ
ストラの妻たちが何人かいました．そしてそ
れほど好まない人も何人かいました．私たち
は大きなグループでしたが，シカゴ交響楽団
という共通項のもとに結びついていました．
コーダと料理本プロジェクトのために私は
リーダーの位置にいました．しかし料理本は，
まさしくチャレンジでした．とてもきつかっ
たのです．もめることもありましたが，なん
とかこれを成し遂げました．オーケストラか
ら援助もありました．そのプロジェクトを行
うためのお金を得ました．結局は（出版した料
理本から）少々の収益がありましたので，オー

写真 1-16　コーダの料理本
筆者撮影.

ケストラからのローンを返済しました．利益を得て，そのお金を楽器のための
ローン基金に寄付しました．その基金は，シンフォニーのメンバーに楽器を買う
ためのお金を少ない利子で貸すというものです．私たちは，やりたかったことを
達成しました．

❖オーケストラの妻たちとの冒険

　私は何人かのオーケストラの妻たちと，とても良い友達になりました．オーケ
ストラが演奏旅行をしているときに，ベブと私と時にはエバスは，自分たちのこ
とに時間を使いました．ある時，私はスペインのマドリードで車を借りました．
ベブ，エバス，グローバー（ベブの夫），リーと私は，サンティアゴ・デ・コン
ポステラ（スペインの北西地方）にドライブしました．幸運なことに私はスペイ
ン語を話せますので，それがとても役立ちました．ベブは運転が好きで，私は地
図をたどりました．そしてエバスは車の後ろの席に座りました．エバスは，かな
りの冒険者でした．エバスの提案でスペインの山の中にある小さな町にドライブ
しました．ええと，道路はとても曲がりくねっていました（ジェスチャー）．私が
車を借りたので，私が運転していました．ベブはナーバスになっていました．彼

女はホワイトナックルの同乗者でした．車に乗っていて不安に感じるとき，
「You have white knuckles」と言います．なぜかというと，こぶしを強く握りし
めるので手のひらが白くなるからです．ついに私たちは，その町にたどり着きま
した．魅惑的な場所で，とてもとても興味深かったです．私たちは教会に入りた
いと思っていました．しかし施錠されていました．鍵を持っている人を見つけま
した．扉を開けてくれ，私たちは中に入りました．とても興味深いところでした．
私たちのほかに二人が教会の中にいました．観光客，旅行者でした．そこはスペ
インの人里離れた地域の人里離れた町でしたが，教会に入って来たうちの一人は
デトロイト・ライオンズの帽子をかぶっていました！　デトロイトのフットボー
ルチームです．なんて世界は狭いのでしょう．

1－12. どこでもリーダー的役割を担った

スーザンは人生において，いくつかのリーダー的役割を果たしてきたことを
回想している．スーザンは意見や考えをはっきりと言うタイプである．両親か
ら影響を受けて社会的正義の感覚にも敏感で，批判精神も，他者への共感力も
強いことから，周りからリーダーとしての資質を備えているとみられていたこ
とは想像に難くない．

私はコーダのニューズレターの執筆を始めました．コーダの代表が辞める時に
私は，コーダの会長になりました．行くところどこでも，私はリーダー的役割を
担っていたと思います．私にはそういうことが起こるように思われました．たぶ
ん私が長子だったからかどうか，わかりませんが．

シカゴの教員組合（CTU）の市全体の月例会議に出る学校代表に選出されまし
た．教師たちは，ほとんど組合に加入していました．私は組合の代表で，毎月の
会議に出席しました．その組合の活動について報告するために，私は自分の学校
で会議を開きました．そして市全体の会議からの情報資料を配りました．

私たちがエバンストン（シカゴの郊外）からシカゴのコンドミニアムに引っ越
した時，私は，その建物の政治に関わりました．私は最終的には，コンドミニア
ムの（住民の）理事会役員に立候補し，2年任期を2回勝利しました．理事会役
員に2回目に出馬した時は，ほとんどの票を勝ち取りました．その選挙のすぐあ
と，私は役員会から会長に選出されました．それはその建物（の住民組織）が混
乱している時でした．それはとてもとても困難な経験でした．その対立は嫌悪感

を起こさせるものでした．私はもうリーダーの地位に就くのはやめようと決心しました．私はその役割にうんざりしていたのです．ですから私は，今はリーダーの立場からほとんど退いています．

1－13.　父の愛と生涯にわたる無条件のサポート

　スーザンの母は，夫（スーザンの父）よりも 12 歳年下だったが，夫よりも 16 年早く亡くなった．一人になった父は，ミシガン州のディアボーンからスーザンの住むイリノイ州のシカゴに移る決心をした．それからは，スーザンは，毎週父と会い，ドライブに出掛け，一緒に食事をして父と過ごした．毎日電話もした．父とスーザンは，そのように父の晩年の 15 年ほど，父と娘の良い時間を過ごした．

❖母の死，父がシカゴに移る

　　私の母は 70 歳で亡くなりました．母の死は，私たちの両親の中で初めての死でした．それは 1984 年の秋でした．そのとき父は 82 歳でしたが，シカゴに移りたいという決心をしました．それで父はエバンストンの私たちの近くに部屋を見つけて引っ越してきました．その後，彼はシカゴに引っ越しました．シカゴに 97 歳になる 2000 年まで住みました．

　　（その後）彼は（ミシガン州ノースポートにいる）スティーブの近くに移りました．もはや一人で住むことができなかったのです．彼の家は酷く散らかっていて，薬も正しく飲んでいませんでした．スティーブの近くに移ることは，彼にとって最善の選択でした．（それから）私は 2000 年（6 月）に退職し，ウィスコンシンに引っ越しました．

❖父と過ごした時間

　　私は，たいてい毎週水曜日に父と会い，毎日（電話で）話をしていました．仕事から戻り，父を迎えに行ったものです．ディナーを一緒にとったり，ドライブをして，一緒に何かしたりしました．週末にリーが仕事の時は，私もシカゴに父を迎えに行き，一緒に何かをしました．一緒にとてもいい時間を過ごしました．父と過ごす時間があったことは嬉しいことでした．

❖父の死

　　9 月 2 日には，私たちは父の 98 回目の誕生日を祝っていました．ジャックと

スティーブと私がいました．（スティーブの妻の）ローランと（ジャックの妻の）カレンもみんな一緒にいました．父を北ミシガンのサットンズベイにディナーに連れて行きました．それから父は亡くなりました．2000年の11月のごく初旬のことでした．その頃までには私は退職していました．私たちは金曜日に（南米旅行からシカゴの自宅に）帰宅し，金曜日中にミシガンまで運転して行きました．私は土曜日全部を（父と）過ごしました．私はミシガンに着いた金曜日と土曜日を終日過ごし，夜中に父は亡くなりました．父は私が南アメリカから戻るのを待っていたのではないかと思います．彼は，私が南アメリカにいるのを知っていました．彼は常に意識がはっきりしていて何でも気が付いていました．彼はもう最期だとわかっていたのだと思います．父は私たちの生活からいなくなってしまいました．私にとって彼は理想的な父でした．私は父の愛と無条件のサポートを生涯受けました．

「父は私たちの生活からいなくなってしまいました」という表現はスーザンの父への想いの深さを感じさせる．父との別れはスーザンの人生の中でも大きな喪失だっただろう．

1—14. 私たちは子どもを持たなかった

スーザン夫婦には子どもがいない．それは二人が選択した決断による．スーザンの話では，当初，特にリーが子どもを欲していなかったようだ．しかしスーザンもこの件に関しては全く後悔していない．二人でたくさん話し合って出した結論である．

私はいくつかの点で，典型的なアメリカ人女性ではありません．主な理由は，私の世代で子どもを持たなかったからです．それは私たちがした決断でした．私たちは子どもを欲しなかったのです．私たちが結婚した時，リーは子どもを欲しくないと言いました．私はそれで良かったのです．もしリーが子どもを欲しがったとしたら，それもまた良かったのです．けれども職業をもち，母親であることは難しかったでしょう．リーは子どもを持つことに懸念の気持ちが少しあったのだと思います．少しだけ，確かに彼自身が父親になることに思い悩んだのだと思います．私たちは決心しました．私はいつも子どもたちと一緒に働いていましたので幸せでしたし，子どもがいなくて寂しいとは思いませんでした．

私は子どもたちと家にいた私の母親のようにはなりたくありませんでした．け

れども私は，少なくとも一人の親は，自分たちの子どもたちのことで手が空いている必要があると信じてもいました．それはリーには無理でした．私は自分の職業にとても満足していました．

　子どもを持ったら素敵だと思う時もあります．でも大人として，いつでも子どもを当てにするわけにはいきません．時には，子どもたちは勝手に自分がやりたいようにするだろうし，両親とそんなに多くのことをしません．ですから私たちは本当にそれを決して後悔していないし，子どもがいないことで自分たちのことに没頭できました．

　また私もリーも所得があったし，リーの家族からの収入もありましたの

写真 1 - 17　結婚 50 周年のスーザン
　　　　　　とリー
2017 年筆者撮影.

で，シカゴで素敵なコンドミニアムを持つことができましたし，ミシガンで，このきれいな家を持ちましたし，思い出に浸ることのできる大好きな，たくさんのものに囲まれていますし，友人たちと旅行もしました．そういうすべてのものに囲まれているのです．そういう風に私たちはとても良い人生を送っています．

1−15.　退職してシカゴ都心へ

　スーザンが退職する前後には，いろいろな環境の変化があった．シカゴで一人暮らしを続けられなくなった父がミシガン州に住む弟のスティーブの近くに移った．エバンストンの家を売り，スーザンは退職後の生活を，夏を過ごしてきたウィスコンシンの家でスタートさせようと計画していた．夫のリーはサバティカル（筆者注：長期休暇．主に大学教員や音楽家などに与えられる）を取り，その後にはリーも退職し，スーザンのウィスコンシンでの生活に合流しようと計画していた．そして父が亡くなった．しかしウィスコンシンでの生活は思い描いていたものとは違い，リーは退職を繰り下げることにした．そして二人はシカゴ都心のコンドミニアムに住むことにした．これらは 2000 年から 2003 年にかけての出来事だ．スーザン夫婦のシカゴ都心居住はこうして始まった．

88

写真 1-18　シカゴのコンドミニアム
2010 年筆者撮影.

私は 2000 年の 6 月に退職しました．2000 年の 9 月に，私はシカゴ交響楽団の南アメリカツアーに参加しました．オーケストラが戻った後，リーは 1 年のサバティカルを始めました．リーと私は，（演奏旅行の後）追加の 2 週間，アルゼンチンに滞在しました．私たちがそこにいる時に，弟のスティーブと定期的に連絡を取り合いました．父が弱ってきていることがわかっていました．6 月に私が退職した後，私たちはイリノイ州のエバンストンの家を売却しました．私たちが 1975 年に購入した家です．リーはサバティカルの後に退職しようと計画していました．その夏はとても忙しかったです．リーはオーケストラと夏季の公演をし，私たちはすべての家財を北（ウィスコンシン）に移しました．そして私はミシガン州に住んでいた父のところを頻繁に訪れました．南アメリカツアーの後に，リーはサバティカルを取り始めました．（この過程で）リーは，退職はしたくないという気持ちになりました．私たちはシカゴにコンドミニアムを見つけました．彼は歩いて仕事に出かけることができました．

その冬に私はハワード博士の授業を聴講しました．その授業は素晴らしいだけでなく，私は自分自身についてのことを学びました．ある日，私が退職した後，ハワード博士が私に E メールのメッセージをくれたのです．「スーザン，私は，あなたが，興味があると思うコースを設けます．聴講してはいかがですか」と．聴講するということは，授業に来てリーディングをしてクラスの議論に参加するということですが，テストを受ける必要も課題を提出する必要もないのです．それは退職後に取った最初のクラスでした．ハワード博士は授業をアメリカの異なる地域に関わる文学のセットで構成しました．地域主義者（Regionalists）として．例えば，サラ・オーン・ジュエットの本はメイン州にセットされました．アメリカの最北東部に．私の好みの一つは『もみの木の国の物語（The Country of the Pointed Firs）』でした．

私は退職者として自分がスケジュールを持つこと，枠組みをもつことが重要であるということを学びました．もちろんリーが退職するまでは，私たちの生活は

オーケストラのスケジュールを中心に回っていました．私が退職してからの何年間か，私は授業を取りました．それはとても満足するものでした．そして私の家族の家系図を調べ始めました．私は祖母が，つまり父の母が家族について聞いたという本を持っていました．私はそれを編集し再び印刷しました．そして私は，家族の歴史について取り組み始めたのです．そのことでずっと忙しくしていました．

　スーザンは退職後に文学の授業を楽しみ，そして自分の人生を振り返り，家族の歴史について取り組んだことがわかる．曾祖父の南北戦争での従軍日誌の編集というプロジェクト（第3章参照）も家族の歴史についてのスーザンの関心から生じたのだろう．

❖退職の理由

　この質問にスーザンは以下のように2つの理由を挙げて明快な回答をした．

　　2つ理由があります．第一に，シカゴの公立学校は費用のかかる教師を辞めさせようとしていました．私の経験年数，私の学歴のために，私はとても費用のかかる教師でした．250人の教師に早期退職の優遇措置を提案してきたのです．私は応募しなければなりませんでした．私は応募が認められるか確信はありませんでしたが，シカゴ当局は，より年功を積んだ教師にそれを提案したので応募しました．私にはたくさんの年功がありました．そして私は2000年に退職しました．58歳でした．ですから私は早期退職しました．そして私は給料の70％を得ました．当局は3年間分を加算してくれたのです．私の最後の3年間の教師の給料です．平均を出すためにそれを3で割りました．それに2.2を掛けたのです．それが私の給料でした．ですから，それは良い取引でした．私は早期退職のために何らのペナルティも課されませんでした．第二に，教師の仕事は変わってきていました．当局は私たち教師たちに教え方を指導しようとしていました．それは大変きっちり決められたものでした．特別教育は，ただペーパーワークの連続になっていました．私にはそれが我慢ならなかったのです．それで私は250人のための特別な提案について聞いた時に決めたのです．了解しました．準備はできていますということを決心しました．

　　退職して16年になります．ずっと素晴らしいです．退職生活をエンジョイしています．ですから（退職理由は）優遇措置が得られたこと，それから当局が教

育に関して，特に特別教育に関して取った方策を好まなかったことです．それは単に，たくさんのペーパーワークになってしまったのです．酷いことでした．子どもたちの一人が同じ質問をしました．「レーン先生，どうして退職するんですか？」私は「私がやりたいように教えられなくなってしまったの」と言いました．

1—16. 運転ができなくなっても家に住み続けたい

アメリカ人にとって，特に田舎に住むアメリカ人にとって，運転できなくなったらという質問は自立生活ができなくなることを意味する．質問した当時は，まだシカゴに住む可能性もあったので，スーザンは以下のコメントをしている．その後，スーザンはシカゴ都心での生活の利点とミシガンの田舎での生活の利点をいろいろと考慮した末に，穏やかで平穏なミシガンでの生活を選択した．弟のスティーブがその近隣にいることも理由の一つだった．また，そのミシガンの田舎が子どもの頃，家族で何度も訪れていた思い出の地であることとも無関係ではない．リーにとってはシカゴ都心での生活に未練は大きく，最終決定までの葛藤は小さくなかったようだ．しかし二人で話し合って決断したという．コメントの中に「アパートメント」と「家」が意識的に区別されて使用されているが，一般に家（a house）は一軒家を指している．シカゴのアパートメントを売却することになって選択肢は狭まったが，アパートメントにせよ，家にせよ，スーザン夫妻は最期まで自宅で生活したいと考えている．幸いそうするだけの経済的な手段（世話をしてくれる人を雇う）を有していることで理想とする最期を語っている．

写真 1 - 19　シカゴダウンタウン
2012 年筆者撮影.

リーと私の意思ははっきりしていません．シカゴにいるか，ここ（ミシガン）に来るか，全くはっきりしていないのです．私たちは決めていません．シカゴは，退職するにはとても良い場所だと思ったので，私たちはシカゴにアパートメントを買いました．医者は私たちの近くにいます．美術館も劇場もレストランも，です．彼はシカゴ大学に講義を受け

写真 1 - 20　ノースポートの家のキッチン

2017 年筆者撮影.

に行きます．私の友人はシカゴにいます．
そしてそれは良いことのように思えます．

　でも今，私たちは（ミシガンの）この家を
買い，生活を始めたばかりです．私たちは
家をとても気に入っています．特に私が．
そしてそれは（私たちの生活にとって）もっ
と難しい決心になります．もし私がシカゴ
に住むのであれば問題はありません．運転
するにせよ，運転ができなくなったにせよ，
タクシーがあり，バスがあり，街を簡単に
歩き回ることができます．もしシカゴのア
パートメントを売れば私たちにはたくさん
のお金が入ると思います．それで，ここで
は，私は誰か住み込みで私たちを世話して

**写真 1 - 21　ノースポートの家の
スーザンの書斎**

2016 年筆者撮影.

くれる人を雇って私たちが家に住んでいられるようにすることを考えています．
（あるいは）私たちはサットンズベイ（筆者注：ノースポートの南方の町）に行くか
もしれません．トラバースシティ（筆者注：北部ミシガンの中心都市）に行くかも
しれません．そこは程よい町だということです．シカゴは大きすぎるのです．
（規模の点で）それは少々，より難しいのです．

　私はいつもカメリア（筆者注：エバンストン以来，家の世話をしてくれているメキ
シコ人女性）が私たちを世話してくれることを想像していました．それから彼女

の子どもたち，特に彼女の二人の子どもたちのうちの上の子どもが，私は親しみ
を感じています．そして私はどうにか，誰かが私たちを世話してくれるかもしれ
ないと思っています．でも彼女の上の息子には二人の子どもがいるのですが，彼
はテキサスのオースティンに行って住むことを考えているのです．シカゴと同じ
給料が支払われる仕事があるし，シカゴのように危険なところではないので……
オースティンは住みやすい街です．民主的な街でもあるし．私たちのいとこの息
子のキャブもオースティンに住んでいます．彼はオースティンがとても気に入っ
ていてオースティンの学校に行きました．ですので，そのことを聞いた時，そし
て彼の母親（カメリア）が寒い気候にうんざりしていると彼が言ったとき，もし
彼女が行ってしまったら，私たちにとって，いろいろ事態が変わってしまうと思
いました．というのも彼女はもう……何年かしら？　ずっと私たちのところに来
ていてくれているのですから．シカゴに移る前から，彼女は（エバンストンの）
家を世話してくれていました．ですから彼女が行ってしまうと大きく変わってし
まうでしょう．だから彼女にはたくさん聞いてみたいことがあるのです．でも，
いずれにしても，私たちには人を雇って世話をしてもらうためのお金が十分にあ
りますので，家に住み続けることができます．

　スーザンは密かに彼女（カメリア）に自立生活が困難になった後の世話をして
もらいたいと考えていたようだ．

1−17．義理の父の世界はまるで映画のよう
　ここではスーザンから見た夫リーの家族の様子が描かれている．リーもライ
フヒストリーで自身の家族について語っている（第2章参照）が，スーザンの描
写からは，スーザンがリーの家族のカウボーイ文化に新鮮な驚きを感じた様子
がわかる．またリーによっては詳しく語られていないリーの両親や兄姉，叔父
叔母たちの様子が逸話とともに描写されているのが興味深い．

　　（リーの親族には）よく会おうとするような良い友人たちがいましたが，その他
　の人々とは，それほど多くは会いませんでした．でも繰り返しになりますが，私
　はほとんどの人たちと友好的になろうとしていました．
　　リーの母と父はリーが小さいときに離婚しました．私はリーの兄のマイクがと
　ても好きでした．彼はケイという名前の女性と結婚しました．ケイは素晴らしい
　人でした．リーの姉のリサは私にとって最も難しい人でした．彼女は私にはそん

なに友好的な人ではありませんでした.
お話ししたと思いますが，ある時，彼
女は私に電話をかけてきて「あなたに
つらく当たってごめんなさい」と言っ
たのです．彼の両親が離婚した時，家
族は深刻に引き裂かれました．リーの
兄と姉は父を支持していましたが，
リーは母を一番支持していました．
リーは悲しいことに，父親とあまり関
わることができませんでした．リー，
シニア（リーの父）はバーによく行きま
した．彼はお話しが本当に上手でした．
私は彼が語る話を楽しみました．リサ

写真 1 - 22　ヘレンの姉妹（1940 年）

にはパティという子が一人いました．そしてパティには今，息子がいます．

❖リーの母方の家族

　ではリーの母親の家族についてお話ししましょう．私と彼の母のヘレンとは，
とても異なる人物でした．彼の母は私に伝統的な主婦になってもらいたかったの
です．ええと，それはできないことでした．私はヘレンの姉妹の二人を知ってい
ました．そしてある時，私はヘレンの兄，リーのおじさんのジムと彼の家族に会
いました．（また）私はヘレンの姉妹のエディスとドロシーが好きでした．ドッ
ト，リーの叔母のドロシー（みんな彼女をドットと呼んでいました）は私が今まで
に知っている中で，最も素敵な人の一人でした．そして私はリーの祖母のママ・
ジョーを知っていました．彼女にはユーモアのセンスがありました．

❖リーの父方の家族

　リーの父親の家族についてお話ししましょう．彼の父は八人の子どもがいた家
族の出身でした．男の子，女の子，男の子，女の子，男の子，女の子，男の子，
女の子がいました．私は義理の父，リー，シニアに数回会いました．私は彼のこ
とが気に入りました．彼は私を「ハニー」と呼びました．それは愛情表現でした．
私がリーと出会った時，（リーの父の）四人の兄弟の中で，彼の父とジェイ叔父だ
けが存命でした．彼（リーの父）の一番上の兄のジョーはずっと前に亡くなって
いました．私は夫の叔母たち三人と叔父に一度，リーの父親の葬式で会いました．

**写真1-23　カウボーイのスーザン
の義理の父**

ジェイはテキサス人で，背が高く，痩せていて，大きな帽子とブーツを履いたカウボーイでした．カウボーイを知っているのは面白いことです．私の義理の父はカウボーイでした．彼はロデオでロープをかける人（roper）でした．カウボーイが牛を扱っている時に，餌は炊事馬車（chuck wagon）から供給されます．子どもの時に炊事馬車（チャックワゴン）がどんなものか知り，私は，それが名詞として使われるのを聞いていました．しかし私の義理の父は，それを動詞として使っていました．

「私たちはチャックワゴンをしている（We were chuck wagoning）」と．

　私の義理の父の世界は私にとってものすごく新鮮でした．私はそういう世界を映画でしか見たことがありませんでした．そう，本物のカウボーイを知ることは，私には本当に面白いことでした．私は彼が自分の生活のことを話すのを聞くのが大好きでした．

　私はリーの（父方の）叔母さんのエディスとは，とても楽しく過ごしました．私は彼女にインタビューをしました．あなたが私をインタビューするように．私はエディスにインタビューした素晴らしいテープを持っていました．というのは，彼女は私が育った世界とは違った世界を描いてくれたのですから．エディスは幌馬車で旅行をしたことについて話してくれました．彼らは，私が，ただ映画からだけで知っていたような違う世界で成長したのですから．彼らは年に2回，2日間かけて小麦粉や砂糖のような基本的な調理材料を買うために旅をしました．彼らは牧場のあるテキサスのアルパインからテキサスのミッドランドまで行ったのです（166マイル，2日半のドライブ）．幌馬車，馬の背，丈が高く幅広で縁のあるハット，ブーツ，スパー（拍車），まるでカウボーイです！　彼らは牧場からテキサスのミッドランドまで2日かけて行きました．ある時，ミッドランドでエディスは初めて車を見たことを覚えていました．それが遠い昔のことではないのです．エディスが初めて車を見た頃には，私の祖父と父がとても長い距離を車で旅行していました．彼女のライフストーリーは聴いていてとても面白かったです．

私は彼女にインタビューするのを，とても楽しみました．私はまだ，そのテープを持っています．私がミシガンのディアボーンの両親の家を訪れた時，そのテープを回してみました．彼らは魅了されました．エディスは素晴らしいテキサス訛りでした．彼女はとても面白い女性でした．ある日，私たちがアルパインにいた時，義父のお葬式の時だったと思いますが，私はエディスの家に入ったら，彼女が「彼女（スーザン）はピックアップトラックに乗ったことがないのよ！」と言うのを聞きました．本当です．私は乗ったことがありませんでした．

1 —18.　私の従弟たち

　夫リーの家族の話をしてくれたあと，スーザンは，冒頭で話してくれた祖先の話とは別に，彼女の従弟たちの話をしてくれた．従弟たちがどのような生活をしていたのか，どのような家族を持っていたのかが想像できる．

　　私の側の家族については，私の母は兄が一人いました．彼女の兄のマイクは二人の子どもがいます．アンディは私のいとこの一人です．彼の妹のヘザーはとても面白い男の人と結婚しニューヨーク市に住んでいます．私は従弟の二人とも好きですが，あまり交流ができていません．ヘザーの夫のソールは，ニューヨークでタクシードライバーをしていました．彼は魅力的な人物です．ヘザーは市内でリーディングの教師をしていました．オーケストラがニューヨークに行ったときは，私はいつもヘザーに会いました．でも今はリーが退職しているので，私は長いこと彼女と会っていません．電話では彼女と話します．それか，私たちはメールでのやり取りをしています．彼女が最近，とても具合が悪くなった時，私は毎日連絡を取っていました．私は彼女の夫がとても好きです．彼はユダヤ人です．彼はとても強い訛りです．理解するのに苦労します．アンディはスティーブと同じように郵便配達をしていました．アンディはスティーブの誕生日に，ちょうどここに来ました．アンディは，とてもスティーブが好きで，彼はまた私の父が大好きでした．

　　私の父も兄が一人いました．父のジョンは私が生まれた時，40歳でした．しかし叔父さんのシドは，普通の年齢で子どもを持ちました．ですので，私のいとこは私より，ずっと年上です．彼の上の娘のマリアンは私より20歳年上でした．そしてそれからナンは若い時に乳がんで亡くなりました．私の三人のいとこたちの中で彼女と一番交流がありました．というのは，彼女は夫と二人の息子とミシ

ガンに住んでいたからです．シドの一番下のビルはなお，存命です．彼と付き合いがありますが彼はビジネスマンです．とても強い個性を持った人です．

　（つまり）私には（合わせて）五人のいとこ（first cousins）がいます．二人は母方のいとこで，三人は父方のいとこです．私は彼らが好きです．連絡を取り合っています．父方のいとこたちとは，私がやったいくつかの親族関連のプロジェクトのために連絡を取り合っていました．私たちには子どもがいませんから，そのようなことをする時間が余分にあります．それが彼らと作っている関係です．

1—19. 私がアメリカ人だと最も感じる時

　スーザンの以下の回答は，インタビュー時に語ってくれた内容のほか，スーザンが後日，補足してくれた内容も含んでいる．これらはスーザンが捉えたアメリカ観である．

　　私にとって面白いと思うことは，私たちがメキシコに行って，それから最終的にメキシコから（アメリカへ）戻って来たことです．アメリカから2年と1か月の間，メキシコに行って，私は自分がどれほどアメリカ人かわかりました．銃の文化など私が尊敬することができないアメリカ人の価値観もいくつかはあります．それは尊重できません．間違っていると思いますし，悩ましいものです．しかしながら多くの点で偉大な文化です．第一に，人々がメルティングポット（坩堝）のようになっている多様性が気に入っています．誰かが私に，それは，よりシチュウのようだと言いました．肉，ニンジン，セロリ，ジャガイモなどこれらの異なる物が含まれていて，どこかに行ってしまわない．全てを一度に食べたいというわけではないけれど，シチュウを食べる時は牛肉やニンジンやセロリを味わうことができます．違いがあることがわかっていて，なおかつ美味しい食べ物の中で一緒になっているのです．そしてそういった様なことが，私が，アメリカをどのくらい好きなのかを表しています．

　　私はメキシコが大好きです．イタリアが大好きです．イタリアに1年住んだことは，とても良かったです．メキシコに2年と1か月住んだことも，とても良かったです．でも私は戻ってきてとても良かったです．国外での滞在から家に戻って来た時に，私はアメリカ人だと最も意識します．言葉も生活の仕方も，環境も，全てがとても近しく身に覚えのあるものです．私は同じ歴史や生活の仕方を共有する家族や友人たちに，ほっとさせられます．私は合衆国のとても多くの

地域の美しさに目をくらませられます．私たちの国の大都市に魅了させられます．政府の多くの代表者を評価しています．私は自分の手に入る多様な資源を味わって（enjoy）います．それらは，すべて私がアメリカ人だと感じる部分なのです．

　けれども私が不快に思うことがあります．例えば，国民全員の保健医療サービスのシステムがないことに私は悩まされています．誰もが銃を

写真1-24　シカゴのメキシコ人街
2010年筆者撮影.

持つことができるという考え方は愚かだと思います．他の国々がどのようにふるまうべきか，ということを押し付ける政府の政策の傲慢さに心をかき乱されます．私たちはそれでもなお，人間の苦しみに心を配らなければならないと思います．良いことも悪いことも両方ともが，この国を形づくっています．ともにそれらは私の一部なのです．それらは，ともに私にアメリカ人だと感じさせるものなのです．

　リーと私はアメリカを知るために出かけました．私たちは50州すべてを旅行しました．アラスカに行きました．ハワイに行きました．多様性を味わっています．そしてそういう多様性から恩恵を受けています．シカゴは完璧な例です．というのは日本人地区があり，韓国人地区があり，中国人地区があり，スカンジナビア人地区があり，ドイツのレストランがあり，ドイツ文化を代表しています．メキシコ地区もプエルトリコ地区もあります．人々の大きなグループです．お互いに交流して一緒に住んでいます．そこでは文化や食べ物や芸術を共有しています．分かち合っているのです．

　私はそういう多様性（第3章参照）が大好きです．そして多様な地域が，実際の地域が大好きです．アメリカの北東部のメイン州では美しいアルカディア国立公園があり，島々やアシカや鳥や森のシダや大海に沿った美しい遊歩道などがあります．それを見ることができます．アリゾナに行くことができます．砂漠の植物が生えている砂漠のただ中に行くことができます．またはグランドキャニオンに行くことができます．ユタのキャニオンやアリゾナのアーチにも行けます．これら多様性に富んだ文化があります．それからワシントン州の北西部に行けばオ

写真 1‑25　スリーピングベア・ナショナル・レイクショアのミシガン湖畔
2016 年筆者撮影.

写真 1‑26　北ミシガンの湖水地方
2010 年筆者撮影.

リンピック国立公園があり，温帯雨林があり，国立公園の大海部分があります．山々はオリンピック国立公園に向かって３つの地域に分かれています．私たちの国の国立公園は王冠の宝石のようなものです．それらはただただ，とても特別なのです．

　ここ（ノースポート）はスリーピングベア・ナショナル・レイクショアという，とても素晴らしいナショナル・レイクショア（筆者注：国立公園と同様に国で保護されている湖岸）から，ほんの何マイルか離れているだけです．人々が世界中から来ることができるように保存されています．ジャックとスティーブと私が，母と父と一緒にこの地域を訪れた時，私たちはミシガン州に住んでいましたが，ナショナル・レイクショアに指定される前でした．それほど多くの人が来ていませんでした．私たちは砂丘の正面を登り，砂丘を飛び跳ねながら降りてきました．とても楽しいものでした．今は保護されていますが，誰も建物を建てたり，木を切ることができません．景観を損ねることはできません．これからの世代に保存されています．それが素晴らしいことです．

　アメリカには，ほとんどすべての州に国立公園があり，素晴らしいのです．そして文化の多様性です．私は北東部に行くのを楽しんでいます．北東部の文化を楽しんでいます．食べ物や興味が非常に異なっています．南部に行けば違う世界です．シカゴに行くことができます．中国人しかいないレストランに行くことができます．私はそこに入っていきました．店の主人は英語を話しません．中国語を話します．日本食のレストランにも入ることができます．そこではテリヤキやスシやベントウがあります．それは私がアメリカを愛するという時にアメリカを

評価することの一つだと思っています．そしてそれは，私がアメリカと強く結びついていると感じさせてくれるものなのです．私は私の年，私の時代の典型ではありませんが，アメリカは私の人生の家なのです．

　私の心のふるさと（roots）はミシガンにあります．私の心の結びつき（roots）はシカゴにあります．私にはアメリカの異なる地域に家族がいるし，いとこたちがいます．でも私は彼らと連絡を取り，会います．そして私は，強くアメリカ人だと感じています．

　私は自分らしく生きることができました．私がなりたいと思う以外の何かにならなくて済みました．私はバイオリンを選びました．（それまでは）誰も指導してくれませんでした．両親は「バーニーのようにクラリネットをしなさいよ」などとは言いませんでした．ある日，帰宅して私は，バイオリンをすることに決めたと言いました．それで良かったのです．それが助けになりました．そういう風に私は生まれ育ちました．好奇心，異なる文化の受容，異なる文化が共存することに豊かさを見つけること，そしてそれがこの国をとてもユニークな国にしているのであり，私がとても気に入っているものでもあり，そして今，無くなりつつあり，寂しく思っているものでもあります．

　私たちは典型的というわけではありませんが，アメリカの多様性のおかげでアメリカの文化の一部になっています．たとえ自分が典型的ではなくても，この多様性があるからいいのです．とても心地よく感じることができます．

第2節　スーザンの語りを読み取る

　ここまでスーザンのライフヒストリーを前半生と後半生に分けてみてきた．第2節ではスーザンの語りを筆者が考察して読み取っていこう．

2−1．自分はアメリカ人の典型ではない

　スーザンはライフヒストリーインタビューの中で，自分はアメリカ人の典型とは言えないと何度か語っている．「典型でない」という人のことを聞いて，それがどういう意味をもつのか，それでアメリカ人のことを，アメリカの社会を知ろうとすることはできるのか，そういう見方もあるかもしれない．しかし，それでは，日本人の我々がアメリカ人の典型だと思うものを想像して，そういう人を探すのがいいのか，あるいは何人かのアメリカ人に「この人が典型的

だ」という人を紹介してもらうのがいいのだろうか．さらにまたは，センサス
データから数値の上での「平均的なアメリカ人像」を割り出して，それに限り
なく近い人を探し出すのか．ここまで述べると極論になってしまうが，筆者は
そうは思わない．思わないからこそスーザンのライフヒストリープロジェクト
を企画しそれに取り組んできた．

　筆者は，調査者が対象を位置づけることができ，調査者の視点と問題意識で
読み解くならば，対象は何も「典型」でなくても構わないと考えている．質的
アプローチの場合「典型」は多分に，それぞれの立場から枠づけされた主観的
な概念である．本書で筆者は異文化理解という立場に立っている．そもそも，
この人がアメリカ人の典型だと特定することを目的にしていない．典型を追求
することなしに，アメリカ的なるものを感じ取り，掬い取りたいのだ．

　スーザン自身が「自分は典型ではない」との位置づけを語るとき，彼女が，
どういう状態を典型として捉えているのかを知ることができる．これは筆者や
読者が読み取る中で，もう一度，典型を判断する材料となる．スーザンは典型
ではないと思ったかもしれないが，実は彼女のように考えたアメリカ人も多い
かもしれない，あるいは自分もそう考えたと思う場面もあるかもしれない．筆
者は典型でないと感じている人の話を聞くのも面白いと思う．その話には語り
手が典型と感じている像があり，そうでない自己とのズレの感覚も込められて
いるからだ．そのことが知らず知らずのうちにアメリカ社会を語っている．し
かしながら，どこに注目するかによって，典型でない側面は誰のうちにもある
のではないかとも思う．プロジェクトを始める前から筆者はスーザンとの会話
を通じて，そう感じてきた．

　それでは，スーザンは自分がどういうところを典型でないと感じているのか．
スーザンの語りの中から拾いながら考えてみたい．まずスーザンが育った家庭
である．両親は，はっきりとした社会的意識を持っていた．「母はいつも政治
について話していたし，大統領について，大統領選に出馬する人について，私
たちの上院議員たちについて，話していました」，「(両親は)すべての人々のた
めの社会的正義を求めてもいました．それは誰もが良い生活を送ることができ
ることです」と語っている．また両親は宗教を信じていなかった．多くの近隣
の家族がキリスト教徒であったのに対し「私の家族は，私たちが暮らす社会で
宗教的な信仰を持っていませんでした」と描写している．そして「典型的とは
いえませんでした．典型的な育ち方ではありませんでした．普通のように育て

られませんでした」と語り，ディアボーンの友人のほとんどが行ったことのなかったデトロイト美術館に両親がスーザンたちを頻繁に連れて行ったことを回想し，そこが「手のひらの中にあるように身近な存在」だったと表現している．それほど両親は芸術にも深い造詣を持っていた．一方で「私たちは一階に2つの寝室と屋根裏部屋だけの小さな家に住んでいました」，「近所の人たちは，私たちがテレビを買うずっと前にテレビを買っていました」と語っている．さらに結婚や子どもをもつことに対しても「両親は決して結婚しなさい，子どもを持ちなさい，そういった伝統的なことをしなさいとは言いませんでした．私は，それがその当時の私たちの世代では普通なことではないと感じていました」と語っている．それがスーザンの「私は平均的とはいえない家族の中で育ちました」，「私たちは他の家族と異なっていました」という感覚につながったのだ．

このような家庭環境で育まれたものがスーザンに刷り込まれ，やがて彼女の考え方として内面化されて自身の政治的価値観や宗教観や結婚観を形づくった．「私の興味は他のクラスメイトとは異なっていました」，「私のクラスメイトの多くが共和党の家庭の出身でしたが私は他の人と違っていることを気にしませんでした」，「私は結婚するボーイフレンドを探してもいませんでしたし，そういったことも欲していませんでした．それは私の世代では周囲と大きく異なる，普通ではないことでした」というコメントに表れている．そして「私はいくつかの点で典型的なアメリカ人女性ではありません．主な理由は私の世代で子どもを持たなかったからです」という，リーとともに下した決断を支えた．親から継承したのは社会の典型かどうかに囚われない自由である．

スーザンのライフヒストリーから読み取れる典型でないことを敢えて，もう一つ挙げるならば，スーザン夫妻の社会経済的階層であろう．スーザンがリーと過ごしてきたのは，ごく大まかにみると，ミドルクラスといえるだろうが，さらに位置づけるならば，中でもアッパーミドルの生活だ．退職についての語りの中で「私の経験年数，私の学歴のために，私はとても費用のかかる教師でした」とあるようにスーザンは教師という職業の中でも高い所得を得ていた．夫のリーもメジャー交響楽団員として，さらに多くの所得を得ていた．リーの家族からの収入があったことにも触れられている．資産価値のある住宅や瀟洒なセカンドハウスを持ち，海外演奏ツアーや休暇の際には長期で共に旅行した．裕福な生活であることが読み取れる．

2－2．祖先，祖父母，両親の描写

❖アメリカ人がルーツをたどること

　ライフヒストリーインタビューはスーザンの祖先についての話から始まったが，父方の曾祖父，曾祖母まで遡ると，彼らがアメリカへの移民1世であることがわかる．

　祖先が移民であるというのはアメリカ人が共通にもつ状況だ．純粋なネイティブアメリカ人でない限りは，アメリカ人は祖先がアメリカ以外のどこからかやってきたという歴史をもつ．アメリカは移民国家である．それがアメリカを特徴づけている．スーザンの場合，父方の曾祖父はドイツから，曾祖母はフランスからやってきた．日本流に俗にいうと，祖母はドイツとフランスとの「ハーフ（あるいはダブル）」となる．しかしアメリカでは，さらに世代を下るにしたがって家族の出身国も複雑になっていく．意識的にルーツをたどらなければ，やがて単に「アメリカ人」となっていく．

　アメリカ人としてルーツを知るということには，どういう意味があるのだろうか．単なる家系図（family tree）という言葉だけでなく，ジニオロジー（genealogy）という正式名称まであり，それが年配の人たちの間で，しばしば使われているのを聞く．絶え間なく繰り返される移民で構成された国アメリカは移民がアメリカ人となって作り上げてきた国でもある．誰もが，それぞれ様々なところにルーツをもつことだけは，はっきりしている．アメリカ人としての自分のアイデンティティを探ろうとすれば，どこからか来た祖先がその後，どのような経過を経て，どのようにして自分につながっているのか，そのルーツを知りたいと考えるのではないだろうか．

❖アメリカンドリーム

　また，ここでの語りにはスーザンの祖先がヨーロッパから移民一世としてアメリカに渡って来て彼の従弟とピアノの弦を作る機械を発明し，シカゴで会社を起こすまでになったというストーリーが含まれている．別の機会に聞いた話によると，それは成功し，大きな会社となった．スーザンは，その会社を継承した父の兄は裕福な家族だったと回想している．スーザンは特にこれをアメリカンドリームとして取り上げていないが，アメリカの社会で1からスタートして成功者になったことをアメリカンドリームと呼ぶならば，確かにそれはアメリカンドリームだろう．また本書の中に登場するほかの対象者のなかには，ア

メリカンドリームという言葉を使って「ものごとが，ただより良くなるというような純粋な確信があった過去の時代」を形容したり（第2章ブルースの語り），「人がアメリカンドリームを達成するのに手を差し伸べた」と，自らの成したことを回想したりしている（第2章ジョンの語り）が，彼らが様々なかたちでアメリカンドリームを捉えていることが読み取れる．

❖祖先から受け継いだもの

　スーザンがこれ以後のインタビューの中でも時折，引き合いに出す祖先の話の中には，曾祖父が南北戦争に従軍し，北軍の大尉として戦ったことや，大叔母たちがシカゴのセツルメント，ハルハウスで音楽の教師をしていたことなど，歴史上に残る出来事と祖先たちとの関連がわかる箇所がある．そのように身近な人たちを通じて歴史をたどると我々にとってもアメリカ史の見え方が変わってくるのは面白いことだ．

　社会改良運動の施設，ハルハウスで働いていたスーザンの大叔母にあたるマチルダやキャロラインはヨーロッパからの移民2世である．ハルハウスなどのセツルメントハウスが必要とされていた19世紀末〜20世紀初頭のシカゴは，移民やアメリカ南部からの黒人によって人口が激増している時だった．移民としてアメリカに渡った親をもつ移民2世が，このような状況下で生じていた深刻な都市問題を看過せず，こうした移民集住地域の劣悪な社会環境の改善に取り組んでいたという事実は大変興味深いことである．

　ところで，スーザンの母が優れたピアニストであったことをスーザンはライフヒストリーの中で語っているが，第1節でも触れたように裕福な家庭のお嬢さんであったであろう母が，どのような経緯で政治意識を強くもつ人物になっていったのだろうか．後に弟のジャックは，母ルイーズの母のヘンリエッタが女性参政権論者であったということを母のルイーズから聞いたことを思い出したと筆者に教えてくれた．それはハルハウスで働いていた彼女の大叔母たちと関係があるかもしれない．ハルハウスの設立者のジェーン・アダムスは女性参政権実現のための活動もしていたことで知られている．母ルイーズもまた，その母親から政治意識の影響を受けていたのだろう．またピアニストから専業主婦となり，子育てに翻弄される中で，ピアノに向けていた母の人生の情熱の矛先が政治への関心に注がれた面もあるのかもしれない．

　スーザンが祖先や祖父母，両親のことを語るとき，それは，スーザンの個性

や価値観や美意識や信念が，どのように祖先から，直接的には，記憶がある祖父母や両親から影響を受けているのか，それを語ることにもつながっている．スーザンは両親が社会的正義を，誰もが良い生活を送ることのできる社会的正義を求めていたということを語っているが，そのようなリベラルな価値観は両親，特に母からスーザンに受け継がれ，青春時代を過ごした 60 年代の社会革命の時代思潮に心地よさを感じたことを回想している．

　さらにスーザンは語りの中で，スーザンの自信がどのように形成されたかを述べている．両親，特に父はスーザンにとって無条件で愛してくれ，支えてくれ，ありのままに認めてくれた存在だったと描写している．そして自信というものは自分自身でいることを受け入れられているという感覚を経験することで得るものだが，無条件でサポートされていた感覚を持てたことでスーザンは自信を得た，と分析している．「私は，母がそうあって欲しいことになる必要がありませんでしたし，父がして欲しいということをする必要もありませんでした」と語り，スーザンが教師になりたいことを告げた時，父が思いとどまらせるような感じで，どうして教師になりたいのかと尋ねたと語る．音楽に深い造詣があった両親は子どもたちに音楽に親しむ環境を授けてきた．スーザンを音楽家の道に進ませたかったとも推測できる．しかし，父はそれ以上のことは言わずに，ありのままに認めた．スーザンは「私は父が私に何になってもらいたいと思っていたのかは知りません．けれども私は教師になりたいと決心しました」と続けている．そして興味深いのは，教会に行かなかった両親が，友達と教会に行こうとしたスーザンに対して，それを禁止せずにむしろ勧めてくれたという部分だ．スーザンが友達との関係で困った気持ちになったことを，ありのままに認め，見守り，サポートした親の姿である．

　しかし時代の縛りを感じる描写もある．スーザンは弟たちと同様にスポーツに秀でていた．けれどもスーザンの父は，弟たちとともにヨットに乗ったスーザンには特に役目を与えなかった．「父は特にジャックとスティーブにヨットのやり方を教えていました．私はただ一緒に乗っていただけでした」との語りから，時代の縛りがリベラルな父の価値観にさえ，意識下で影響を及ぼしていたこともわかる．

2－3．強い職業意識と否定的な結婚観

❖強い職業意識

　既述のように，スーザンは祖先の描写をする中で，父方の大叔母たちのマチルダやキャロラインがハルハウスで教師をしていたことに触れている．社会改良運動の担い手の一員として大叔母たちが活動していたことは，幼いスーザンにとって輝いてみえたに違いない．スーザンは教師になりたいという職業意識があった．そして教師は大叔母たちのように結婚しないで就く職業だったと述べている．スーザンはまた「母のように家にいるだけの女性になりたくなかった」ということも述べている．スーザンの職業意識は，母との対比で育まれた面もあるだろう．母は父との結婚で家庭に入った．スーザンに続き，予期せぬ双子が生まれて，母は打ちのめされた，と描写している．さらに「母は音楽でのキャリアを持つことができたはずでした」と子育てに葛藤する母を回想している．政治的信念をはっきりと持ち，社会的意識の高い母によって，スーザンの社会的意識，政治的な知識も，そうした環境の中で大きく影響を受け形づくられた．母をそういう意味で尊敬すると同時に，その一方で職業人にはなり得なかった人としてもみていたのだろう．

　ライフヒストリーを注意深く読むと，幼少期から音楽に親しみ，大学の音楽科に進んだスーザンには教師のほかに音楽の世界への夢もあったことがわかる．プロの音楽家になりたいという夢も脳裏にあった．しかし，それほどまでにハイレベルになれないと悟り，もう一つの可能性である教師という職業を選んだのだ．しかし，卒業前に体験した学生教師で「去りがたい」と思わせられ「まさしくその場で教師になりたかった」スーザンだった．

❖結婚観と時代

　スーザンは，ボーイフレンドを欲しいとは思わなかった，ステディに夢中になっていた中高生時代のクラスメイトのグループに入りたいとも思わなかった，そして結婚はしたいと思っていなかったと述べている．ここで知っておかなければならないのは，スーザンが高校〜大学を過ごした時代が1950年代後半〜1960年代前半であることだ．この時代の風潮をスーザンが「女性たちは大学に学士号を取りに行くのではなく，修士号を取りに行くのでもなく，MRSの学位を取りに行く，つまり結婚するために行くのだというジョークがあった」と語っている．アメリカ社会の描写として意外に感じるかもしれないが，

この時代には良妻賢母，伝統的性別役割分担意識が色濃く存在していた．スーザンは母との対比の他，このような当時の時代の風潮とも対比していたと考えられる．皆と同じ流れ（典型）に同調することへの反発もあったのではないだろうか．

スーザンが大学生になった頃，フェミニズム運動家，ベティ・フリーダンによる *The Feminine Mystique*（1963）が出版され，それまでの性別役割分担意識について，一石が投じられた．その流れは，60年代の社会革命の思潮の中で加速していくが，それまでの時代の風潮は，女性は結婚して家庭に入るか，職業を持って独身かという二者択一のようなものが主流だった．母のように家庭にいるだけの女性になりたくない，職業をもつなら独身だろう，それなら結婚しなくてもいいと考えていたようにも思われる．

2－4．結　　婚

スーザンは，その後，劇的展開で結婚した．スーザンのライフヒストリーを読み進めて，そのような展開になるとは想像し難かっただろう．リーと出会い，つきあうことになった．リーがローマに留学することが決まり「ローマに行く準備はできていますか」と電話の知らせを受けた時「誰にも相談する必要がなかった」，「行きたいと自覚していた」と，リーとの結婚に迷いはなかったスーザンだった．この時スーザンは念願の教師になって最初の1年が過ぎたところだった．スーザンは結婚をそのような中で決めた．しかし就職と結婚をめぐる，このような状況は特殊なものではなく，起こりうるものだろう．仕事にはたいてい勤務地があり，結婚する相手にも同様で，相手が同じ地域に生活できない場合には，そのような状況は，しばしば起こりうる．この時のスーザンの気持ちは仕事よりもリーとの結婚であった．しかし，その後のスーザンのライフコースを読み取ると，いったん現職を辞めることが職業を辞めることではないことが判明する．数年後に再開しているからだ．

スーザンは結婚してリーの留学先のローマで新婚生活を始めた．しかし予期せぬことの連続だった．リーの3年の留学の予定が災害の影響で1年となり，ベトナム戦争の影響で，その後のヨーロッパでの滞在もかなわずに，リーはアメリカに戻り大学院で学ぶことにした．二人の結婚生活は災害というアクシデントや時代の影響で予想外の展開となったのだ．リーが学んでいたその地で，短期の間，スーザンは教師に復帰したが，リーの就職のためにやがてメキシコ

に住むことを決めた．リーが選択外として捨てた求人情報を屑籠から拾ったのはスーザンだ．スーザンのこの行動が無かったら，二人がメキシコに住むという経験をすることはなかっただろう．スーザンも大学時代に専攻したビオラをリーと共にオーケストラで演奏した．移り住んだ地で，教師のみならず，オーケストラメンバーに加わって演奏者となったというのは，逞しささえ感じる行動だが，大学の音楽科で学び，プロの音楽家を夢見たこともある彼女にとっては，それもまたエキサイティングな経験だったに違いない．その後，リーのアメリカでの就職のためにカンザスシティ，ミネアポリス，シカゴと渡り歩くことになる．最終的にシカゴで，リーは安定した職を得ることができたため，二人は漸く腰を落ち着けることになった．

　リーはシカゴ交響楽団というメジャー交響楽団の演奏家として当然のことながら周りから非常に大きな尊敬のまなざしをもってみられていた．そのことをスーザンは次のように語ったことがある．筆者に音楽を通じての友人を紹介してくれた時「彼はリーのことを神様のように思っているのよ」と．音楽の世界を熟知する彼女だけに，この一言に彼女の思いも感じた．けれどもリーには，芸術家として切り離せない，繊細で，ある意味で完璧主義の側面もあり，難しいときもあったようだ．

2－5. 仕　　　事
❖職業とキャリアアップ

　スーザン夫婦がシカゴに落ちつくことになって間もなくして，スーザンは教師の職を再開する機会を得ている．まず，幼稚園で5歳児を教える半日の仕事，そしてヘッドスタートの子どもたちを教えるフルタイムの仕事だ．スーザンは，シカゴのコンサートホールで偶然知り合いになった男性に紹介され，彼が勤める学校の校長と面接して仕事を得ている．公立学校への就職に際して，日本のように一斉の採用試験という方式ではなく，採用はそれぞれの学校の校長の判断で決められている．アメリカの学校にみられる校長の裁量権の大きさに驚かされる記述でもある．これに関しては，後述する第2章で，スーザンの友人たちの語りからも伺える．同じ学校で退職まで30年勤務した，42年半勤務したということが記されている．

　教師になって数年後の70年代の終わりからは，スーザンはキャリアアップにも努めていた．教師の仕事をしながら週3回，2年間かけて特別教育の修士

号を取り，さらにもう 2 年間，同じことをカウンセラーの修士号で続けた．最終的にはポストマスターとして最大限の単位である「修士号＋ 60 単位」を得た．教師の資格のキャリアアップを突き詰めたことで給与面でも優遇されることになった．しかし「一日中教えた後，夕方に私は大学に行っていました」と語っているようにフルタイムの仕事を続けながら数年間に及ぶ大学院での勉学は並大抵のものではなかっただろう．人生の進みたい方向へ向かうための踏ん張りどころとしての描写である．

❖弱者へのまなざし

　スーザンのキャリアの変遷をみると，普通教育の教師からスタートし，ヘッドスタートの教師，そして特別教育およびカウンセラーというように展開しているが，これらを単にキャリアアップの観点からではなく，異なる観点から考えてみる．勤務していた学校で新たに開始することになったヘッドスタートであるが，校長から誘われた形でスーザンが関わることになったのは貧困家庭の子どもたちである．スーザンは自分が育ってきた環境とは大きく異なる世界に生きる子どもたちと向き合い，その置かれた状況の厳しさに衝撃を受けたに違いない．その後スーザンが目指したのは障害児の教育である．こちらも社会的マイノリティに属する子どもたちである．スーザンはこのように弱者に対してまなざしを向けていった．このまなざしはスーザンや弟のジャックも述懐している（第 2 章参照）ように，両親がスーザンたちをシカゴ南部の貧困地域に連れて行き，自分たちとは異なる世界に生きている人たちがいることに気づかせてくれたこと，偏見をもたず想像力を働かせるように導いてくれたということとも無関係ではないだろう．それはさらに，スーザンの祖先がセツルメントで移民の子どもたちの教師をしていたこともルーツになるかもしれない．

　特別教育の資格を取ってからは，スーザンが教える子どもたちの対象は，普通クラスから特別教育のクラスに変わった．スケジュールは普通クラスの時のようにルーティン通りではなくなり，それぞれの子どもの障害に適応するように，少人数のグループの子どもたちと一緒に取り組むことになった．特別教育の指導はコツのいることだったが「それはとても素晴らしく，私は本当に楽しみました」と感想を述べている．

❖労働者の代表として

　スーザンはオーケストラの妻たちのグループ「コーダ」の代表，シカゴ都心

で居住していた時は住民組織の代表，そして職業では教職員組合の学校代表を経験している．スーザンは語りの中で，それが，自分が長子だからかどうかわからないが，どうしてか，そのようにリーダー的な役割に就くことが多かったとだけ述べている．住民組織の代表になった時は組織が混乱している時でもあり，住民間の対立は嫌悪感を起こさせるものだったと困難な経験を語っている．代表を務めることは，縁の下の力持ち的な役割をこなすことだろう．傍からはわからないような非常に煩雑な仕事に向き合う，メンバーの意見を聞き調整していく，リーダーシップの方向性について常に批判に晒されるというように．とりわけ職業組合の代表となることは，労働者の代表として管理職側と交渉をする，時にはストライキをするという戦略も要求され，私的な時間が大きく犠牲となる激務だと推察される．しかし，このような利他的で社会的な行動を厭わず引き受けていった姿には，両親や祖先の社会正義へのマインドが受け継がれているように感じる．組合の代表については弟のスティーブもその経験を語っている（第2章参照）．

❖教育実践と信念

　教師をするなかでスーザンは，授業に非日常性や変化を取り入れいくつかの工夫や実践の様子を描写している．中でもスーザンが特に強調したのは，教師は子どもたちに「セーフティネット」を提供すべきだという信念である．間違うことを心配しすぎてしまうと何か新しいことをやってみる時でも心配してしまうかもしれない，子どもたちが優れている，大丈夫だと感じていることを確かめるために彼らをサポートする必要があったと述べている．この信念はスーザンが大学院で知らない分野を学ぶ際に受けた感覚がヒントになっている．初めてのものを学ぶ時には誰でも傷つきやすいということに自分の体験から気づいたという．だから子どもたちが何か，もがいていてわからないときに，どう感じているのかを理解することが重要で，そういう時に教師は子どもたちに「セーフティネット」を作ってあげるべきなのだと信じるようになった．教えながら学び，未知のことに遭遇し奮闘する自身の経験の中で，スーザンは教師としての核となる信念を掴んだのだといえる．

　スーザンはまた関わった子どもたちの中で，印象に残っている生徒たちのことを語っている．スーザンが取り上げた生徒たちは移民の子ども，虐待で母が拘置されている父子家庭の子ども，ドラッグハウスに住んでいる子どもなど，

酷い環境に置かれている子どもたちである．問題を抱える家庭の子どもたちの苦境にまなざしを向け，向き合ってきたことで，なおさら強く印象に残ったのだろう．このような状況に接しながらもスーザンは彼らを見守ることしかできなかった．しかし，ここでの語りには移民の子どもがハーバード大学に行き，弁護士になったという話も含まれており，スーザンは「良く成し遂げました」と称えている．これも1つのアメリカンドリームだろう．またスーザンが，いつも学校に遅れてくる子に「あなたが大好きよ．さあ勉強を始めましょう」という意味のサインを教えて手で送っていたが，最後にその子が父親に連れ出されてホールを下っていく時，そのサインを，その子が背中でスーザンに送ったという話は情景とともに胸に迫ってくる．どの子も見過ごさないようにと願ったスーザンへの，子どもからの応答だ．これらの描写からは，アメリカ大都市の深刻なインナーシティ問題の現状が透けて見え，スーザンが従事したシカゴの教育現場とも無関係ではあり得なかったことがよくわかる．

2−6．子どもを持たない決断の意味

スーザン夫婦には子どもがいない．これは二人で決断した結果だ．芸術家であるリーは，当初，子どもを持つことに不安を感じていた．繊細な感覚をもつリーは，子どもを持つことで想定される負の連想があった．時には対立することもある，やがて自分たちのもとを離れて行ってしまうであろう，子どもという存在に心がかき乱され，傷つけられるのではないかとリーは感じていた，とスーザンが話してくれたことがあった．スーザンは，どちらでもよかったという．しかし現実問題として，夫婦ともに全力を傾けている職業をもつ状態での子育ては難しかっただろうとも述べている．母のように家にいるだけにはなりたくなかったが，一方で，子どものために，少なくともどちらかが，手が空いている状態であることが必要だという気持ちもあり，総合的に考えて子どもを持たないという判断をしたのだった．大きな決断だが「人と同じこと」を価値判断としない態度がそこに表れている．二人とも全く後悔をしていないと述べた．重要なことは，二人の気持ちが同じであり，この決断のネガティブな側面までを話し合い，認識した上で，二人が覚悟をもってそれを選択したであろうことだ．この選択で夫婦の結びつきは，子どもをもつ夫婦以上に純粋なかたちとなっているように感じる．

しかしスーザンが後半で語るように，リーの母，つまり義理の母ヘレンとは

考え方が異なっていたようだ．ヘレンは伝統的な女性で，スーザンにもそれを求めて伝統的な主婦になってもらいたかったのだという．そして「それはできないことでした」とも述べている．

2－7．夫婦の生活設計
❖共に過ごすやりくり
　スーザンとリーは，お互いの職業柄，生活時間帯が異なっていた．努力をしなければ，すれ違いの生活である．年間スケジュールを見たら，共通する休みが1日もないこともあったというほどだ．そのため短い接点を活かし，やりくりするための工夫がいくつか語られている．早朝に出勤して夕方に帰宅するスーザンと，午後から出勤し，夜に帰宅するリーは，夕食を共にするために，二人が住むシカゴ郊外の町と都心のシカゴとの中間駅で待ち合わせて食事を摂ることもあった．またスーザンがリーをどこかでピックアップして，家で食事をして，リーをまた職場へ送り届けることもあった．これには相当のエネルギーを要しただろう．幸い，教師であるスーザンには長期の夏休みがあり，リーにも公演後のオフやシーズン後の休暇があったため，二人はサマーハウスを手に入れ，夏期はそこで一緒に過ごした．またリーの海外へのコンサートツアーの機会には「私はいつも学校を休んでこれらのツアーに参加し続けることに対して校長が反対しないようにしていました」と語っている．スーザンの決断と行動力が表れているコメントだ．同時に「彼らは私がこれらの旅行を続けたいということについてサポートしてくれました」といった対応の柔軟性には，それを可能とするアメリカ社会の考え方や仕組みもあるように感じられる．

❖住居の変遷
　スーザン夫婦はスーザンの退職を区切りとして，シカゴ郊外のエバンストンでの生活からウィスコンシン州の田舎での生活に移ろうと計画していた．そのための準備段階として，リーはサバティカルを取ってスーザンのウィスコンシンでの生活に合流したのだが，結果的にそこでの生活を中断している．別の機会にリーが語ってくれたのは，その地域社会，スモールタウンのコミュニティの人々と根本的に価値観が合わないと感じてしまったということだ．そのスモールタウンはオランダ系移民が多く住み，住民の多くが敬虔なクリスチャンである，教会コミュニティともいえるところだ．宗教，家族に対する伝統的価

値観が住民に共有されている．またそれは二人が望まない，保守的な価値観でもある．コミュニティの人々と価値観を共有できないならば，そこを家と呼ぶことはできなかったと語っている．そのためウィスコンシンのサマーハウスを二人の「家」にすることを断念し「サマーハウス」に留めることにした．そして二人はエバンストンの家を売り，シカゴ都心にコンドミニアムを購入した．人生後半の生活の拠点を当初計画していたウィスコンシンの田舎町ではなく，180度方向転換してシカゴの都心に決めたのだった．

　この後の二人の住居の変遷はスーザンのライフヒストリーの中で記されている．第3章でも触れているが，スーザン夫妻のみならず，居住移動の決断に筆者はアメリカ的なものを感じている．中古住宅市場が活発なアメリカでは住居を転売可能な資産と捉える意識が高い．経年によって住宅の資産価値が下がり続ける日本とは，その点において違いがみられ，メンテナンス次第では築年数が経過していても良い価格で売買される．コンドミニアムのような集合住宅も同様だ．居住移動の敷居の低さは，もちろん市場の要因だけではなく，生活が変化すると，それに合わせた移動がしばしば行われていることにも現われている．住居に生活を合わせるのではなく，ライフステージに対応した居住の志向である．子育てやライフスタイルの変化に由来する理由だ．彼らは，それまでの住居を潔く売却してライフステージに合った住居に気軽に移動しているようにみえる．

2－8．アメリカ人としてのアイデンティティ

　スーザンは，イタリアやメキシコに住んだ経験があるが，アメリカに戻って来て自分がどれほどアメリカ人であるかがわかったと語っている．アメリカを評価する点として多様な人々や文化や価値観がシチューやメルティングポットのようになっていること，そのためにアメリカ人として典型的でないと感じている自分も心地よく感じることができること，広大な国土に美しい自然が豊かにあることを挙げている．

　スーザンは「メルティングポットのようになっている多様性が気に入っている」と言ったあと，「誰かが私に，それは，よりシチュウのようだと言った」と続けている．スーザンはメルティングポットもシチュウも特に意識せず同じような意味合いで述べているのだが，「肉，ニンジン，セロリ，ジャガイモなどこれらの異なる物が含まれていて，どこかに行ってしまわない」，「違いがあ

ることがわかっていて，なおかつ美味しい食べ物の中で一緒になっている」，「そういったことが，私がアメリカをどのくらい好きなのかを表している」という，それに続く説明にスーザンの真意があることは明らかで，スーザンが伝えたかったアメリカの特徴とはシチュウの方だ．実はメルティングポットとシチュウとの間には大きな意味合いの違いがあり，それぞれの多様性を，るつぼの中で溶かして一つのものにすること，つまり文化的多様性をあるままに尊重しないで，合成物としての「アメリカ」を想定することへの批判が「メルティングポット」の例えに生じて，「シチュウ」という例えが相応しいという議論が起こった．それは「サラダボウル」や「キルト」に例えられることもある．スーザンは，この「シチュウ」が意味するものが，自分がアメリカと，とても結びついていると感じさせてくれるものだと言い，そういう多様な人々や文化や価値観が身の回りに存在している状態のアメリカを心から愛し，味わってきた．「たとえ自分が典型的ではなくても，この多様性があるからいいのです．とても心地よく感じることができます」，そして「アメリカは私の人生の家なのです」とアメリカに対して強いアイデンティティを表明した．スーザンにはアメリカのポジティブな面が良く見えている．それは自分だけでなく，出会った多様な友人たち，アメリカを最後の希望の地とめざしてきたであろうオーケストラ団員の妻，エヴァのような様々な「典型的でない」人たちの思いも含めて．

　このようにスーザンのライフヒストリーの語りには，両親から弟たちとともに受け継いだ芸術文化や政治への価値観，そのままの自分を受け入れる自信，典型でないと感じることを支える強さ，弱者へのまなざしが読み取れる．そのうえにスーザン自身が人生の展開のなかで築き上げていった教育という職への専心，そしてアメリカという国への愛着が読み取れる．もちろん夫リーがスーザンの人生のパートナーとなり，芸術家とともに人生を歩むことやプロの音楽家やその家族たちとの交流はスーザンの人生の，もう一つのハイライトである．第2章ではスーザンに関わる人たち，すなわち，夫リーをはじめ，スーザンの人生にとって重要な人たちのライフヒストリーを綴っている．スーザンの語りに別の方向からの光が当てられることになる．

第2章

スーザンに関わる人たちのライフヒストリー

　この章はスーザンに関わる人たち，すなわちスーザンにとって重要な人たちのライフヒストリーである．第1節では夫のリー・レーンを，第2節では弟のスティーブ・ギルブレスとジャック・ギルブレス，そして再従弟のジョン・アルフィニを，第3節では友人たちを取り上げる．

第1節　夫リーのライフヒストリー

1−1．この国のすべてを大好きだとはいえない

　リー・レーン（Lee Lane）はスーザンの夫である．現在，スーザンとともにミシガン州北部のリゾート地ノースポートを主な居住地としている．メジャー交響楽団の演奏家として活躍し，66歳になる2009年に退職した．スーザンへのインタビューで，リーの家族についても語られたが，ここでは，2017年6月に行ったインタビューでリーが描写し，2020年に本人によって改訂されたリーの人生とリーに関わる人々の姿を記述する．

❖幼少時代

　リーは出生地であるアメリカ南部テキサス州の様子を描きながら，父方の祖父母が開拓者としてウェストテキサスに入植したことを語っている．両親がどんな人だったのかを回想しているが，両親の結婚は，まるで西部劇の一場面のようだ．リーが幼少時代を過ごしたアメリカ南部の描写は，スーザンが生まれ育った中西部とはかなり異なるものだ．父母の家族や幼少期の様子を出生家族に起こった悲劇の出来事とともに回想している．

　　私は1943年9月10日にウェストテキサスの小さな町，フォート・ストックトンで生まれました．私の父——私たちは彼をダディと呼んでいましたが——私の父は，牛の牧場経営者で，近くに牧場を所有していました．彼の両親は，ウェストテキサスの初期の入植者で，彼らは皆，牧場経営者で，大家族を営んでいました．確かにウェストテキサスでは，それより他にできることは，ほとんどありま

写真2-1　リーの両親　　**写真2-2　リーの家族の牧場：テキサス，アルパイン**

せんでした．そして土地は痩せて乾燥していましたので，牧場は大きなものでなければなりませんでした．

　ダディは乱暴で粗野な，根っからのカウボーイでした．陽気でカリスマ的で，愉快な話の語り手で，彼はいつも場の盛り上げ役でした．彼の正式な教育は6年生で終わっていましたし，彼は牧場経営より他の世界は何も知りませんでした．

　私の母はイーストテキサスの小さな町の出身で，彼女の父親は，そこで学校の校長をしていました．彼女は私の父とは，彼の父親の牧場の近くにある小さな町で，彼女が最初に就いたウェスタン・ユニオン・テレグラフのオペレーターをしている時に知り合いました．その仕事は，モールス符号でメッセージを送ったり受け取ったりするものです．彼女は洗練されていて優雅でした．彼女の家族は，平凡ながらも品位のある家系でした．彼女は，彼女の父親を敬愛していました．彼女はファンタジーの世界で暮らしているようなものでした．そして彼女が粗野なカウボーイと結婚したことは，まさにゼイン・グレイ（筆者注：アメリカの作家）の小説に出てくるようなロマンスを地で行くようなものでした．二人の相違にも関わらず，彼らの牧場での初期の結婚生活は実に素晴らしいものでした．

　リーはウェストテキサス，牧場の生活をどのように思ってきたのかを語っている．故郷を遠く離れ，全く異なる世界で人生を歩んだリーが心に仕舞っていた思いである．

　　私は家族の3番目の子どもでした．兄と姉のマイクとジョーは，それぞれ私よ

り7歳と5歳年上です．ウェストテキサスの牧場の世界は，私のルーツであり，馴染んだ世界でした．でも私はそれに一体感を感じてはいませんでした．実際，私はその世界を拒絶して違う道に進むことを選んだのです．後の人生で私は，その土地とのつながりに価値を見出すようになりましたが，それは牧場の生活にではありません．

　私が赤ん坊の頃，悲劇が家族を襲いました．マイクが牧場の事故で酷い火傷を負ったのです．彼の火傷の跡は，見た目にも感情の面でも目立つものでした．そしてそれは家族にとっても傷跡となりました．

　私たちは牧場を離れ，数回の移住をした後に，1949年にアリゾナ州のフェニックスにたどり着きました．私が5歳の時でした．ダディは牛の取引のビジネスを立ち上げようとしました．短期間でしたが，別の牧場を購入しました．今度はニューメキシコにでした．数年の間は（フェニックスとの）通勤のような形が試みられました．しかし結局は，この結婚は離婚で幕を閉じました．

　（姉の）ジョーはマイクが火傷をした時に一緒にいました．それによって二人は強固に結びつきました．そして母は責任以上の責苦に苦しめられました．ですから，離婚が正式な事実となるにつれ，もはやサイは投げられ，家族の分割がそのまま家族の分裂となってしまったのです．マイクとジョーは二人とも反抗的なティーンエージャーでした．そして私たちはお互いに何もできませんでした．

　けれども私は，総じて幸せな子ども時代を過ごしました．私たちの家には，母が時々弾くピアノがありました．私は特に母がラグタイム（筆者注：19世紀末に起こったピアノの演奏様式の一つ．シンコペーションを多用する黒人的リズム感覚を特色とし，ジャズの一要素となった（広辞苑参照））のハッピーチャップス（the Happy Chaps）を弾くのが好きでした．それは実際，彼女の母が作曲して出版したものでした．

　しかし私は，母からではなく，偶然私を夢中にさせるような弾き方をした近所の人から演奏へのインスピレーションを受けました．私は直ぐに私たちの教会でピアノを弾いていた女性に指導をお願いしました．彼女はブルグミュラーによる初級の学習の本を紹介してくれました．それは今なお魅力的だと感じています（そして少々，骨の折れるものだと認めます）．

　リーの幼少期の思い出は両親の離婚と家族の分裂のために辛く苦しい側面があっただろう．しかし音楽が幼い頃から彼の周りにあり，演奏することへの感

化を引き起こしたピアノの音色が原体験となり，彼を夢中にさせるものであったこともわかる.

❖学校時代

　リーは小学校〜高校の学校時代について以下のように語っている. リーがどのように音楽の世界に触れ，惹きつけられていったのか，音楽家としての道に方向づけた恩師たちはどのような人たちだったのかが描写されている. 良き指導者との出会いがどれほど重要か，そして優れた教師の影響力がどれほど強いものか，そういった恩師とのつながりが生涯を通じて続くものであることが読み取れる.

写真2-3　リーと母のヘレン（モービルホームにて）

　　私の初期の学校教育は，そのように6歳の時，フェニックスの地元の学校で始まりました. 当時のフェニックスは，およそ10万人の都市でした. しかし人口は非常に速く増加していて，学校は維持するのに苦労していました. それでも私は，小学校で最初の弦楽器演奏に触れました. というのは私の学校には，一人ではなく，二人の常勤の音楽教師がいたからです. 今日ではなかなか珍しい状況です. その二人の音楽教師のうちの一人は，バイオリンを演奏し，3週間の夏季のバイオリンクラスを教えていました. それに私は6年生の時に参加しました. もう一人の小学校の音楽教師は，

写真2-4　小学校時代のリー（1953年）

チェロを演奏する女性でした. 彼女は音楽を私たちが興味を持つようなやり方で紹介してくれました. そして彼女は，私たちのためにクラスでチェロを演奏しました. それに惹きつけられました.

Young Phoenician To Study Music At Rome Academy

place in a string quartet or similar chamber group. In this endeavor, we wish him well, but with his ability and the present shortage of good string players, we don't feel that unemployment will be one of Lee's problems.

写真 2-5　ベリル・フォークス
とリー（新聞記事）
（1966 年）

リーは音楽家人生へと大きく方向づけてくれた高校の恩師の指導の思い出や恩師たちとの生涯にわたるつながりについて以下のように語っている．

　それから私が高校に行った時，初級の弦楽器クラスを選択できるという素晴らしい幸運に恵まれました．私はそのクラスに登録しました．私は，ビオラと，ベリル・フォークスという情熱的でやる気を引き出すような教師を紹介されました．彼は良い音楽家でしたが，とりわけ彼は，鼓舞するような，意欲を掻き立てる教師でした．そして彼は，私の気持ちに火を点けました．彼は私を夢中にさせ，上達することに興味をもたせてくれました．間もなく私は彼の高校オーケストラに加わりました．それは私が 1 年生の時で，96 人のメンバーのオーケストラでした．私はもちろん，残りの高校時代を通して，そのオーケストラにいて，最初の交響曲，序曲，そしてオーケストラの小作品をその高校オーケストラで演奏しました．それは私の人生の中でわくわくするような時間でした．

　私はまた，高校でフルートを演奏しました．しかし私はフルートを演奏することよりもビオラを演奏することを大いに要求されました．ですからフルートの方は上達する機会が多くは得られませんでした．私たちの高校は三人の常勤の音楽教師がいました．弦楽器とオーケストラの教師，バンドと吹奏楽器の教師，そして音楽史や音楽理論も教える声楽の教師です．この三人目の教師がサージ・ハフです．私は，実際は，特に彼の授業には参加しませんでしたが，彼は私に素晴らしいことをしてくれたのです．彼は私が他の三人の学友と一緒にストリング・カルテッ

ト（ストリング・カルテットはバイオリンが二人，ビオラが一人，チェロが一人です）を結成していることを知っていました．そして彼は私たち四人に，授業に行くことなしに，彼の授業の一つに登録することを許可してくれたのです．私たちがその時間を毎日のストリング・カルテットの練習に充てることができるように励ましてくれたのです．このことは私たちに，ストリング・カルテットとして成長する素晴らしい機会をもたらしてくれました．また，彼の声楽のコンサートのいくつかに私たちの伴奏を提供することになりました．モーツアルトのレクイエムも含んでいます．そして私個人にとっては，それが私の室内楽のキャリアのはじまりになりました．

　私の親愛なる恩師，ベリル・フォークスは25年程前に亡くなりました．高校卒業後に私は彼に2〜3回会いましたし，私は彼ととても親しかったのです．実際，彼も私を評価してくれました．というのは，彼は主治医から治癒が不可能な癌で余命6か月であると言われたということを知らせてくれたのですが，それを知らせたのは私が最初だと言ってくれたのですから．もちろん私は彼に会いに行きたかったのですが，彼は私が会いに行く前に亡くなりました．悲しいことに，私は彼への敬愛をつづった長い手紙を彼に書いたのですが，それは彼が亡くなった翌日に届きました．彼が私の手紙を読むことはありませんでしたが，彼の娘さんが彼の葬儀でそれを読みました．

　反対にサージ・ハフはずっと長く生きました．2011年の私たちの高校50周年同窓会に際して，私はハフ先生の家に会いに行き，同窓会に来るように促しました．良いことをしたと思っています．彼は同窓会に来る気持ちになり，長年の旧友であるたくさんの人たちに会ったのですから．彼は生徒たち，そして私を熱愛してくれていました．ですので，私は彼と再び親交を持つことができ，彼が私にとってどれほど大きな意味を持っていたかを伝えることができました．彼はその後，今から2〜3年前に亡くなりました．

　もちろん，私の高校は，音楽だけがすべてという学校ではありませんでした．高校では，すべての学習ができました．特に私は常に言語の学習を楽しみました．フランス語を4年間学び，ドイツ語を学びました．そして英語のクラスは良くできました．とても素晴らしい英語の教師がいて，私がより自信をもつことや，学びへの渇望を刺激してくれました．高校で良い友人が何人かできました．今もなお連絡を取り合っています．

写真 2-6　父と兄姉と（1980 年）
左から父，兄，姉，リー.

リーは学校教育での経験の描写の最後に体育教師から受けた屈辱的な体験について以下のように回想している.

しかし学校では，いつもそんなに良かったわけではありません. 小学校時代にとても屈辱的なことが一つありました. 体育のクラスです. フェニックスは，天候が常に良好で，私たちは体育で毎日戸外に出てスポーツをしました. あいにく私はスポーツが得意ではありませんでした. 一番下手でした. 失敗すればするほど下手になっていきました. 体育の指導者は，ほとんどの時間，私を無視していました. しかしある時に，運動が得意だった私の姉が体育教師に，私を見てあげるようにと促しました. 彼はとても無神経なやり方でそれを行ったのです. それは屈辱的でした.

幸運なことに高校に入った時には体育は必修ではなかったので，する必要がなくなりました. ですから私は，さらなる屈辱を味わわなくて済んだのかもしれません. でもその楽しみも学校では与えられなかったのです. のちの人生で，私はテニス，ウェイト・リフティング，スケート，そしてとりわけ自転車に乗るちょっとしたアスリートになりました. 私は自分でこれらのことをする気持ちになりましたが，学生時代には適切なサポートが得られませんでした.

❖音楽大学へ

リーは高校卒業後に恩師の勧めでニューヨークの音楽大学に進学した. しかしリーにとっては，その大学の音楽教育は満足の行くものではなかったようだ. リーはその後の人生で音楽以外の学問にも関心をもつようになったが，大学での満たされない経験を取り戻したかったのかもしれない.

フォークスの助言で私は，イーストマン音楽大学に進学し，そこで4年間学びました. 残念ながら，もし私が今日選択するとしたら，その学校には行かなかったでしょう. 第一に，ビオラの教師は私には合っていませんでした. 彼は私が必要としていた身体的な訓練をしてくれませんでした. 彼は私に挑んできませんでしたし，私を奮起させることもありませんでした. 彼は弦楽器の演奏に関して，

精神的なアプローチのようなものに囚われすぎていました．レッスンは時間の無駄でした．

　私の大学での学問的な授業も，突出していた音楽理論を除いて刺激的でも挑戦的でもありませんでした．その学校の理念は学生を音楽に集中させることで，学問的な教育によって注意が逸らされることではなかったのです．それは間違いだと思います．幸運なことは，私がどこからやって来たのかを考えると，その大学の社交的な環境は，少なくとも私を守ってくれました．直ぐに私は運よく，良い友人たちのグループの一員になることができました．彼らは4年間にわたって私を楽しませ，支えてくれました．

❖室内楽奏者の選択もあった

　交響楽団員としての演奏活動を職業にしたリーだが，本当は室内楽の方に魅かれていたという．音楽大学の学生の時に参加した著名な音楽祭をきっかけとして，室内楽奏者の道を選択することもできた．しかしその可能性を選ばなかった．その経緯について以下で触れている．それは音楽家リーの人生の岐路となったともいえる．

　　私のイーストマン音楽大学の教師が一つ良いことをしてくれました．バーモント州のマールボロ音楽祭で二夏過ごし，素晴らしいプロの弦楽器演奏者の面々や他の楽器演奏家や声楽家たちと取り組むことを私に薦めてくれたことでした．私がここで大きな影響を受けたら，室内楽の職の世界に進む好機になりました．しかし私は残念ながら，マールボロで見たハイレベルな音楽演奏の世界の中に，自分には合わない何かを感じ取ったのです．政治的なネットワークのような，私が好まない人々の間で機能するような，そして私がそれを上手くやってのけることができるとは思えない，その世界に入っていきたくないと思わせるような政治的側面を，です．ですから私は，そのチャンスから身を引き，オーケストラでの演奏という，よりリスクの少ない世界に戻っていきました．そしてイーストマンを卒業後，私はデトロイト交響楽団の職を得ました．

❖音楽家としてスタートする

　リーは音楽大学の教育に不満を持っていた．プロの音楽家としてのスタートに影響を与えたのはイタリアへの留学だった．そこで良い指導者の教育を受けて，リーの演奏技術は著しく改善したという．その後，リーは交響楽団員とし

て歩むことになる．もちろん，その頃にはスーザンがリーの人生に加わっていた．必ずしも幸福とはいえない生育環境で過ごしてきたリーにとって，スーザンとの出会いは大きな意味があったのではないだろうか．リーとは対照的なスーザンの性格はリーにとって眩しいものだったことだろう．

　　デトロイトでは，2つのわくわくするようなことが起こりました．私は将来の妻であるスーザンに出会いました．そして私は，イタリアのローマで学ぶためのフルブライト奨学金を獲得しました．ローマでは傑出したビオリストである，ブルーノ・ジュランナにビオラを師事するという素晴らしい幸運に恵まれました．彼は私に演奏と教義にとっての堅固な礎を与えてくれました．それはイタリアでの刺激的な時間でした．そのような楽しみの真っただ中で，その年，私の演奏技術は劇的に改善しました．そしてそこで受けた教えを私の後々の教義の基盤として用いたのです．

　　素晴らしい年の仕上げに，スーザンと私はローマで結婚しました．それは，数人の親友たちとカンピドリオ広場で行われた市民のための，ささやかでしたが魅惑的な儀式でした．真の意味で，私たちはローマで1年間のハネムーンを過ごしたのです．私はデトロイトでスーザンと出会い，私たちは直ぐに意気投合しました．私は，彼女の快活な性格と，私の偏狭な生い立ち（my parochial upbringing）に彼女がもたらした覚醒に，目がくらむほどでした．私に奨学金の知らせが届いた時，私は彼女にイタリアに私と一緒に来るように頼んだのです．

❖交響楽団員として生きる

　リーは室内楽の演奏に熱情を感じていたにも関わらず，交響楽団員として生きた理由について語り，音楽人生を振り返って，自らの職業人生を総括した思いを述べている．

　　徴兵やベトナム戦争が私の耳元でささやかれるようになって，私はアメリカに戻らなければなりませんでした．それから私の職歴は，デトロイトからメキシコ，ミネアポリス，シカゴへと変遷しました．私は室内楽の演奏に熱情を感じていたにも関わらず，常にオーケストラの職を追求していました．私の職業人生を通して，高校から大学，イタリア，メキシコ，ミネアポリス，そしてシカゴでの38年間，私はいつも室内楽に熱心に活動していました．しかしオーケストラの職を持つことは，室内楽を楽しむための最良の方法だったかもしれないと思っていま

す．というのはオーケストラの仕事
は，私に室内楽をリスキーで困難な
職というよりも，むしろ楽しい副業
とすることを可能にするための経済
的な担保だったのですから．ですか
ら私はシンフォニー・オーケストラ
で演奏するという経歴を50年にわ
たって続けました．私に多くの素晴
らしい経験を与えてくれた贅沢で光

写真2-7　ビオラを演奏するリー

栄な生活でした．もちろん常にすべてがうまく行ったというわけではありません．
しかしこの経歴の総計としては，素晴らしいものでした．私はそれをやって来て
幸せですし，幸運だと思っています．

❖退職の決断
　リーが退職を決断したのは以下のような理由からだった．名声も高い華やか
な世界を自ら退くのは容易なことではなかっただろう．定年制度がないアメリ
カでは，退職は自分の意思で決める人生の区切りである．特にプロフェッショ
ナルの場合，それは，それまでの職業人生の履歴をどこで切り上げるか，どこ
まで誇りを保てるかという問いとの葛藤の結果でもあるだろう．

　　その経歴は，私がシカゴ交響楽団を辞めた時に終わりました．私は，その職に
　飽きたからとか，もうやりたくないから辞めたのではありません．私は身体的な
　問題で辞めなければならないと感じました．それは私の演奏をずっと難しいもの
　にさせました．そして私は，ただ悪い方へ向かっていることを知りながら自分の
　レベルに妥協しなくてはならなくなったのです．それでも，私は，シカゴ交響楽
　団とのつながりを断ち，半世紀の間，私を定義し支えてきた経歴を終わらせると
　いう決断に長い間，踏み切ることができませんでした．
　　最終的に2009年に交わした退職に際しての条件は，私が時々はエキストラと
　して自分自身の空席を満たすためにオーケストラとの演奏に戻ることができると
　いうものでした．これは常勤職と退職との移行期間を与えてくれるようにみえま
　したので，私はその条件を受け入れました．驚いたことに，1〜2週間演奏に戻
　るようにと連絡が来た時，私はその世界に戻りたくないという気持ちになりまし
　た．それで退職したのです．

写真 2 - 8　自転車仲間とリー（左）
（2019 年）

リーが退職した時，スーザンは密かに知人に依頼して製作してもらったDVD をリーにプレゼントした．リーの音楽家活動の生涯にわたる写真や映像を素晴らしいナレーションとともに綴ったものだ．スーザンがリーを部屋に呼んで，サプライズで DVD を流したところ，リーは不意打ちを食らい号泣したそうだ．その DVD を後日見せてもらったが，スーザンのリーへの深い敬愛が，それは，それは，ぎっしり詰まった感動的な作品だった．

❖退職生活

　リーが在職中を含め，生涯を通じて演奏してきたのはビオラである．退職を機に，彼はそれをビオラケースに封印した．誠心誠意，向き合い続けた楽器との，非常に大きな決別ともいえる．そして情熱の矛先を様々な活動にシフトさせた．以下のリーの健康状態についての描写はリーによる後日の更新である．病を抱えながらも前向きな考えを保持しようとする彼の心情が感じられる．

　　今 11 年が経ち，私の家族たちは皆，亡くなりました．そして私は，それほど健康状態が良くありません．76 歳という年齢，関節炎，そしてパーキンソン病の始まり，軽い症状ではありますが，それらの害を被っています．私はもはやビオラを演奏できません．私はピアノの簡単な作品にも奮闘しています．手が震えるのです．言葉は不明瞭になっています．

　　けれども大事なことは，これらの問題は些細なことで，私は，それ以外は元気で活動的で健康です．そしてとりわけ私は妻のスーザンの献身と素晴らしい猫たちに支えられています．私は週に 2 ～ 3 回自転車に乗っています．自転車に乗れば，なお，かなり頑丈でエネルギッシュです．自転車は，それほど精力を必要としないためですが，天気や丘などの地形にもよりますが，私は今，たいてい25～50 km ほど走っています．グループで走るときは，もっと多くなります．自転車に乗らない日には，しばしば長いハイキングに出ます．

　　私はよくピアノを弾き，楽しんでいます．指に問題を抱えていることで演奏が

難しくなってきていますが．ピアノは，私が最初に音楽に目覚めたものでした．ミシガンの家には演奏するのが喜びとなるような美しいスタンウェイのグランドピアノがあります．

写真2-9　スーザンが母から譲り受けたピアノ
2017年筆者撮影.

　私はソーシャル・ブリッジ（筆者注：トランプのゲームの一つ）をするのを楽しんでいます．ミシガンの家の近くで行われている，居心地のよいブリッジグループに入っています．また時々，デュープリケート・ブリッジをしますが，時に表れる敵対的な激しさは好きにはなれません．私がもっと上手なプレーヤーだといいのかもしれませんが．

　趣味に一番近いものは3D写真だといえます．私は3D写真を作って楽しんでいます．またコンピューターで3Dグラフィックスを作ったり，アンティークの3Dの立体風景写真を集めています．長年，アンティークのステレオカメラと3Dスライドを作成するための低感光度のASAフィルムを使用しています．それらが良好な場合，それらはたぐいまれな媒体となります．しかし，おお，なんということでしょう！　今日のデジタル革命は手軽さと柔軟性を重視するあまり，そのように良くみえる写真を生み出さないのです．

　リーはこれらの趣味の他にアカデミックな分野への関心が非常に高い．音楽とは別の世界への知的好奇心には驚かされる．

　私はまた，天文学や数学についての本を読むことに，とめどない欲望があります．私の音楽教育の中では，そのような分野を学ぶ機会がありませんでした．ですから私は，シカゴにある地元の大学に通って数学を5年間学びました．それに続いてシカゴで天文学と物理学の講義に数年間参加しました．アルゴン・ナショナル研究所と連携したシカゴ大学のプログラムです．アルゴン・ナショナル研究所はシカゴの近くにある偉大な国立の科学研究所です．またフェルミ研究所（著名な物理学者のエンリコ・フェルミにちなんでいる）として知られている研究所がシカゴ大学の物理学部と連携しています．

　私が1990年代に学んだ数学はとても楽しかったです．私は，そのことごとく

の時間を，そう，ほとんどすべての時間を楽しみました．これは 1990 年から 1995 年ですから，私が退職する 12 年から 15 年前のことです．まだ働いていました．数学は私にとって魅惑的で，私は理解することを楽しんでいます．もちろん理解しないことは楽しめません．今は数学の授業を取っていないので，時々，数学についての本を読んでいます．数学は，ある意味，世界を理解するための分析的なアプローチです．そして数学に適用されている厳格な論理があります．

❖アメリカ人であることを好んでいるか

　この質問へのリーの回答は，スーザンと対比すると興味深い．リーとスーザンは，政治的な考え方では一致しているが，リーが語るようにアメリカへの忠誠心という点でスーザンとは異なっている．リーは，より客観的かつ冷静な目で分析的に現在のアメリカの政治の趨勢を観察し，そしてセンシティブなほどにアメリカという国の現状を見つめているように思われる．とりわけ政権（筆者注：リーのこの部分の記述は 2020 年 5 月）へのきっぱりとした口調の批判にはリーの正義感と社会的弱者への共感が表されている．

　　私がアメリカについて思う時，最初に国土を思い浮かべます．北部の山々や海岸から，南東部の湿地や，南西部の私にとって，いとしい砂漠地帯にいたるまで，私たちを取り囲む壮大な国土です．それらの王冠の宝石たちは，私たちの国立公園システムによって保護されています．国土は私の血に浸み込んでいるのです．

　　私はそれから，私の心のふるさとである場所について思い浮かべます．ウェストテキサスの牧場地帯，フェニックス，シカゴ，そして今はミシガンのリーラナウ郡（筆者注：リーたちが住んでいるノースポートの郡）かもしれません．

　　私はまた，長年にわたって共通の経験をしてきた友人たちを思い浮かべます．彼らは私という人格を形成することに影響を与え，私が友人として思いを寄せる対象なのです．

　　おそらく，より抽象的には，私を育て機会や勇気を与えてくれた制度や価値について思い浮かべます．そしてとりわけ，私にとてもたくさんのことを与えてくれた教師たちのことを思い出します．そして両親，すべての記憶や受け継がれてきたもののことを思い浮かべます．私は，ある意味，それらの統合体なのです．母は私に卓越へ向けて努力することや逆境をやり抜くことを教えてくれました．ダディは土地へのアイデンティティや夢を追う気持ちを遺してくれました．

　　私は家庭や生まれ育った土地が大好きです．そこは生活に親しみを持てて安心

でき，自分が所属感を感じられる場所です．私たちの国は非常にたくさんの選択肢があり，豊富な人材に恵まれています．そして個人やグループが成長するのに，とても励みになります．だから，どの市民にとっても，アメリカ人であることが嬉しくないと言うのは難しいでしょう．

　しかし，だからといって私がこの国のすべてを大好きだということにはなりません．現在，私は，わが国に発生している新型コロナウィルスへの政府の対応の甚大な，悲劇的な過ちに対して，怒りのあまり，よろめきを感じています．何万人もの命が犠牲になっているのです．この類の政府は，どこか他から出現したのではありません．それは，この大統領の発言に見受けられる，アメリカ社会の中の利己的で，外国人を嫌い，反知性主義的で，政府の反規制主義に向かう傾向を反映しているのです．その結果としての法律や政府高官の任命や最高裁判所の裁定は，我々の選挙や法律の面において，大企業に前例のない影響を及ぼす力を与えています．それは民主主義を蝕み，環境保護から銃規制，中絶権，移民政策に至るまでの無数の政策に影響を与えると思われるようなやり方で行われています．多様性は縮小していません．といいますのは，明確にアメリカは多様社会ですから．しかし多様性は現在の状況では受容されることが少なくなっているかもしれません．私は経済的な緊張や時代の重圧を，メキシコ人やイスラム教徒のような第三者のせいにするのは間違っていると確信しています．

　数年間を外国で過ごしたことは，アメリカの文化を眺めるのに異なった見方を私にもたらしました．私は自分が，より良く関係をもてる別の国や社会には移ることはできない，といった原理主義的なアメリカ人であることを最優先とする感覚はありません．

　実際，（もはやこれから）外国に移ることはできませんので，私は，ここで，より良い明日を願い，それを目指して励みたいと思っています．

1－2．夫リーの語りを読み取る

　リーのライフヒストリーには，テキサス州西部のフロンティアに入植し，牧場経営をしてきたリーの家族の描写があり，スーザンの地元であるアメリカ中西部とは，文化的にも異なる，テキサス州，ニューメキシコ州，アリゾナ州など，アメリカ南部や西部のメキシコ国境沿いの州の地名が登場する．スーザンによってもリーの親族の様子が語られているが，両親の家族やカウボーイの文化などの興味深い記述がある．

　リーがライフヒストリーの中で告白しているように，生い立ちの過程で家族の分断という辛い経験をしている．また家族が暮らしたウェストテキサスの地や牧場の生活についての思いを語り，それに一体感を感じることなく，その世界を拒絶して自分の人生を歩んできたことを告白している．年齢を重ね，少しずつ土地への思いは変化してきたにせよ，牧場の世界については今でも背を向けたい心情があることが察せられる．このような思いは大学時代の友人との社交やスーザンとの出会いについての回想でもほのめかされている．

　しかし自分を育んだものについての描写からは，それがリーにとって，どれほどかけがえのないものかがわかる．初めは幼い頃に聞いた母や近所の人のピアノの音色の記憶であった．リーの母方の祖母がラグタイムの曲を作曲し，出版したという記述がある．それを母がリーの幼少時に弾いていた．幼いリーの心に焼き付けた音色は母の家族からの音楽の伝統だったようだ．またリーに音楽への関心を向けてくれた小学校の音楽教師たちや音楽家への道に方向づけてくれた高校の恩師たちとの思い出がある．とりわけ高校の恩師たちはリーを演奏に対して夢中にさせ，気持ちに火を点け，授業に来る代わりに練習させもした．スーザンにも，音楽のみならず，才能を伸ばしてくれた教師たちが公教育の場に複数存在していたが，リーにとっては，その後プロフェッショナルな音楽家への志を高めてくれたこれらの情熱的な教師に出会ったことは重要な出来事だ．そのような教師たちとの親交が生涯にわたって続いていたことが読み取れる．病床の恩師に宛て，敬愛を綴ったリーの長い手紙を恩師の娘さんが葬儀の席で読み上げたことは感動的なエピソードだ．また，もう一人の恩師を訪ねて50周年同窓会に来るように促すために会いに行ったことも淡々と語っているが，恩師に会いに行くためにリーが遥かに移動した距離を思えば，恩師との親交がどれほど厚いものかがわかる．そして50周年同窓会では「私を熱愛してくれた」恩師に「彼が私にとってどれほど大きな意味を持っていたかを伝えることができた」．

　生い立ちで抱えた家庭環境は，自分ではどうすることもできなかったリーだが，そのために彼は，どちらかというと悲観的な性格になったかもしれない．スーザンとの出会いを「出会って直ぐに意気投合した」，「彼女の快活な性格と，私の偏狭な生い立ちに彼女がもたらした覚醒に目がくらむほどだった」と語る．「覚醒（awakening）」という表現から，彼女との出会いがリーの人生にどれほど大きなインパクトをもたらしたのかが想像できる．スーザンが家族から受け継

いで纏っていた非凡なパーソナリティの価値を，リーは瞬時にして掴んだのだろう．ここではリーがテキサスやアリゾナというアメリカ南部での自身の成育歴について「私の偏狭な生い立ち（my parochial upbringing）」と表現していることが興味深い．リーが故郷を離れてから，漠然と感じてきたけれども，はっきりと言葉で表現できなかったようなこと，あるいは，それまで出会った人々が話題にしなかったようなこと，それは社会的正義やリベラルな考え方への価値観かもしれないし，保守的な因習や呪縛に対する拒絶かもしれないが，スーザンによって客観的に言葉で定義づけられ，言及されたことへの感動に近いものだったのではないだろうか．スーザンによって，ある意味でのカルチャーショックがもたらされたということが含意されている．陽気でポジティブな性格のスーザンは，リーの精神的な支えであり，リーは，スーザンがいなければ見ることのなかった，経験することがなかった，出会いや出来事を味わったに違いない．ただこれはスーザンにも当てはまり，リーとの出会いでスーザンは，それまで予想していたものとは異なる，思ってもみなかった人生が展開していったといえよう．スーザンの語りからだけでは捉えきれなかった二人の出会いの意味がリーの語りから浮かび上がっている．

　リーは生涯を通して室内楽演奏に熱情がありながらも，交響楽団員としての職を選んだ．それが経済的な後ろ盾でもあったという理由だ．しかしそれで副業としての室内楽演奏家の活動も続けることができた．いずれにしてもリーは，身体的な問題から 66 歳で退職を決意するまで音楽家としての人生を全うした．高校生からのキャリアを含めるとオーケストラ人生は 50 年以上に及ぶ．リーの語りは，芸術家の人生がどのように形成され，どのように方向づけられていったのかという切り口から見ても興味深いといえる．

　リーのライフヒストリーからはプロフェッショナルな世界に生きた人が退職に至るときの心情も読み取れる．身体的問題が生じて来ていたとはいえ，簡単に割り切れるものではなく長い葛藤が続いたであろう．「半世紀の間，私を定義し，支えてきた経歴を終わらせるという決断に長い間，踏み切ることができませんでした」との表現に，その気持ちが良く出ている．このようなプロフェッショナルな人々の退職時の心の葛藤は，程度の差はあるかもしれないがリーに限らず，他の人にも共通しているように思われる．

　リーは音楽以外のアカデミックな世界にも常に好奇心をもち，高校時代に興味をもった言語学をはじめ，在職中には数学を学ぶために大学に 5 年間通い，

退職後には天文学や物理学の講義にも参加したと語っている．ニューヨークの音楽大学では，音楽以外の世界を学ぶ機会を与えられなかったリーは，そのような教育方針について不満を抱いていたと振り返っているが，在学中に学べなかったものを社会で取り戻すことができたこともわかる．彼の豊かな音楽性や，その源となる感受性は，その後の人生を歩む中で興味を抱いた数々の学問の世界で得たインスピレーションに少なからず影響を受けているだろう．

　リーは，インタビューではなく，後に加筆した箇所で現在の健康状態に触れ，関節炎やパーキンソン病の始まりがあることを告白している．音楽家だった人にとって，退職後とはいえ，身体能力に関わる病はどれほど辛いことだろう．「私はもはやビオラを演奏できません」，楽しみとしているピアノも「私の手が震えるのです」と演奏が難しくなっていることを綴っている．この記述で彼は，栄光の過去と対照的な，現在のありのままの自分の姿をさらけ出している．誇りとしていた世界が失われていくことの描写は，苦悩に満ちているようにみえる．それでもなお「けれども大事なことは，これらの問題は些細なことで，私は，それ以外は元気で活動的で健康です」と続けている．彼は人生の大半，自分のプライドを支え，自分に対しても他者に対しても自分という人間を定義してきた演奏家としての使命を超えて，人生がさらに続いていることを表明しているのだ．

　最後にリーが語ったのは，アメリカ人としてのアイデンティティと，政治的信条についてである．リーはスーザンと同様に，アメリカ人であることで享受してきた，自然や出会った人々や機会について振り返っている．しかし，だからと言って，アメリカのすべてを好きになれないとも語っている．政治的信条は，スーザンと同じく民主党的な理念を理想と考えていることがわかる．そして現在（インタビュー時）の，自国第一主義を掲げる政府の方針を酷く嫌悪している．その理由について，抑えた表現ながら鋭く洞察し「この類の政府は，アメリカ社会の中の利己的で，外国人を嫌い，反知性主義的で，反規制主義に向かう傾向を反映している」とアメリカ社会の変容への失望感をあらわにしている．リーが「xenophobia」（「外国人（物）嫌い」の意）という強い言葉を使って表現しようとした，リーが感じているアメリカ社会の中に生じている傾向は，スーザンが大きく評価するアメリカの多様性への危機を示すものでもある．リーは，彼の理想とかけ離れていく現在の政治の趨勢に心が痛み，国を離れることを厭わないという心情にまで言及している．政治的価値観の在り方に純粋

に向き合うリーの姿勢が感じられる.

第2節　きょうだい・いとこのライフヒストリー

2−1. 難病の妻と日々の生活を楽しむ
——弟スティーブのライフヒストリー

　スティーブ・ギルブレス（Steve Gilbreath）はスーザンの双子の弟たちの一人だ. スーザンとは年齢が3歳半離れている. ミシガン州のアナーバーに妻のローランとともに25年住んでいたが, そののち, ミシガン州北部のノースポートに移住して2020年で24年になる. 最愛の妻ローランは, 長年, 難病を患っていたが数年前に亡くなった. スティーブへのインタビューは2016年9月にノースポートのスーザン夫妻の家で行った. ただし妻のローランとの生活と最後の質問（最もアメリカ人と感じる時）のみ後日, メールで回答してもらった.

　以下は学校を卒業して大学に進学し, 職業に就くまでの経緯, 仕事についてのスティーブの語りである. 大学院でフランス文学を学んだスティーブが郵便配達という仕事に就いたことを少々不可解に感じた筆者が, その経緯を尋ねた回答が述べられている. しかし, 言いよどみ, それ以上, 語らなかった部分もある.

❖大学

　私は1964年に高校を卒業して, 1964年の秋にカラマズー大学に進みました. そしてカラマズー大学を1968年の春に卒業しました. ケー（K）カレッジと私たちは呼んでいます. カラマズー大学の言いやすい方法です.（卒業後は）アメリカの郵便サービスで働きました. 郵便局です. 1969年にカラマズーで1年間, ナンシー（筆者注：スティーブの前妻）が卒業するまで働きました. 彼女は1969年に卒業しました. カラマズー大学を卒業後, 私は婚約者が卒業するのを待っていたのです. それから彼女の卒業後に私

写真2-10　スティーブ（右）とローラン（生前）

たちは，チェルシーに移りました．アナーバーの近くです．彼女は教師として働き，私は大学院に行きました．彼女は 1969 年に卒業し，私は 1970 年にミシガン大学に行きました．1971 年にミシガン大学を修了しました．

❖仕事

　仕事が必要でしたので郵便局の仕事を得ました．一時的なものと思っていましたが，そこに留まることにしました．そして私は郵便局に 1971 年から 2001 年まで勤めたのです．30 年です．私は戸外を歩くのが好きでした．私は，（自分が上の立場になり）ストライキをされたくありませんでした．というのは……私は……．私は，教える資質はあったのですが，教員免許を持っていませんでした．それで郵便配達を甘受することにしたのです．当時，私は，その仕事を楽しんでいました．ですから，その仕事に留まったのです．その雇用は良いものでした．というのは，私は……．いろいろと理由はありました．でも当時の私には馴染んでいました．

　（就職を考える時になって）私が専攻したフランス文学は，当時あまり良い専攻とは言えないことがわかりました．フランス語の教師の需要は無かったのですから．フランス語の教師は削減されました．だから，その専攻は間違いだったのです．でも郵便配達は，戸外を歩く，身体を動かす仕事なので好きでした．身体を動かす仕事が好きなのです．そして良くも悪くも，私はその仕事に留まり，キャリアを積みました．とてもうまくやることができたと思っています．ですから，それを得意としていたということが，もう一つの理由です．

以下はスティーブのインタビューに同席していたスーザンのコメントである．

　彼は近隣の人たちと仲良くなりました．バーニー（かつて，両親の家に居候していた音楽家）が近くに住んでいたことをお話ししたと思いますが，バーニーが私に，バーニーの近所の人が「（私たちのところの）郵便配達員は素晴らしいよね．彼はとてもいいね！」と言っていたと話してくれました．そして，バーニーがスティーブを知っていることは，その近所の人は知らなかったと．その頃からスティーブは，そんな評判でした．彼は，ソーシャルワーカーのような仕事をしていたのです．近隣のたくさんの高齢者たちと友達になって．（スーザンのコメント終わり）

スティーブの仕事ぶりを「ソーシャルワーカーのような」と表現したスーザ

ンの描写によって，スティーブが語り
きらなかった部分が情景として浮かん
でくる.

　　しかし，その仕事の過程で，私は
自分の精神力を発揮することもでき
ました．というのは，地元の郵便配
達員の組合に所属した後に，私はだ
いたい20年の間，約50人の郵便配
達員の代表になりました．そして
もっと上級の，200人の代表もやり

写真2-11　ノースポートのハーバー
2010年筆者撮影.

ました．会長をしたことも，副会長をしたことも，秘書，財務（会計）など，す
べての役職を次から次へと務めました．一度にではありませんが，私のことを，
契約書を理解し，管理職と交渉できる人物だとみてくれたのです．私は郵便配達
員たちから，その任務に選出されました．郵便配達に加えて，そのような仕事を
しました．だから，たくさんやることがありました.

　スティーブは大学と大学院で文学を専攻するほど文学の世界に関心が高い.
仕事の傍らフランス文学の探求も続けたのかどうかを尋ねると以下のように否
定した．続けて今なお，文学に夢中になっているようにみえることに対して，
そのきっかけを尋ねてみた.

❖文学の世界への関心
　　（仕事と並行してフランス文学の探求をすることは）しませんでした．時々は，フ
ランス文学を読むこともありましたが，フランス語の能力を仕事で生かそうとは
思っていませんでした．しかし読むことへの関心や異なる世界を冒険することを
勧めてくれたという点において，私に影響を与えたのは両親でした．そうです.
私に影響を与えてくれたのは，確かに両親でした．（ブッククラブには）こちら
（ノースポート）に来てから入りました．こちらに来た時に，妻のローランがブッ
ククラブ（第3章参照）に入りました．それで，私は彼女が入っているブックク
ラブに行くようになったのです．郵便局を退職した後に，私は彼女が入っている
ブッククラブに参加し始めたのです．それから私たち自身の家でブッククラブを
やり始めたのです．ジェームス・ジョイスのユリシーズを読もうと思っていまし

写真 2-12　スティーブの庭（ノースポート）
2016 年筆者撮影.

写真 2-13　自宅でホームコンサートを
するスティーブ（右端）
2016 年筆者撮影.

た．私たちはいつもそれで始めました．

ブッククラブについては第3章でも触れるが，近隣や職場や同級生など様々な仲間と作る読書グループである．アメリカ社会で広く行われている．

❖この地に移ることを決めた理由
　スティーブは退職する前に，妻のローランと共にミシガン州南東部のアナーバーから北部のノースポートの地に移住した．どのようにしてそれを決めたのか，その経緯が語られている．妻のローランの気持ちを気遣っていた様子も描写されている．

　私たちは，この地に土地を購入していました．不動産です．私たちは週末に長く休めるときに，5週間おきや，6週間おきくらいに，ここに来ていました．（ノースポートに移住する前）私はいつも，ここで退職したいと願っていました．ローランと私は，結婚してから，いつもここに来ていたものでした．それから私たちは，不動産を探すことに決めました．今の家に何かしら気に入るところがあると私たちは思ったのです．不動産を購入するには，とても良い時だったので，私たちはそこを取得することに決めたのです．良い投資でした．でもそれから，そこを（投資としてではなく）単に自分たちの家にしたいと決心したのです．それで私た

ちは，もう少し進めて，可能な時には，週末ごとに，ここに来ようということを
決めたのです．つまり私たちは2つの家を維持していたのです．

　それで，ここにやって来て……おかしいことに，私はここに転勤を申請してい
たのですが，こことトラバースシティ（筆者注：ミシガン州北部の主要都市）の両
方に．それで電話がかかってきました．でもはじめは，来るのを止めようと思っ
たのです．というのは，ローランが感じていることを知りたかったのです．ロー
ランは，私ほどここに来たいと思っていないのではないかと．彼女がそれほどで
もないのなら，無理に進めたくなかったのです．それで私は，彼らに断ると言う
と，ローランは「私はあなたが，それを受けると思っていたわ」と言いました．
それで私は「君が本当にそうしたいと思っているのか，わからなかったんだ」と
言うと，彼女は「まあ，私は是非そうしたかったのよ」と言ったのです．彼女は
とてもそう思っていたのです．それで私は電話をかけ直し，転勤することにした
のです．ローランは，ここでとても幸せでした．彼女は，ここがとても気に入っ
ていました．

　彼女がここで最初にしたのは，ブッククラブに入ることでした．それから彼女
は，財産投資のグループに入りました．つまり彼女は，前向きでいたいと思って
いる人物で，人に会い，行動する人物でした．（ローランは働いていませんでした
が）彼女には，教員の退職年金に匹敵するくらいの所得があったのです．つまり
彼女には年金があったようなものです．それから私は，自分の年金をもらい，彼
女はまた，社会保障の少額の金額を得ていました．ですから暮らしていくのには
十分でした．

❖闘病するローランとの日々

　冒頭でも触れたように，スティーブの妻ローランは長年，難病を患い，数年
前に亡くなった．以下は後日，スティーブにローランとの生活の様子について
綴ってもらったものである．スティーブの人生の重要な，もう一つの側面である．

　ローランは，神経の病気である多発性硬化症でした．多発性硬化症は進行性の
病気で，それは時間が経つにつれて悪化していくものです．ローランは40代の
初めの頃に発病し，その病気のために70歳で亡くなりました．彼女に現れた最
初の兆候は「足が上がらなくなること」でした．彼女は，左足を上げることがで
きなくなりました．これは多くの多発性硬化症の患者の初期症状に共通するもの
です．それは支持器によって対応しました．

写真2-14　玄関へ続く車椅子用の
　　　　　スロープ
2010年筆者撮影.

写真2-15　スティーブとスーザン
2016年筆者撮影.

25年のうちに，彼女は，杖，歩行器，車椅子，そして最終的には，非常に障害が進んで，電動車椅子となりました．晩年には，彼女は日常生活のすべての活動に補助が必要になりました．このことで私は，家の外でできることが限られましたが，私は退職することができましたので，家で彼女を介護することができました．

スティーブの退職が早期となった理由がここで明かされている.

私たちが共に過ごした生活の多くは，その病気によって起こった問題に対処することに費やされました．ひどくなっていく障害に適応していくことは絶え間のない苦闘でした．

スティーブは言葉少なであるが，この描写にはスティーブ夫妻の，二人の後半の歴史が凝縮されている.

けれども私たちは，そのような障害にも関わらず，なお，多くのことを一緒に楽しみました．私たちは彼女が乗り込めるスロープ付きのバン（van）を手に入れ，シカゴや（カナダの）オンタリオ州のストラトフォードに旅行しました．ストラトフォードでは，私たちは毎年，ストラトフォード・シェイクスピア・フェスティバルに参加しました．そのバンで私たちは，友人たちとディナーに出掛けたり，映画に出かけたりすることができました．ですから，私たちは本当に普通の生活を一緒に送っていくことができました．

難病の妻を抱えて共に過ごした生活は，精神的にも肉体的にも大変困難なものであっただろうし，次第に進行していく妻の姿を見続けた日々は，どれほど

写真2-16　結婚式で演奏するスティーブ（右から
　　　　　2人目）

写真2-17　スリーピングベ
　　　　　ア・ナショナル・
　　　　　レイクショア

辛いものだっただろう．しかし上記の記述からは，できる限りの自立と自由を
求めて生活を楽しもうとしていた様子も伝わってくる．

❖将来，運転ができなくなったら

　これはスーザンにも質問をしたものだが，スティーブは，現在住んでいる
ノースポートより，もう少し賑やかで商店やレストランなどが集積している近
隣の町への移住を考えているようだ．車の運転ができなくなったら，日常生活
は歩いて用の足せる町でなければ不可能になるからだ．

　　運転がもうできなくなったら，家を売らなければならないでしょう．そして
　……　私は家を売って，サットンズベイ（筆者注：ノースポートの南方の町）に移
　ることを考えていました．つまりサットンズベイならば，トラバースシティにも
　バスで容易に行くことができるからです．それからサットンズベイならば，なん
　でも歩いて手に入るからです．

❖音楽と散歩を楽しむ

　　音楽は退職後の私の主要な趣味となっています．私は，結婚式でサキソフォ
　ン・クインテットの仲間と一緒にバリトンサックスを演奏しました．（写真で）
　その花嫁が仲間と一緒に演奏しているのを見ることができますよ．私はまたプリ

ベイリング・ウィンズというグループで，戸外の集まりで演奏しました．近くの
スリーピングベア・ナショナル・レイクショアを散歩するのも大好きです．

❖最もアメリカ人だと感じる時
　短い文章ながら，スティーブは投票の自由を行使する時だという次のような
回答を寄せてくれた．

　この質問について慎重に考えた結果，私が最もアメリカ人だと感じるのは，私
が地方や州や国の選挙で投票する時だと言えます．自分の票を投じるために投票
所に行くと，そんなに頻繁には会わない友人たちや近隣の人たちに会います．
　私たちは公共の政策やリーダーシップについて，それぞれに決断をします．投
票することによって私は，アメリカ合衆国の始まりに遡る伝統の一部になれるの
です．投票の自由はアメリカ人であることの一部なのです．
　もっとたくさんの人々が投票することの自由を行使しなければなりません．け
れども多くの人々が投票権を行使しているわけではありません．それはドナル
ド・トランプを選出してしまうというような悪い決断を招いてしまいます．

2−2．弟スティーブの語りを読み取る
　カラマズー大学，ミシガン大学大学院でフランス文学を専攻した彼が，これ
らの専門性とは直接関係のない仕事をなぜ選んだのか，そのことについて考え
てみたい．もちろんインタビューの中で，筆者が尋ねていることもあり，ス
ティーブは，当時，教える資質はあったが教員免許をもっていなかった，フラ
ンス語の教師の需要はなかった，一時的な生活手段として就いた郵便配達の仕
事が気に入ったという理由を語っている．あるいは，スーザンのもう一人の弟
のジャックや，スーザンの友人のバーバラが言及している（後述）ように，彼
がベビーブーマー世代であったことが彼の就職に影響していたかもしれない．
しかし，筆者はスティーブがインタビューで「戸外を歩くことが好きでした」，
「ストライキをされたくありませんでした」と語り，そして2度言いよどみ
「いろいろと理由はありました」とだけ語ったことのなかにスティーブの思い
が隠れているように感じる．それ以上語らなかったので本当のところはわから
ない．確かに理由はいろいろあったのだと思う．言葉にされたものを手掛かり
に考えるならば，その理由のうちには，身体を使う労働を尊重する姿勢ととも
に，管理職となることで「ストライキをされる側」になりたくなかったという

ことであり，深読みかもしれないが，これには彼らの両親に加えて，当時の
60年代の社会革命の時代思潮にスティーブが影響を受けていたことと無関係
ではないように思える．結果として，スティーブは生涯，労働者の側にいた．
そして，郵便を配達しながら，近所のたくさんの高齢者たちと友達になり
「ソーシャルワーカーのような」仕事をした．同僚たちから「契約書を理解し，
管理職と交渉できる人物だと見られた」スティーブは，郵便配達員の組合の代
表者として選出され，彼の精神力，社会的役割をその任務を通して大いに発揮
したのである．このような利他の精神は，趣味の音楽を通じて様々なチャリ
ティ活動に参加している，彼の日常の行動にも表れている．スーザンは従弟の
アンディがスティーブのことを大好きで，彼もまた郵便配達をしていたと語っ
ているが，それは偶然なのか，それともスティーブの生き方や人間性に影響を
受けたのだろうか．

　またスティーブのライフヒストリーにおいて，妻ローランの難病と介護の
日々の描写をその意義から抜かすことはできない．不治の病であるとともに次
第に悪化していく妻の身体症状に25年近くもの間，向き合い続けたことの思
いについては，想像力を最大限に働かせてみることの他には近づくことは難し
いだろう．しかしスティーブが述懐しているように，最終的には電動車椅子の
生活となったローランだったが，その電動車椅子とスロープを引き出せる仕様
のバンを利用して，二人は積極的に出かけた．友人たちとの会食や映画のほか，
シカゴに行ったり，国境を越えてカナダのストラトフォードにまで毎年旅行し
たことが綴られている．筆者は，ローランが亡くなる数年前に彼ら夫妻の家を
訪ねたことがある．レストランに出かけるために，玄関のスロープを降りてバ
ンに乗り込み，目的地の駐車場に着くとバンから降りてレストランに入るとい
うことを，すべて自分で行っていたローランの姿が印象に残っている．深刻な
身体障害を抱えながら，なお最大限の自立を叶えていることに，その自立を支
えるバリアフリーという理念の本質的な意義と，アメリカの技術の先進性を感
じたことを覚えている．スーザンの友人のシャーレーンも，アメリカで普通に
享受できるものとして，その価値を語っている（第3節参照）．

　もう一つスティーブのライフヒストリーから読み取れることは，スティーブ
が後半生を田舎で過ごすことを選択して，人生半ばでミシガン州南部の都市か
らミシガン州北部のノースポートに移住していることだ．スティーブの転勤願
いが叶いそうになった時，妻のローランの気持ちを察しあぐねて，断ろうとし

140

たとスティーブは語っている．結果的には，二人の気持ちは同じであったため，スティーブは転勤したのだが，語りからは，スティーブの意向が先行していたことがわかる．北部ミシガンの大自然に，特にスティーブは価値を見出していた．その地で生活すること自体がスティーブにとって意味のあることだったようだ．難病の妻と向き合う中で，恐らくスティーブの人生観は少なからず変化しただろう．生活の質そのものに深く向き合うようになったに違いない．

2－3．ぞくぞくしながら合衆国憲法を理解し，教える
──弟ジャックのライフヒストリー

ジャック・ギルブレス（Jack Gilbreath）はスーザンの双子のもう一人の弟だ．ミシガン州アナーバー市に住んでいる．ジャックへのインタビューは 2017 年6 月にノースポートのスーザン夫妻の家で行った．以下は，ジャックが現在住んでいる場所について，また，大学で学んだ学問について，そして職業について語った内容である．

❖現在の居住地

ミシガン州アナーバー市に住んでいます．大きなミシガン大学のあるところです．ミシガン大学が公立大学だということを知っていますか？　ミシガン州の．ミシガン大学は，アメリカで最も評価の高い公立大学の一つです．とても評価の高いメディカルスクールやロースクールやエンジニアリングスクールがあります．それらがすべてあります．巨大な，全米で最も大きなフットボールのスタジアムもあり，「ビッグハウス」として知られています．アナーバーにあります．私が住んでいるところです．そこには優れたミュージックスクールがあります．スーザンは，そのミュージックスクールで音楽を学び始めたのです．

写真 2-18　スーザン夫妻の結婚 50 周年記念パーティーにて
ジャック（右奥），リー（中央），ジャックの妻のカレン（左）．2017 年筆者撮影．

❖専攻

私は人類学分野の人文科学の学士の学位を持っています．それからソーシャルワークの，臨床ソーシャ

ルワークの修士号を持っています．私は州の小児精神科病院で働いていました．妻カレンがそこで教員をしていました．彼女は特別教育の教員でした．そしてそこで 4 年間働いた後に，私はロースクールに行きました．1982 年に法律の学位を取って卒業しました．それが私の教育歴です．

❖ ソーシャルワークから法律へ

　法律に専攻を変えた理由について尋ねると，経済的な面での機会の向上と社会に対する影響力の向上という 2 つの理由を回答してくれた． 2 つ目の理由からはジャックのキャリアの変更に 60 年代の社会革命の時代思潮が影響を与えていることがわかる．

　　アメリカでは，ソーシャルワークでとても良い収入を得るのは不可能なのです．ソーシャルワーカーたちは，それほど多くのお金を得ることはありません．そもそも私がソーシャルワークをしたかった理由は，人々を助けたかったからです．そうしたかったのです．だからそれをしたのです．私が法律の道に進んだのは，私がもしキャリアを積みたいと，長期のキャリアを積みたいと思うならば，法律の道の方が経済的に随分と有利だということがわかったからです．私はその機会に恵まれていました．

　　また別のことも影響しています．それは，いわゆるアメリカが 60 年代に経験していたようなこととも関連しているのですが，私は常に，とても良い，卓越した方法で人々を助けるために何かをしたいと思っていました．そしてそれを行うには，法律家になることだと思ったのです．私は長く弁護士を続けています．今でも働いています．非常勤で判事をしています．それから法律の大学教員です．長年のうちに経験を積み，多くの人々と知り合ううちにいくつかのことを行ってきました．ロースクールに行っていた頃考えていた，社会を変えるというようなことを．その時にさかのぼると，それが，私がキャリアを変えた理由の一つです．

　　つまり法律家になったのには 2 つの理由があります．一つは，より多くの収入を得るより良い機会を得たいということです．収入はそれほど多いというものではありませんが，ましになりました．もう一つの理由は，もう少し重要なことでした．私は法律家になって人々に大きな影響を与えることがしたいと思ったのです．ですから私はそうしてきました．年齢を重ねるにつれ，私は弁護士の仕事を多くするようになりました．私は，いわゆる不等に扱われている人々の代理人として市の弁護士を務めました．その仕事は，アナーバー市にほど近い，イプシラ

ンティという市のためにやっていました. かなり大きな市です. 私は, その市の代議士として立候補しました. 代議士の仕事に関わっていた時, 扱ったいくつかのケースでは, 私は本当にいろいろな人々に出会いました. 彼らは, 私がやったことを評価してくれました. それで私はミシガン州の判事に任命されました. 私は, いわゆる法務省の判事でした. 私は, そのポジションをおそらく7年くらい務めたと思います. 確かではありませんが.

そして判事をしている時に, その市にあるロースクールの何人かに, 法律を教える学部のメンバーになるように頼まれました. ですから, 私はフルタイムの判事の仕事をしながら, その頃までには大学の学部教員に任命されたのです. 私は, いわゆる補佐の（adjunct）ロースクールの学部メンバーになっていました. 今も続けていますが, 法律のコースをいくつか受け持っています.

それからどうなったかというと, 退職しようと思っていたのですが, 私が判事と代議士を務めていた市が小法廷を創設したのです. そして私に, そこで判事をするように頼んできたのです. それはフルタイムの職ではありません. 月に2回, 行きます. ですから今, 私がしている仕事は, 非常勤の判事と非常勤の大学教員です. つまり, 社会を変えているのです. 一度に一人の学生ですが（笑）. それが自分を若返らせてくれます.

❖子ども時代

ベビーブーマーの世代として学校生活を送ったジャックは, そのために自由な活動が制限された影響を被っている. 具体的にどのような経験をしたのかを語っている. また子ども時代に両親から受けた教育, 特に音楽的影響が大きかったことに触れている. さらにジャックは, スーザンやスティーブにも共通する信念が, 両親によって育まれたことを「高いレベルの自由主義」というキーワードで端的に形容している.

両親がいろいろなことをやらせてくれたので恵まれていました. 小学生の時, 中学生の時, 高校の前ですが, 私はバンドで音楽をやっていました. そしてまた, アメリカでは人気があるのですが, スポーツにも関わっていました. 両親は, 私が良い生徒であるようにと, とても気遣ってくれていましたので, 私は良い生徒でした. 人生のその時代の思い出は, いつもとても良いものでした. 学校が好きでしたし, 学び, 音楽にも関わり, そしてスポーツにも大いに関わっていましたから. そういうことを覚えています.

❖ベビーブーマーとして

当時スポーツといえば，アメリカでは基本的に，アメリカンフットボール，バスケットボール，水泳，陸上競技でした．それについて興味深いことは，私はそのような活動を行うことができませんでした．この言葉をご存知かどうかですが，私は，戦後のベビーブームの一員でした．私は1946年に生まれました．第二次世界大戦のすぐ後です．私はアメリカで非常に人口が増加した時代に生まれたのです．ベビーブーマー（筆者注：1946～1964年に生まれた人々を指す．第3章参照）です．そして影響を受けたのは学校で，学校は生徒でいっぱいでしたので，ある種の活動を行うことができませんでした．しばらくの間は，私はスポーツが大好きなのにもかかわらず，伝統的に行ってきたスポーツを経済的な理由でカットされていたのです．最終的には，中学生くらいになった時に復活しましたが，（予算の）削減は数年間に及びました．いわゆる学校の授業としてのスポーツはありませんでした．そういうものが無かったのです．いくらかのスポーツを自分たちで，あるいは，リクリエーションとしてやるしかなかったのです．でもやはり，私はそれが何であれ，（そのことで）スポーツを行うことを妨害されました．全くできなかったものもあるし，制限されたものもあります．

❖両親から音楽の影響を受けた

母が大の音楽家でしたので，私は音楽をやり，ホルンやトランペットを演奏しました．成長過程で何もできなかったのではなく，両親はたくさんの機会を与えてくれました．たくさんの．両親は私の（双子の）兄弟や私や姉に音楽のレッスンをたくさん授けてくれたということです．素晴らしいことです．両親は，とても私たちの生活に関わってくれました．私たちが演奏するコンサートには，いつも来てくれましたし，私たちがするスポーツの行事には，いつも来てくれました．両親はただ，いつも，いつも，いつも私たちのためにしてくれました．良い両親でした．とても素晴らしい良い両親でした．そして私や兄弟や姉が育ったのは，戦後の時代が影響して，アメリカの人口が相当に膨張している時でした．でも私たちは常に何かが不足していたというわけではありませんでした．私も兄弟も姉も恵まれた環境で育ちました．両親は，私たちにたくさんの機会を与えてくれました．

❖両親はとても寛大な心の持ち主だった

以下のコメントは，両親の教育についてのジャックによる描写である．両親

の姿をスーザンの語りに加えて，ジャックの視点から複眼的にイメージすることができる部分だ．

　　その他に両親が教えてくれ，また，私が両親から学んだことは，アメリカで，あなたもそう言っていると思いますが，いわゆる高いレベルの自由主義です．大変リベラルな熱情的な信条です．両親は，私たちを同世代の子たちもあまり行かないようなところに連れて行ってくれました．どのように説明したらよいかわかりませんが，両親は，とても広い心の持ち主でした．とてもとても寛大な心の持ち主でした．とても．私に言わせれば，私たちが住む地域のどの人々や家族よりも，はるかに広い心の持ち主でした．両親は，私たちに既成概念以外のことを考えさせたいと思っていました．すなわち，世界にはアメリカ以外の人々，アジアの人々やヨーロッパの人々や南アメリカの人々がいるのだということを．そしてその結果の一つとして，姉の親友のなかには中国人の女性と一緒に育った女性がいたと思いますが，アンナ・タンといいました．両親は，例えば私たちが育ったところにあるミシガン大学の音楽イベントのような場所に私たちを連れて行ってくれました．私たちが育ったところは，ミシガン大学からそれほど遠くなく，そこでは，とても素晴らしい音楽イベントや凄いスポーツイベントが行われました．両親は，私たちをそういう場所に連れて行ってくれたのです．私たちが住んでいたところのほとんどの人々は，おそらく，そのような場所には行ったことがなかったでしょう．はっきり言って，私たちは，そのような場所に行く唯一の家族だったのです．そのように私たちを育ててくれました．ですから，私たちきょうだいは幸運でした．そう思います．

❖最もアメリカ人だと感じる時

　ジャックは，この質問に対して自身の青春期である 60 年代のアメリカの大きな出来事を絡めて語っている．ベトナム戦争では戦争反対の立場で，良心的戦争忌避の態度を取っていたようだ．またアメリカ人が人種差別的にもなりうるという点を指摘している．しかし，ジャックが一番強調したことはアメリカが合衆国憲法を持っているということのアメリカ人としての誇りである．それによってものごとを変えたいと願っている．

　　私が高校を卒業して大学に行ったのが 1964 年です．その前年の 1963 年にジョン・F. ケネディが暗殺されました．大統領です．私の世代の誰もが，ジョン・F.

ケネディが暗殺された日に自分がどこにいたのかわかります．それは国のとても大きな悲劇の象徴なのです．そして私が卒業したちょうどその日に起こったことは1964年の6月のことですが，アメリカ合衆国はベトナムに侵攻し始めました．私は，参戦することについて，私たちは決してそこに行くべきではないと，とても懐疑的になりました．それは正気の沙汰ではありませんでした．しかし，それは私に相当な期間，影響を与えました．

　私はおそらく兵士の候補者になっていたのでしょうが，私が大学にいた1966年から67年にかけて，私はヨーロッパに行って学んでいました．フランスです．私はほとんど戻らずにいました．ずっと滞在していたのです．私はアメリカ合衆国に関して，何もしたいと思わなかったのです．戦争という理由と，人々がアメリカ合衆国でどう扱われるのかという理由で．

　アメリカには，とても偏狭な人々が相当数のグループいるという事実を語らずにアメリカ合衆国を語ることはできません．私はそのようなことには，全く関わりたくありません．それは60年代にあった考え方でもあります．しかし今日でもなお，ある程度はあります．どうお話ししたらよいかわかりませんが，アメリカ合衆国は，とても人種差別的な国にもなり得るのです．私には一緒にテニスをする，日本人と結婚した，とても親しい友人がいます．彼は日本人の妻をもち，彼らはカリフォルニアで育ちました．彼の妻の両親は，第二次世界大戦中に収容所に入れられました．そのようなことを私たちの国がしたのです（第3章参照）．誰かに対して怒るのは，ちょうど今も同様で，メキシコやら何やらからの人々に国境を閉鎖しています．

　あなたの質問に戻ると，私がロースクールに行っていた頃，アメリカ合衆国の偉大な点の一つについて学んだのですが，そして今，率直に唯一偉大なことだと思っているのは，私たちがいわゆる合衆国憲法をもっていることです．それは法律文書で，どのように政府を機能させるか，どのように人々が交流するかという文書なのです．合衆国憲法を起草し，創造した人々は賢明な人々でした．1789年に合衆国憲法は正式に批准されました．私がアメリカ人だと感じるのは，そこなのです．私は，ぞくぞくしながら合衆国憲法を理解し，それについて教えることができます．というのは，それは，次の世代が我々の国をより良いものにするための助けになると思うからです．

ジャックが合衆国憲法に対して抱く誇りが感じられる．それは法律を職にも

つジャックの職業意識でもある.

　　私が 60 年代に戻りたいのは，私が青年だった，ものごとを変えたいと思っていた時なのです．それが私のアメリカです．それが，私がアメリカ合衆国を好きなところなのです．私たちが持つような憲法を多くの国が持っているわけではありません．だから私は教えているのであり，判事を続けているのです．人々に関わり，特に教えることは，若い，奮起している弁護士を助けることになるからです．多くの人々のためになればいいと思います．合衆国憲法は必要なものだからです．我々のリーダーシップの面で今わが国に起こっていることは，60 年代の我々とどんなに乖離し，ものごとを無駄にしているかということです．断然，馬鹿げたことをしているのです．他国を侵害したり，その他もろもろ，正気ではないと思います．それが，私がこの国に対して連想することです．人種差別は好きではありません．我慢ができません．しかし，（合衆国憲法の）政治形態があるがゆえに得られる（政治参加や権利擁護などの）機会はとても大切に思っています．

❖ アルコール依存症（第 3 章参照）

　インタビューもそろそろ終わりかけていると感じていた筆者に，ジャックは突然，このことを切り出した．それまで，どちらかといえば，自身について強くポジティブな面を語ってきた印象だったので，ネガティブな面を告白しようとするジャックに少々驚かされた．アルコール依存症について，本人から詳しく聞かされたのは初めてである．

　　それから，あなたにお話しすべきことがあります．どのようにお話ししていいかわかりませんが．27 年前になりますが，これはおそらく私の人生で起こった最も重要な出来事です．疑いなく，27 年前のことについては，疑問をはさむ余地がありません．私は 43 歳でした．かつてたくさん飲酒をしていました．自分自身を分析すると，私は医学的にみてアルコール依存症です．私は治療に行きました．治療センターに行きました．あなたがよくご存じかどうかわかりませんが，アメリカにはアルコホリック・アノニマス（Alcoholics Anonymous）（第 3 章参照）と呼ばれるグループがあります．それは患者自身の生活を改善するために，依存症の問題について要約したり関連付けて話したりする人々のグループです．私は，これまで 27 年間，ほとんど 28 年ですが，そこにとても，とても，とても関わってきました．私は，いわゆるアルコホリック・アノニマスのミーティングに行っ

ています．依存症の問題を抱えた人々を助けています．趣味といえば，あなたがそれを趣味と呼ぶかもしれない趣味ですが，それは私が関わったライフスタイルです．

写真 2 - 19　ジャックとスーザンとスティーブ
（左から）

私は，もちろん 28 年間，飲酒をしていません．それがとても私の助けになりました．個人的には，それは私の誰との関係においても助けになりました．最も重要なのは，妻との関係でした．そして再びスポーツをする助けにもなりました．また特に私が学校で教えている依存症の問題をもった人たち誰でもと話す助けにもなりました．

私はこのことについて，いろいろなグループの会合で話すように頼まれています．それ（アルコホリック・アノニマス）は，とてもとても，とてもとても重要な，私の人生の大きな部分を占めることです．それは私の人生で最も重要なことなのです．もしこれに参加していなかったら，私は生きていなかったのですから．素直にそう思います．私はアルコール依存症です．でも立ち直りました．そう，でもそれは，喜ばしく，ぞくぞくするようなことでした．私はテニスをしたり，教えたり，何やかやしています．そのグループの活動をしていなかったら，私はこれらの場面にいなかったでしょう．もし自分のケアを上手くしていなかったら，私は生きていなかったでしょう．アルコホリック・アノニマスは，ここアメリカで 1930 年代に始まりました．

私の人生において最も重要な 2 つのことは，私が 60 年代に育ち，たくさんの活動に関わったこと，そして断酒をしたことです．これら 2 つが最も重要なことなのです．というのは，私が 60 年代に育った頃，私はアルコールやらドラッグやら，その当時私たちがやっていた，それらのすべてのことに関わっていたからです．おそらく，ほとんどの人たちがそうだったと思います．そして私は，その対価を払いました．あなたがアルコール依存症についてご存じかどうかわかりませんが，これは病気であり，時代的なものでもあり，私がその一人です．いわゆるアルコホリック・アノニマスの本質的な考えが，私やとても多くのことを救ったのです．そのうちの一つが兄弟や姉と，より良い関係，より健全な関係を築く

のを助けてくれました．たぶん，それなしではできませんでした．ですから，私にとって考えられないほど重要なのです．それが私のストーリーです．

❖ジャックの質問

　ここでジャックは「日本人はアメリカ人の態度をどう思っているか」と筆者に尋ねてきた．予期しない質問に，答えあぐねていると「私たちについて，どのように思っているか」と続けた．筆者は熟慮に欠ける回答だと思いながらも「おそらく，アメリカ人に対してステレオタイプのイメージをもっている．背が高く，白人で，ホットドッグやハンバーガーを食べ，とてもエネルギッシュで，大声で話すといった……」と応じると，ジャックは「日本人はアメリカの政府についてはどのように思っているか」と重ねて尋ねてきた．筆者は「日本人はアメリカの政府や選挙のシステムを評価していると思うが，今は移民や難民を嫌う，攻撃的な話し方をするトランプ大統領のことをあまり好きではないと思う」，そして「けれども概して，アメリカ人のことをよくは知らない，アメリカ人に対して恐らく，単にステレオタイプのイメージを持っている人が多いのではないかと思う」と返した．すると彼は次のように切り出した．どうやら，筆者の返事がもう少し辛口なものと予想していたかもしれない．筆者がスーザンやリーやその他の人たちとのインタビューでも聞かなかった内容だ．改めてスーザンたちが育った家族の価値観の意味を理解した．

　　面白いのですが，同じことが日本人に対しても生じていたと思います．それはスティーブやスーザンや私が育ったところですが，そこはミシガン州のデトロイト市の郊外の一地域です．アメリカの国との関連において，ミシガン州のデトロイトの重要性はというと？　デトロイトの重要性がわかりますか．それは自動車会社，すべての自動車会社です．それで，あなたに言うとすれば，日本人あるいは日本は，もし私がデトロイトにいたら，日本への意識は，彼らは「日本の文化は，日本の国は，アメリカのとても大切なものを奪った」と（人々は言ったでしょう）．それは自動車の生産です．（第3章参照）
　　大人になった頃，私はいくつかの自動車工場に住み込み，働きました．そこではアメリカの車を生産していました．デトロイトの近郊の町です．当時は，いわゆる輸入は非常に少なかったのです．言い換えると，車がアメリカに来る，あるいはどこかほかで作るということが，今はトヨタ，ホンダが来ていますが．つまり，ある程度のステレオタイプがあると思います．ここの多くの人々が「日本人

は私たちの国に酷く，とても悪いことをしている」と言っています．彼ら（日本人）はそれを知りません．何人か，というか多くの人々は，自動車工業の衰退によって仕事を失いました．そのことは，世界の他の人々が，国々が，皆が皆，そのような影響を被ったということを意味するわけではありません．しかし私は，日本人やアジア人に対するある程度のステレオタイプはあると思います．多くは，そのような事実に基づいて，人々には影響を被ったものに対しての，大変，偏見にみちた見方があります．

　そして今は，それが中国に対してです．中国が私たちの仕事や何やらを奪ってしまいました．ベトナム戦争の時代には，ベトナムについて問題の一部が理解されるにつれ，アジア人がアメリカを乗っ取るという恐れがステレオタイプになりました．そして根本的には，その恐れは，最初は主に中国を通じてでした．このことに関して興味深いのは，我々は戦争で闘いに出ました．多くの命ということに関しては，誰にとっても第二次世界大戦ほど明白にはダメージはなかったものの，死亡者数において 5 万 5000 人のアメリカ人が殺されました．彼らは私たちのような人々で，白人で，私の世代で，黒人もたくさんいましたが，やはり男性で，私の世代でした．それだけにいっそう，エイリアンが，イエローペリル（筆者注：黄色人種によるわざわい，黄禍を含意する言い回し）がやってくるという恐怖の感情がこの国にありました．私は当時，恐らく戦闘の候補者になっていたと思います．

　私は，それらを受け入れない，そのようなたぐいの説明を受け入れない家族の中で育ちました．兄弟や姉や私は，私たちが住む地域の，それらについての考え方を拒否しました．それは主に私が専門職に就こうとする考えの助けになり，なぜ法律を学ぶのかという考えの助けになりました．それは私には全くもって馬鹿げていて偏見に基づいていると思えたからです．一言だけ，言わせてください．人類学を学んでいた頃，エスノセントリズムと呼ばれる現象がありました．主義がありました．それは基本的に誰もが自分自身のグループ内に足を付けているというようなものです．そしてそれは確かにあるため，私は懸念しています．アメリカでは，我々の国では，トーマス・ジェファーソンやジョージ・ワシントンなどの大変素晴らしく賢明な人物が，ともに，信じられないほど良くできた憲法の考えを創造したという事実をもたらしましたが，その当時は，奴隷が存在していた社会でした．肌の色によるステレオタイプが存在していました．つまり，わが国が常に甚だしい人種差別に結びつくような風潮の局面にあった時です．人種差

別は社会の一面でした.

　それから，アメリカの別の面については，世界中の国々から人々が来ている巨大な国だということです．しかし奴隷にされるという目的のためにも，この国に来ています．ですから私はあなたに私たちについてあなた方がどう思っているのかをお尋ねしたのです．あなたが日本での教育をもとに，ものごとを見る時には，あなたにはあなたの民族性（ethnicity）があり，あなたにはあなたの文化的規範があるからです.

　私は日本についての本を読みました．そして中国についての本を読みました．そしてそれを理解しています．それはアメリカで広まっている事実よりも少々異なっているかもしれないと思っています．ここには多くの中国人が住んでいます．多くの日本人も，多くのドイツ人なども住んでいます．私たちは中東の人々が多く住む町で育ちました．中東以外で最大の人口をもつ町，ミシガン州のデトロイトのディアボーンです．そして私は，たくさんのヨーロッパの生徒を教えています．たくさんの黒人の生徒を教えています．あなたにお伝えしたいのは，今それらの人々はアメリカにいることで，強い疎外感を感じていることです．ずっとずっと長い間そのように感じていました．これはただ理にかなっているというより，むしろ手掛かりというものですが，それらの人々は，黒人の大統領がこの国の状況を変えるだろうと感じていました．でも彼らは，そのようなことが未だに起こったとは感じていません.

2－4．弟ジャックの語りを読み取る

　ジャックは大学の学部時代には人類学を専攻した．そしてソーシャルワークの仕事に就いた．その後ロースクールに入り，法律家になった．弁護士，判事，大学教員，市の代議士など，法律家の専門知識を生かした仕事をしている．途中で専攻を変更した理由を尋ねると，経済的な側面もあるが，彼が青春時代を過ごした60年代の思想とも関係があることがわかる．社会を変えたい，人々に大きな影響を与えることがしたいと考えたという．ジャックがインタビューの中で何度か引き合いに出す60年代の社会革命のイデオロギーがジャックに沁み込んでいるように感じられる．この時代のイデオロギーは，ジャックのみならず，スーザンのライフヒストリーにも，スーザンの友人たちのライフヒストリー（後述）にも反映されており，特に60年代に青年であったアメリカ人の人生に，少なからぬ影響を及ぼしていることがわかる.

　ジャックが受けた学校教育については，ベビーブーム世代として影響を強く受けたことを回想している．「学校は生徒でいっぱいで，ある種の活動は行うことができなかった」，「それが何であれ，(カットされたことで) 妨害された」と語り，学校での様々な予算が削減されていたことを残念に思っている．ジャック自身は詳しく語っていないが，スーザンは，弟たちは非常にスポーツが得意で，高校では様々なスポーツのコーチから一目置かれた存在だったと語っている．それだけに，ベビーブーム世代であったためにスポーツの機会が制限されたことは，彼らに不利益をもたらす状況だっただろう．

　両親からは，「高いレベルの自由主義」，「大変リベラルな熱情的な信条」といった信念を植え付けられたと語る．このような社会的感覚は，ジャックが法律の道に進んだことに影響し，スーザンやスティーブが組合の代表を引き受けたことなどにも影響を与えていただろう．また両親が子どもたちに「既成概念以外のこと」，「世界にはアメリカ以外の人々，アジアの人々やヨーロッパの人々や南アメリカの人々がいる」ということを考えさせたいと思っていた．そしてその結果の一つとして姉の親友のなかには中国系のアンナ・タンがいたと述べている．スーザンの語りでも，両親の価値観や友人のアンナ・タンについて幾度か触れられている．しかしスーザンが語った「中国人の友人がいた」ということの意識下の行為を方向づけたものが，ここでジャックによって，客観的な解釈がされていて興味深い．同時に，このコメントから，アジア人や様々な人種に対する，主流社会からの差別や偏見が社会の既成概念として存在していたことがよくわかる．

　さらに両親から音楽的影響を受け，きょうだい三人とも音楽に親しむ環境であったことも語られている．スーザン同様「両親はただ，いつも，いつも，いつも私たちのためにしてくれました．良い両親でした．とても素晴らしい良い両親でした」と振り返っている．この強調の中に，両親に対する彼の気持ちが良く出ている．しかし，ジャックによる両親の描写には，スーザンのライフヒストリーの中でスティーブとのやりとりで見え隠れした，両親とジャックとの軋轢については一切，触れられていないことにも気づかされる．少年時代の経験をベビーブーマーであることという世代性とともに受容したのか，それともスーザンやスティーブが受け取ったようには感じなかったのか．あるいは，インタビューにスーザンやスティーブが同席していたら蘇るものがあったかもしれない．

　最もアメリカ人と感じる時についての質問では，ジョン・F.ケネディの暗殺やベトナム戦争など，60年代の出来事を挙げている．さらにジャックは，アメリカ合衆国がとても人種差別的な国にもなりうるとも語り，第二次世界大戦中の日系人の強制収容や現代の移民への対応の例を取り上げている．しかしアメリカ合衆国の偉大な点の一つとして，アメリカが合衆国憲法を持っていることだと誇ってもいる．「人種差別は好きではありません．我慢ができません．しかし，（合衆国憲法の）政治形態があるがゆえに得られる（政治参加や権利擁護などの）機会はとても大切に思っています．」とジャックは合衆国憲法に裏づけられた国の真髄を語っている．

　インタビューが佳境になった頃，ジャックは自身がアルコール依存症であったことを告白した．そして「アルコホリック・アノニマス」という自助グループによって，そこから立ち直ったことも語った．復帰したことを「それは，喜ばしく，ぞくぞくするようなものでした」と述べ，人生において，もっとも重要なこととして，60年代に育ち，たくさんの活動に関わったことと断酒をしたことだと振り返った．アルコール依存症については，筆者のアメリカ滞在中に人々の話題が深まるときなどに様々な身内の経験として語られることがあった．アルコール依存症は，アメリカ人の病理の一つといえると推察されるが，当事者自身が直接語ってくれたことの意義は大きい．

　日本人の筆者がインタビュアーであることもあり，最後にジャックは，ステレオタイプと偏見ということについて語っている．ジャックたちが育ったミシガン州デトロイト周辺は，アメリカの自動車産業の中心地だった．それがその後に日本企業による日本車の進出によって，アメリカの自動車産業は大きく衰退し，多くの失業者を出した．当時の地域の風潮は「彼らは，日本の文化は，日本の国は，アメリカのとても大切なものを奪った」，「日本人は私たちの国に酷く，とても悪いことをしている」というもので「人々には，影響を被ったものに対しての大変，偏見にみちた見方がある」と述べた．それはベトナム戦争時のベトナム人，その後の貿易戦争を巡る中国人についても同様で，アジア人に対して，エイリアンが，イエローペリルがやってくるという恐怖の感情があったという．ジャックはエスノセントリズムという言葉を使って「誰もが自分自身のグループ内に足を付けている」ことを懸念した．さらに「あなたが日本の教育をもとに，ものごとを見る時には，あなたにはあなたの民族性（ethnicity）があり，あなたにはあなたの文化的規範がある」と，アメリカ人のみな

らず，誰にとってもステレオタイプや偏見は起こりうることを付け加えた．このようなエスノセントリズムが誰にでも生じる可能性を指摘したジャックのコメントは鋭く真理を突いていて意義深い．

　その後でジャックが毅然として述べたのは「私はそれらを受け入れない，そのようなたぐいの説明を受け入れない家族の中で育ちました」というコメントだ．両親がもっていた，偏見を嫌い，社会的正義を価値とした，きっぱりとした家庭教育がジャックの社会的信念を支え，彼自身の人生のベースであったのだ．

2－5．アメリカンドリームに手を差し伸べる
──再従弟ジョンのライフヒストリー

　ジョン・アルフィニ（John Alfini）はスーザンとは，お互いの母親同士が従弟という関係である．つまり再従弟である．かつて建築家だった頃は，スーザンたちのウィスコンシンの夏の家の改築やシカゴのコンドミニアムのキッチンを設計したという．長年，設計や住宅建設の仕事に携わって来た．シカゴの北西部郊外に住んでいる．ジョンへのインタビューは2017年6月にノースポートのスーザン夫妻の家で行った．

❖親族とのつながり

　ジョンはスーザンと再従弟という関係だが，従弟同士の関わりがほとんどない筆者の場合と比較して，アメリカ人の場合はどうなのかと感じて質問してみた回答である．

　　疎遠な人もいれば，とても親しく付き合っている人もいます．例えば私の娘の夫は，大家族で，従弟は皆，互いにとても重要なのです．彼らは，多くの祝日にいつも一緒に集まっています．おそらく30〜40人の従弟です．しかし，そうでない人たちもいて，たぶん，ほとんどは疎遠だと思います．それか，15人のうちの一人か二人か三人と付き合っているくらいかもしれません．

❖在職中の仕事

　　（建築の分野は）従来の建築です．住宅や商業施設といった．私の専門は，ほとんどは住宅の仕事でした．高層ではなく低層の4階くらいのアパートメント，それと住宅です．戸建て，連戸住宅，タウンハウスなどの．（エリアは）シカゴの

郊外地域です．私は会社の共同経営者でした．私は共同で会社を所有していました．四人のうちの一人でした．私が建築の学校に行っていた時は，住宅の建築家になりたいと思っていた誰もが，フランク・ロイド・ライトが手掛けたような良い仕事をしたいと思っていました．フランク・ロイド・ライトは，尊敬される大家だという評判でした．

　周知のように，フランク・ロイド・ライトは，シカゴで活躍した世界的に有名な建築家だ．シカゴ市内やシカゴ周辺には彼が手掛けた住宅や彼のアトリエだった建物が点在している．ジョンも建築家の理想として尊敬していたようだ．

❖子ども時代の思い出

　（特別な思い出というよりも）10歳や12歳での冒険など，子ども時代は冒険に満ちていましたから．親友と私は，何マイルも自転車に乗って，最新の鉄道を見に行き，試乗したものでした．私たちは，公共交通で都心に行ったり，空港に行って飛行機を見ました．私たちは，飛行に興味がありました．特別な遠足とか小旅行には，蒸気機関車に乗って出かけました．蒸気機関車，すなわちロコモーティブです．良き子ども時代でした．

　私たちが通った高校は，大学のように大きな高校でした．私はバンドやオーケストラで演奏しました．ホルンです．またスポーツとしてレスリングをやっていました．

❖大学時代

　ジョンの，以下の短いコメントからは，彼が大学時代に良い思い出を持てなかったかもしれないということを想像させる．

　（イリノイ大学の）アーバナ・シャンペーン校に行きました．4万人の学生がいました．とても多くの学生がいましたので，誰かと知り合うのは難しかったです．とてもバラバラだったと言えます．小さな大学は，もっといいと思います．大学時代の親友はいません．（親友を作るのが）難しかったのです．

❖どのような時にアメリカ人だと感じるか

　以下のコメントで，ジョンが職業を通じて，アメリカらしいやり方で人々に貢献しているという感覚を持っていることがわかる．ジョンの仕事に対する誇りでもあるだろう．

建築の仕事を離れて父親とビジネスの世界に入った時だと言えます．父は，住宅の建設業をしていました．同様に彼の父，私の祖父も住宅を建設していました．

それで私は，一画の土地を購入しました．そこは中くらいの，いわゆる平均的な収入の人々の住む，金持ちでも貧乏でもない，平均的な地域でした．彼らは住宅を必要としていました．その地域の家は古くなっていました．それで私は 5 階建ての建物を設計し，中庸な価格のマンションを建てたかったのです．家を所有したことがない人たちが買うことができて，自分の家の所有者になることができるような．そして私たちは 18 棟のマンションを建設しました．その売り出しの時に，アメリカの，多くの中東との戦争のうちの一つとしてイラクがクウェートに侵攻する形で始まりました．そしてすべての不動産の販売は，停止してしまいました．およそ 4 か月の間，だれも購入しませんでした．不安に陥っていたのです．最終的には私たちは，住宅を購入したことがない，預金がなく銀行のローンが組めない人々に半数の物件を販売しました．私たちは，彼らに 3 年間の抵当のためのお金を貸し出しました．これは 18 棟のマンションのうちの 9 棟でした．3 年が終わる頃には，彼らは銀行ローンを組むことができたのです．開発業者による，この種の融資は「コントラクト・フォー・ディード」（Contract for Deed）と呼ばれています．これは社会階層を上昇移動しようとする人々が経済的な手段をもつための資質を備えるのを助けるという，アメリカに特有なやり方なのです．常に自分自身を改善しようとし，より安定しようとするアメリカ人の階層です．つまり家を所有することで，人々はそのレベルの保障を達成できるのです．

ですから，自分自身をアメリカ人と呼ぶことについていうならば，それは手を差し伸べ，他の人々がアメリカンドリームを達成することができるように行動することです．それはとてもやりがいのある達成感のあることでした．

❖ アメリカ人として誇りに思うこと

以下は，移民の国というバックグラウンドをもつ国ならではのコメントである．ここにもアメリカンドリームが含意されている．

私の父の父は，10 歳の時にアメリカに来ました．私の祖父です．イタリアからです．アメリカという環境は，知性のある，懸命に働く移民たちに機会と報酬を与えました．それで彼は大きな成功者になることができたのです．彼が 10 歳でイタリアからここに来た時には，英語がわかりませんでした．そして祖母もまた同様でした．彼女は，ポーランドからやってきて，同じように英語がわからず，

とても貧しく，しかし勤勉な家族でした．これが，私が誇りに思っているところ
の一つなのです．多くのアメリカ人が，その両親や祖父母や彼らの境遇のどこか
にいる誰かが，より良い生活を送るために，ここアメリカにやってきたという事
実です．

❖自分のこれまでの人生をどう評価するか

退職しているジョンが人生を振り返ってどのように思っているか，どのよう
な日常生活を送っているかについて尋ねた回答である．

世の中の役に立ったとすれば，よりよい場所にしたことだと思います．それは
私がやって来たこと，私の行動によって測ることのできるものですが，より良い
世界を築くというのは言葉にすぎませんが，それは自分が何をしたかということ
です．人生を定義づけるのは自分の行動です．ですから，社会の人々に，より良
い場所を提供してきたのか？　そのように私は自問しています．それには自分自
身を大事にするということも含まれます．もし自分が肯定的な影響を与えている
と思っているならば，そこに居続けることができるのです．そして助けようとす
る人々に対して積極的になることができます．

私の人生は大きく変わりました．妻の死がありました．けれども，その理性的
な面での道筋は同じままです．私が建築家だった頃も，私たちは，人々が人生を
より楽しみのあるものにする，より良い住宅の設計を追求してきました．上手く
設計された家は，住み心地のよい場所となります．考え抜かれて良く設計されて
いると，住んでいてそれとは気づかずに，そこから喜びが生まれてきます．

（人生に）100％満足するということはないですよね．常にもっとできることは
あるでしょう．だからなお，そのように探しているのです．

❖退職生活

（所属している地元の）バンドでは代表をしています．（ふざけて）キャプテンで
す！　私はまたレースカーを競技で運転しています．そしてそのインストラク
ター，教師もしています．そのやり方を習いたい人たちのために，ボランティア
として．私はそれをとても楽しんでいます．それとスキューバダイビングです．
私は娘たちがそれを習ってスキューバダイビングの良さを味わってもらいたいと
思っていました．今では彼女たちは，とても熟練したダイバーです．（といって
も）カリブ海で，です．このあたりではありません．

❖孫たちに会いに行く

　　（孫は二人で）マイケルとデュランです．男の子二人です．それで今日は，ミシ
　　ガン湖をぐるっと回って，シカゴを通り抜けてウィスコンシンまで運転します．
　　今夜，孫が二人とも野球をするので．（第3章参照）

2－6．再従弟ジョンの語りを読み取る

　ジョンは建築家であり，後半生では，祖父や父がやっていた建設業というビ
ジネスの世界に入った．ジョンは彼が手掛けた仕事に関連して「アメリカンド
リーム」ということに触れている．スーザンのところでも触れたが，この言葉
は本書のなかに登場する対象者によって，それぞれに意味づけられており，こ
れもそのうちの一つだ．
　平均的な人々のための住居を建てたいと思っていたジョンは，その計画を実
行し，購入した土地に18棟のマンションを建てたが，その当時，社会情勢の
悪化によって不動産販売が中断してしまった．しかし彼や父は，家を所有した
ことがない人たちが買うことができて，自分の家の所有者になることができる
ような中庸な価格の，そのマンションの9棟分を，そういう人たちに販売した．
預金がなく，住宅を購入したことがないために銀行のローンが組めない人々に
3年間の抵当のためのお金を貸し出すことによって．
　ジョンたちが取ったその行いの意味を，彼は「社会階層を上昇移動しようと
する人々に，経済的な手段をもつ資質を備えるのを助けるというアメリカに特
有なやり方」だと表現した．アメリカ社会で社会的階層を上昇移動していくこ
とを「アメリカンドリーム」だと考えるジョンは，そうしようとする人々に，
そのような「アメリカンドリーム」を達成できるように手を差し延べることが，
自分自身をアメリカ人と呼ぶことだと語っている．それはジョンが「アメリカ
という環境は知性のある，懸命に働く移民たちに機会と報酬を与えた」という
信念をもっているからであり，移民としてやってきたジョンの祖父母たちが困
難を乗り越えて成功者となった事実に，アメリカという環境によって生み出さ
れた「アメリカンドリーム」を重ねているからでもある．

第3節　友人たちのライフヒストリー

3−1. あっぱれと言えるような働き方をしていた母を持つ幼なじみ

　　シャーレーン・アンダーソン（Charlane Anderson）は，スーザンの幼少期からの友人，幼なじみである．ミシガン州ディアボーンの出身で，スーザンとは小学校，中学校，高校が同じである．現在はシカゴの北西部の郊外に夫と二人で住んでいる．カール・アンダーソン（Carl Anderson）は，シャーレーンの夫で，シャーレーンとともにスーザン夫妻と長年の親交がある．シャーレーンもカールも高校で理科の教師をしていた．インタビューは2017年6月に，彼らがスーザン夫妻の結婚50周年パーティーに訪れた機会に夫婦一緒にスーザンの家で行った．以下の記録には後日，二人によって加筆された部分も含んでいる．

❖教えるという決心

　　カール：私はシカゴの郊外にあるカトリックの小学校に行きました．修道女によって4年生まで教えられました．母がカトリックで，父が同意したためにその選択がなされたのです．しかし私が9歳の時に，私たちは人口約1800人のイリノイ州の小さな町に移りました．そこにはカトリックの学校がありませんでしたので，私は公立学校を卒業しました．それから私は，近くのジョリエット短期大学に行き，実家に2年間住み続けました．ジョリエットは，アメリカに設立された最初の短大だと聞かされました．今では2年間の短期大学は広まっており，大学教育のスタートのための経済的な選択肢となっています．それで私は2年してから，一番近いシャンペーンにあるイリノイ大学に行きました．そして科学を教える学位を取りました．1965年のことです．

　　私は大学在学中に化学の教育の職に就くことを決めました．工学や研究よりもずっと私には魅力的だったからです．シカゴの西部の郊外にある高校で教育実習をした後，北西部の郊外の大きな高校学区で雇われました．ウィーリング高校で6年間，物理と別の化学

写真2−20　シャーレーンとカール
（2017年7月ノースポートにて）

のクラスを教えました．それから新設のローリング・メドウズ高校に転勤となり，2002年に退職するまで30年間勤務しました．

　カールが退職するまでの30年間を同じ高校で勤務したということは日本の公立学校の制度の中では考えられないが，校長の裁量権が大きいアメリカでは校長との契約が更新される限り転勤する必要はないようだ．

❖スプートニクショックと教育助成

　スーザンが教師をしながら修士課程で単位を取得したことを述べているが，カールも，そしてシャーレーンも同様の経験を積んでいる．二人は理科の教師だったために政府から特別の助成が受けられたようだ．

　カール：教師をしながら，私はオレゴン州立大学で修士号を得ることができました．そしてそれから，いろいろな大学でポストマスターとして60単位以上を得ることができました．30単位の修士号と60単位の修士号ですが，給料のレベルと段階が違います（第3章参照）．大学によって，たくさんのバラエティがあります．私はウェストコーストのオレゴン州立大学で修士号を取りました．そして，より多くの授業を取りに，夏期に中西部や東部のいろいろな大学に行きました．
　シャーレーン：学校区では，多くの単位を取っているほど給料が多く支払われます．
　カール：これはまず，教師たちは，夏には教える必要がなかったので受講することができたのです．2つ目に，スプートニクの打ち上げの成功の後，ロシアとの宇宙競争となり，アメリカ政府は，理科と数学の教育の向上への助成に熱心になったために可能となりました．私の修士号は，アメリカ国立科学財団（National Science Foundation）（第3章参照）によって学費が支払われました．彼らは理科と数学の教師のために夏期のプログラムを提供してくれました．つまり1960年代から1970年代にかけて，アメリカ国立科学財団からの多くの政府助成を理科と数学の教師たちのより高度な教育のために得られることになったのです．ですから，それは大きな優遇でした．私たちは，それができたのです．そして私たちは，二人とも経歴の多くの点でNSF助成の恩恵を受け，それはとても素晴らしいことでした．二人とも知識を更新することができ，給料を上げることができたのです．

　以下で述べられているように，ミシガン州のディアボーンでは，フォード自

動車会社の恩恵で公立学校への予算が潤沢で，シャーレーンもスーザンも充実した良い教育環境を得られたようだ．シャーレーンは小学校でスーザンとともに音楽に親しみ，オーケストラで一緒に活動した．スーザンと同様に大学では，まず音楽を専攻しているが，小学校で指導を受けた音楽教師が音楽の楽しさを教え，二人の才能を引き出した人物の一人だったことは確かだろう．また当時の社会情勢が教育政策に反映し，カリキュラムにも影響が及んでいた様子がわかる．シャーレーンは自身が経験した飛び級についても触れている．

❖充実した公立教育

シャーレーン：私はすべて公立学校でした．幸いなことに，友人のスーザン・レーンと私が育ったミシガン州のディアボーンでは，公立学校は，群を抜いて豊富な財源がありました．これはフォード自動車会社（第3章参照）の多くがそこにあり，たくさんの税金を町に払っていたからです．それで学校区は，優秀な教師を雇うために支出することができましたし，最新の図書や機器や施設を購入することができましたし，カリキュラムの開発や楽器や合唱の指導，その他もろもろの特別な関心のグループ活動を提供してくれました．

　スーザンが言ったかどうかわかりませんが，大きなフォードの工場があって，私たちの市にたくさんの税金を払わなくてはならなかったので，私たちは何て幸運だったのでしょうと話したことがあります．私たちの行った学校には，大きな会社に勤める人たちが払う税金が来ていました．そのために私たちは，より多くの本や教材を所有でき，良い教師たちを，残念ながら，もし，より多くのお金を支払えば，良い教師を得ることができたのです．それで私たちの親たちは，その地域にそれほど多くのお金がなくても，それほど多くの税金を支払わなくてもよく，それ（税金）は学校にも行ったのです．ですから私たち（の学校）にはたくさんのお金があり，最新の教育課程などにつながり，それが違いを生んでいたと思います．スーザンと私は同じ小学校（ヘンリー・ヘイグ小学校），中学校（クララ・ブライアント中学校），高校（ディアボーン高校）に通いました．音楽をしていてスーザンに出会いました．私はオーケストラでフルートを演奏し，スーザンと私はオーケストラで多くの時間を一緒に過ごしました．5年生の時に，素晴らしい音楽教師がいて，小さなバンドやオーケストラをやりました．彼らは，ジャズバンドをしてピアノを演奏しました．それで私は音楽が大好きになりました．

　スプートニクが打ち上げられるとすぐ，私は高校生でしたが，誰もが毎年，理

科の授業を取らなくてはならなくなりました．誰もが生物，化学，物理を取ることを義務づけられて，皆，生物学，化学，物理を3年間取りました．学校は，ロシア語を含めて，いくつかの外国語も提供しました．高校でやったので，私は少しだけロシア語が話せます．少しですが．

　私はとても速く学習したので，1年に2つ進級するようなことができました（第3章参照）．ですので，私は，2年生，4年生という風に進級したのです．そのため，私は，いつも実際の年よりも1年早く進みました．でも私は背が高くおしゃべりでしたので，誰もそれを知らなかったのです．

❖夢と進路変更

　大学はミシガン州のイーストランシングにあるミシガン州立大学に行きました．私は，プロとしてピアノを演奏したいと思っていましたので，音楽の専攻でスタートしました．しかし残念なことに，大学に行くと，高校ではかなり良くても，大学では自分よりもうまい人がたくさんいると気がついたのです．彼らはほとんど自分と同じくらいに懸命にやっていたのですから．それで，私は音楽専攻はできないと決心したのです．ですから私はリーのようではありませんでした．同時に，理科と数学はとても良くできるということに気がつきました．それで音楽は副専攻として，理科と数学が主専攻になったのです．私は引き続き，音楽のクラスを受講し，ピアノのレッスンを受け，グループで演奏していましたが，理科と数学を教えることができる学位を取得しました．

　音楽家を目指していたシャーレーンは，結果的に方向転換し，理数系の教員免許を取得した．それはシャーレーンにとって良かったようだ．

❖教師になる

　私の両親は，卒業したら自立できる職を得られる学位を取得するという理解のもとで大学教育の学費を出してくれました．私が大学在学中に，両親はイリノイ州シカゴの郊外に移りました．ですから私は卒業した時に両親のところに移り，そこで職を得ました．幸運なことに，私は中学の理科と数学を教えることが好きだと気がつきました．

　それでも2年後に別の仕事の機会が舞い込んできました．その頃，前の教職の上司が教育フィルムの仕事に就いていました．そして私に科学と数学のフィルムの編集者として，そこで働いて欲しいと頼んできたのです．勤務していたところ

162

の校長も良い人で「やりなさい．あなたは若い．やってみなさい」と言ってくれたので，そうしました．私は生徒たちのための科学教育映画の脚本を編集する仕事に従事しました．これによって私は，ビジネスの世界で働くことがどのようなものかを知ること，シカゴのダウンタウンで暮らすこと，そしてより多くのお金を得ることができたのです．

　2～3年の間この仕事を楽しんでいましたが，それから私は生徒を直接教えることを，とても恋しく思っていることを自覚するようになったのです．（シカゴ）市に，ほど近い郊外で教職を得たのは嬉しいことでした．そして，そこで中学の理科と数学のクラスを7年間教えました．その期間にシカゴ大学で教育の修士号を取得しました．夕方や夏に受講したのです．そこでは，教師ならば半額で学べるプログラムがあったのです．素晴らしいことです．それで二夏と夜間にそのようなことを修士の学位を取るためにやりました．

　またその時期に私はカールと出会い，結婚しました．

シャーレーンは以下のように，子育てを始めた10年間，教師の職を中断して家庭にいた．復帰を決めた後，中学校から高校へと職場を変えた．家庭との両立を考えての事である．教職に就いてから2度の中断ののちは高校の教師となった．しかし残業を家に持ち込むほどの仕事を抱えながらの子育ては楽なものではなかっただろう．

❖再び進路変更

　カールと私が子育てをスタートさせることを決めた後，私は10年間，専業主婦になりました．それから子どもたちが二人とも一日中，学校に行くようになると，理科の教職に戻りました．しかし中学ではなく高校に，でした．というのは11歳から13歳の年頃の生徒たちは，それよりも上の生徒たちよりも授業中や放課後にずっと多く世話が焼ける（mothering）と感じたからです．放課後には，自分自身の子どもたちが家庭にいるわけですので，私はできるだけ早く子どもたちと共に帰りたい状態でした．高校のスケジュールでは，そうすることができました．とはいっても，夜遅くにやるたくさんのペーパーワークをいつも家に持ち帰らなければなりませんでしたが．

❖出会いと結婚

この経緯についてカールとシャーレーンは詳細に語っている．出会った当時

の様子が臨場感を持って語られている.

カール：1970年の5月に，イリノイ大学アーバナ・シャンペーン校によって主催された，イリノイ州の科学のジュニアアカデミーの州大会（state science fair）で私たちは，お互いの友人を通じて紹介されました．州の各地域から約1200名の中学生がやって来て，大人の審査員のチームへ研究成果を発表するのです．そこで発表される成果のほとんどは，既に地区大会で優秀作品という評価を受けているものでした．私は，およそ200名の生徒が，たくさんの部屋に分かれて，彼らの研究成果を発表したり，質疑応答する，討論会のセットアップと監督を担当していました．生徒たちは，自分たちの実験的な研究を説明していました．これは金曜日のことでした．

シャーレーン：私はそこにいて，バス1台分の生徒たちを監督していました．彼らは中学のサイエンスフェアの地区大会の勝利者でした．当時私は，その中学で教えていました．巨大なイリノイ大学の集会場で1000のプロジェクトの展示がセットアップされている中にいました．自分たちが研究した成果を審査員や一般の人たちに紹介し，彼らの行った研究方法や結果を説明するのです．これは土曜日のことでした．

カール：私たちは二人とも，その週末はとても忙しかったので，話す時間が全然ありませんでした．しかし友人たちが，私に彼女の電話番号を確認してくれました．私たちは二人とも，その当時，教えるとともに修士号のために取り組んでいましたので，留守電に応答して連絡がつくまでに数回ほど電話をかけなければなりませんでした．

シャーレーン：私たちが最終的にデートをするまでになると，カールがオレゴン州立大学での修士課程の夏期講習に行ってしまう前に，私たちはできる限り頻繁に出かけました．そして私はシカゴ大学での勉強をつづけました．私たちは，たくさんの手紙を書きました．7月にカールは，彼の妹の結婚式のために帰宅しました．その週末までには，私たちは婚約しました．近親の家族と親友だけの小さな結婚式を母親が行っている教会で挙げ，披露宴は両親の素敵な家でしようと決めました．結婚式をクリスマス休暇にかけて行い，その後にハネムーンに行くよう計画するつもりでいました．けれども父がミシガン州のカラマズーに仕事で転勤となり，10月に行く必要が生じてしまいました．そのため結婚式は9月となってしまいましたので，カリブ海のバハマ諸島へのハネムーン旅行に出かける

のは，クリスマス休暇まで待つことになりました．

❖両親の生き方

カール：私の家族の中で，私は大学の学位を取得した初めての人間です．事実，父は 10 代の初めの頃に学校に行くよりも働こうと決めて，高校さえ終えませんでした．けれどもその当時，父は職場で他の人たちから卓越した車の整備工になることを学ぶことができ，良い賃金を得るようになりました．母はパン屋で長年働いていました．両親は，私が大学に進む道程への努力に対して，とても誇りに思い，協力的でした．経済の面でも気持ちの面でもどちらも．

シャーレーン：私の両親もまた，彼らが経験し得なかった私の大学経験に対して，経済的にも気持ちも協力的でした．母は看護師になりたかったのですが，そうするためのお金が十分に得られませんでした．彼女は高校卒業後に医院で働きました．父はフットボールの奨学金で大学生活を始めました．けれども彼は学問的なことを楽しめず，かといって，彼が望んだようなフットボールの花形でもありませんでした．その上，父と母は結婚して家庭を作りたいと思っていたのです．彼らは自分たちで何とかしなければならないということをわかっていました．それで父は大学を辞め，フォード自動車会社で働きました．これは明らかに鉄道の技師をしていた彼の父親を大変失望させ，激怒させるものでした．それで私の父がしたことを告げた時，彼の父は冷静さを失い，彼を強く殴ったのです．というのは，彼は家族の中で，大学の学位を取るはずの（期待された）人間だったからです．

　このようにカールは自身が，シャーレーンは父親が，家族の中で初めて大学に行く人間として家族から期待されていたことを語っている．

❖母の姿

シャーレーン：何年かが経過して，父は正式な高等教育が無くても自動車産業で管理職に昇進することができました．母は幼い子どもたちの面倒をみながら都合がつくときに医院で働き続けました．けれども彼女は，いつも正式な看護師になりたいと思っていました．弟と私がずっと学校に行くようになった時に，母は私たちの町にある短大で 2 年間の看護の学位を取る方法を見つけ出しました．彼女は資格試験にパスし，登録看護師になりました．それから後に，彼女は続けて看護の分野で正式な学士の学位を取得しました．

　シャーレーンは生育環境の中で母が感じていたことや取ってきた行動を受け止め，同じ働く女性として母からの影響を強く受けていることを語っている．そして自身や夫の働く女性についての考え方を続けて述べている．夫婦の職業意識の高さが表れた語りである．

シャーレーン：母が，女性が何かをしたいときにどうやるのかを考え出すことはできると私に示してくれたことをとても尊敬しています．ですから，それは大変良い手本でした．母は，多くの男性が，妻が働くのを好まないのは時代のせいだといつも言っていました．そして母は，いつも何かしら働いていましたので，父はそのことに対して少々気にしていました．母は「わかったわ．じゃあ，やめるわ」と言って，しばらくの間，やめていましたが，そのうち我慢ができなくなりました．それで別の仕事を見つけました．両親は同じことをまた繰り返していました．父はしばらくの間はよいのですが，それから……．両親のことをどう表現したらいいのかしら．そういうことが，ただただ続いたのです．母はただ常に，あっぱれと言えるような働き方をしていました．ですから，それは，少々，（他とは）違っていました．

　私たちが両親の選んだものと同じ仕事を選ばなかったとしても，両親の仕事の選択は私たちにたくさんの影響を与えています．私たちは二人とも自分の道を歩み，できることを見つけ，自立することを期待されました．彼（カール）の母親も働いていました．ですから私たちは二人とも何らかの仕事をする母親を持っていたということは面白いですね．母は私にとても，スーザンの母も彼女にとても，自立と自信を与えたと思っています．私の母もまた彼女なりのやり方をしたと思っています．カールは，私が働くのは大丈夫です．女性が働く時代になっていましたので．私たちは，彼らのように，楽しめて，良くできて，自分たち自身でやっていける職を選択しました．私たちの母親たちのように，カールと私は，女性たちが家庭の外で働くことが素晴らしいと信じていました．たとえそれが時には子育てのためのスケジュール調整や，そしてまた家庭での責任に手間取ったとしても，です．

シャーレーン：彼女（スーザンの母）は，給料を得る仕事には就いていませんでした．しかし様々な使命から活動家として多くのボランティア活動をしていました．そしてカールの母や私の母が私たちにしたように，彼女はいつも自信に満ちた，自立した存在のモデルでした．彼女は，私が思うにいわゆる活動家でした．

写真 2 - 21　キッチンに立つカール
（2018 年）

写真 2 - 22　「家族同窓会」での
カールと孫（2018 年）

彼女には，いつも何かを進めていくための動機がありました．いつも何かしらの
物事の背後で活動していました．彼女はチョコレートやクッキーを作るような主
婦ではありませんでした．スーザンの母親はスーザンにいつも自分で考えること
を奨励していました．彼女は「あなたは自分が行きたい教会に行っていいのよ．
自分で考えなさい．」と言いました．スーザンはあなたに，どこかの教会に行っ
て聖餐を受ける話をしましたか．スーザンが帰宅して「お母さん，（キリストの）
血を飲んでいたよ！」と言うと，彼女の母親は「それを信じる人もいるわ．良く
も悪くもないわ．あなたが何を信じるか決めなくてはならないのよ．」と言いま
した（この逸話は，既述のようにスーザンは父との会話として語っているが，シャー
レーンは，この場面にいたスーザンの母の話を取りあげている）．

　話題が宗教のことに及んで，二人がクリスチャンかどうかを尋ねた．

❖クリスチャンではない

　シャーレーン：私は違います．子どもの頃から高校生まで，私はキリスト教会に
　参加するのを楽しんでいました．私の母は，教会の活動的な指導者でした．しか
　し，いったん大学で様々な宗教を学ぶと，私はどんな組織的な宗教も自分には相

応しくないと判断しました.

　カール：私の両親はキリスト教の教会メンバーでした. 母は多くの教会活動に関わるのを楽しんでいました. けれどもシャーレーンと私は, 組織だった宗教の一部であることなしに, 世の中をより良い場所にするためにできることをすることで, ただ親切で道徳的に良い人物であろうとしています.

　シャーレーン：笑ってしまうことがあるのですが, 人に「だってあなたたちはとても良い人びとじゃないですか！」と言われるのです. 私たちは「人は信仰を持っていなくても道徳的で倫理的でいられますよ」と言っています.

　このコメントからキリスト教徒の, 信仰をもたない人に対する社会的な視線も読み取れる. スーザン夫婦が宗教に対して距離を置いているのは知っていたが, シャーレーンたちのコメントは意外な気がしたのでアメリカ人はほとんどがキリスト教徒なのかを尋ねた.

　シャーレーン：はい. およそ75％のアメリカ人が自分たちをキリスト教徒だとみなしているということを読んだことがあります. しかし, その他の宗教を信じている人も多くいます. それか私たちのように無宗教の人々です（第3章参照）.

❖最もアメリカ人だと感じる時

　この質問について, 自分たちがアメリカの外にいて感じたことや国内を旅行していて感じたことを語ってくれた.

　カール：私たち二人は, 旅行している時にアメリカ人であることをとても意識する, という意見で一致しています. おそらく母国を離れると, 自分たちが経験する違いや類似点に, より敏感になるのだと思います.

　シャーレーン：合衆国の外への旅行では, 他の国々からの人々がどうしてか, 私たちアメリカ人を見つけるのに苦労しないようにみえるということを自覚しています. そのことは私たちを少々悩ませます. どんな態度や欠点をさらけ出しているのだろうと. 私たちが自分たちの国の良き大使となり, 世界の良き市民ともなるよう学べることを願っています.

　アメリカ人としての面白いコメントである.

　カール：私たちは自国で期待できる, 移動を損なわれた人々やその他の障害のある人々のための設備が普及していないことを残念に思う時, 自分たちがアメリカ

の快適なゾーンの外にいるということに気づきます．これはまた，階段や歩道や展望台に沿った手すりのような一般的な安全装置がないということについても当てはまります．ほとんどのアメリカ人が感じることとして，私は彼らが旅行で，例えばヨーロッパにいる時に違ったものを見るときがその一つだと思います．動くのに不自由な人たち，車椅子などが必要な人たちの，それへのアクセスが実際にこの国よりもずっとできにくいことです．この国においてさえも絶えず向上していっていますが，私たちがこれまで行ったどこよりも私たちの国では車椅子などの人々が動き回るためのニーズを認識することにおいては進んでいると思います．

　このコメントはアメリカで当たり前に享受できるバリアフリーのインフラに関するものだ．これはスティーブが妻ローランと経験したことにもつながっていて興味深い．

　シャーレーン：ヨーロッパの主要な都市で，ほとんどの国立の博物館やモニュメントや魅力ある物に対する入場料に驚かされますが，ワシントン DC を訪れると誰でも無料となっているのです．そういう時にアメリカ人だと感じます．私たちの息子がワシントン DC に住んでいますので，私たちはそこによく行きますが，そこでの素晴らしいことは，誰にも無料だということです．どの博物館にも，どのモニュメントにも何でも行けるのです．パリやロンドンやどこでも 10 ユーロやいくらかの多くのお金を払わなくてはなりません．

　そして同様に，手すりもスロープもないのです．階段を上まで登らなくてはなりませんし，私たちがしているような気づかいが何もありません．もっとも私たちのそれは，より人間的であるからなのか，それとも転んだ時に訴えられるのを恐れているからなのかはわかりません．どうしてなのかはわかりません．しかし多くの国立公園に行って見渡してみると手すりがあるでしょう．でもヨーロッパの国々に行ったときには，手すりが付いていないのです．自分で気をつけなければなりません．ですからそれが違います．

　今は時には恥ずかしいこともありますが．私たちの大統領（2017 年インタビュー時）のことも，です．時には「おお，いやだ！ そんなことを言うなんて信じられない」とか「それは違います」と言いたくなることもあります．しかし，それは私たちが民主主義であるからだと思います．時には悪い時もあります．

　私たちが旅行している時，訪れた地に住んでいる誰かと話すのは，とても嬉し

いことです．でも，しばしば他の国々では私たちの言語を話してくれるのに，私たちは，その国の言語を話せないということがあります．そのことは典型的なアメリカ人は非英語の言語を使いこなせていないということを示しています．私たちは，いつもヨーロッパ人旅行者が国から国へ，一つの文化から別の文化へ，一つの言語から別の言語へと何て快適に移動していることかと驚かされます．息子がドイツで学生だった頃，彼は週末にどんなに容易く別の国へ行くことができるのかを説明してくれました．

　それから，また私たちが合衆国内を旅行している時にも，とてもアメリカ人だと感じます．広大な土地や自然の素晴らしさが自分たちの国内で楽しめることに気づく時に，です．子どもたちに自分たちの国を知ってもらおうと，私たちはある計画を立てました．私たちは二人とも教えていて二人分の給料があり，夏休みがありましたので．私たちは国を4分割しました．そして4つの夏に，それぞれ旅行する1区分を選んで車で1か月旅行しました．私たちはできる限りたくさんの国立公園や名所を訪れようと試みました．

スーザンやリーも同様にアメリカの自然の素晴らしさを挙げている．

　シャーレーン：自国にいても遠くにいても，仲良くやっていくためには，確かに自分たちが他の人たちと経験するときに感じる，違いや類似点を認めたり尊重したりすることが求められます．

3－2．アメリカに比類するものは見つけられないと考える友人

　ブルース・クレランド（Bruce Cleland）はスーザンがシカゴ都心に住んでいた時のコンドミニアムの住人である．当時，理事会役員だったスーザンとは自治会組織の仕事に共に関わっていた関係で親しくなった．スーザンによると，ブルースとは政治的な考え方が異なっているようだが「不思議なことに，私たちは良い友人ですし，とても興味深い会話をしています」とのことである．ブルースへの依頼は2019年7月に，スーザンを通じて行い，質問と記入のためのファイルを送り，後日，記入したものを返送してもらった．

❖子ども時代および学生時代

　ブルースは1950年代から1960年代を過ごした子ども時代から学生時代にかけての思い出を当時のアメリカ社会と照らし合わせながら綴っている．その頃

のアメリカにごく普通に存在したであろう大都市近郊の生活環境や社会の様子が目に浮かぶような描写である.

　　私はシカゴの北部郊外で育ちました. その当時は, 都心から十分遠くはなれていて, 郊外というよりも外郊外 (ex-urban) に分類されるようなところでした. 子どもの目からは, そういうことがとても良かったのです. とても多くの退役軍人が家族を作り始める頃でしたので, すべての年代のたくさんの遊び友達がいましたし, そして半田舎の環境でしたので, 冒険する場所や子どもが想像に耽ることができる活動が数多くありました. 時代はずっと単純でしたし, 多くの点で, より良いものでした. ものごとは黒か白かという感じで, 灰色の影はずっと少なかったのです. 相当な家族志向がありました. 現在, 社会が直面しているような大きな問題は, ほとんどありませんでした. 例えば, 薬物問題はありませんでしたし, 深刻な犯罪の問題もありませんでしたし, 技術依存もありませんでした. テレビの登場によって変化への始まりではありましたが, 変化はありましたが, ずっとずっと予測可能なペースで起こっていました. 政府やメディアへの世間一般の信頼があり, 共通の価値観があり, 良好な職業倫理があり, ものごとが, ただより良くなるというような純粋な確信がありました. いうならばアメリカンドリームです.

　以下からは, 親や学校から授けられた当時の教育に対するブルースの強い恩恵の念が感じられる.

　　私の家族は, 教育に重きを置いていました. 両親は二人とも非常に知的でしたが, 不幸なことに彼らは大学に行く機会がありませんでした. そのことが両親を全人生にわたって, いくぶんか悩ませていました. 彼らは, そのため, 子どもたちに, より良い教育を求めていました. そしてそれを達成するために信じられないほど懸命に働いたのです. 両親が五人の子ども全員を大学にやったことは, かなりの功績です. 人口の20%以下しか大学に行かなかった時代でしたから.

　　学校教育を咎め, 多くの社会病理は, そのせいだと非難することが流行だということを知っています. しかし, それは私の経験したことではありません. 私はとても良い教育を得ているということをわかっていました. ある意味では私は運が良かったのです.

　　私の最初の7年間の学校は, カトリックの教区学校でした. 修道女が厳しいし

つけを強いていました．その学校は理科の授業のための資源がありませんでしたので，読み，書き，試験に重きを置いていました．公立学校の同世代は，こうした批評力のあるスキルに関しては全く劣った教育を受けていました．けれども彼らは卓越した理科と数学の教育を受けていました．教区学校では，どうしても対抗できないものでした．ですから 7 年生になった時，私は両親に数学や理科の勉強のために公立学校に行かせてくれるようにと説得しました．実際には，私は母を説得して，母が父を説得しました．

　私は，ここで時代の説明をしなくてはなりません．私は 1950 年代に小学校に，1960 年代の初頭に高校に通いました．冷戦とミサイル競争が激しくなっていた頃です．その当時は，政府は数学と理科の教育に多大な強化を行っていました．それで自然科学のために相当な基金を公立学校へ提供していました．私は明白にその恩恵を被りました．

これはシャーレーンとカールによっても描写された，当時のアメリカの公立学校の理数科教育の卓越性を示す記述である．

　それは私が中等教育学校を問題なく進んだということを言いたいのではありません．私は学問の分野は良くできましたが，ほとんどの他の分野においては，かなり不得意でした．私は 1 年早く学校に行きはじめましたが，それは，私がほとんどのクラスメイトよりも小さかったということでした．たぶん未熟だったかもしれません．そしてスポーツが苦手でした．それが全て私へのいじめの良いターゲットとなりました．それがいやでしたが，何とかやり過ごしました．

ブルースは，続けて進学したアメリカ東部の大学についての特徴を描写している．「アイビーリーグ」と呼ばれる大学の教育風土について，その意義をその後に進学した別の大学風土と対比している．

　私は高校を優秀な成績で卒業しました．それでロードアイランド州にある名門大学のブラウン大学に行くことができました．このことで私は地理的に異なるアメリカを経験し，全く異なるグループの人々と交流する機会を与えられました．ブラウン大学は 8 つのアイビーリーグ大学の一つです．アイビーリーグ大学については，良くも悪くも多くのことが言われてきました．ほとんどは，それに属さなかった人たちによってですが．私はとても素晴らしい経験をしました．もちろ

ん，そこでの教育は優れたものでした．けれども同じくらい重要なのは，その環境が自信や成功の考え方を染み込ませたということです．そういった特徴は，当時の他の高等教育機関にはめったにみられなかったものです．部外者からみれば，これはしばしばエリート主義と混同されましたが，そうではありません．学部生時代の私の唯一の後悔は，私に与えられた，より大きな，有利な機会を利用しなかったことです．私は応用数学を学び始めていましたが，学部生時代の学業は物理学と経済学でした．私はいくつかのコンピューターサイエンスのコースも取りました．それは当時としては新しい分野でした．これらは私の将来の研究や職業的な出世にとって，計り知れないくらい貴重だということが判明しました．

　大学時代に，私は世界旅行をいくらかする機会がありました．私は二夏をヨーロッパで過ごしました．ひと夏はヨーロッパ大陸を自転車で回り（まだ行くことができなかった東ヨーロッパを除いて），もうひと夏には黒い森でドイツ語を学びました．ヨーロッパに滞在したことは，とても勉強になりました．特にドイツでは，第二次世界大戦が終わったばかりでしたので，直に復興を見ました．

　次に私は大学院に行きました．私はシカゴ大学でMBAに取り組み，数学法やコンピューターや統計学を学びました．そこもまた教育は素晴らしいものでしたが，社交的な環境は存在していませんでした．これはブラウン大学とは，くっきりと対照的でした．ブラウン大学は非常に積極的な社交志向でしたので．

❖ その後の人生

　再び時代の説明をする必要があります．私の学部生時代と院生時代には，ベトナム戦争が勃発し，それからその情勢が激化しました．私は直接的には関わりませんでしたが，この経験は私に影響をもたらしました．というのは，直接的には友人たちへの影響で，より広範な影響としては，アメリカ社会全体に対してでした．

ブルースの大学時代に起こったベトナム戦争は，同年代のアメリカの若者が直接関わっていた．ジャックも語っているが，60年代という時代の社会革命的なうねりの中で，ベトナム戦争が若者やアメリカ社会にもたらした影響は多大だった．

ブルースは大学や大学院で最新の分野を学び，就いた仕事では，とても満足のいく職業人生を送ることができたようだ．

　大学院の後，私は職業のキャリアに乗り出しました．私の教育歴で就職は難し

くはありませんでした．5つの会社に応募して4社からオファーを受け取ったように思います．私はシカゴにあるハリス銀行を選びました．その会社がピッタリ合っていると思ったのと，シカゴで既にネットワーク（support structure）を持っていたからです．といっても，どのくらいピッタリ合っていたのかよくわかりません．私は自分の職業人生をずっと同じ組織で働きましたので．私は，当時新しく刺激的だったインフォメーションテクノロジーの分野で働き始めました．それから，もう一つの新しい面白い分野であるインフォメーションセキュリティに進みました．それは事業継続プランニングと最終的には法令順守の取り締まりの分野です．私は一つの会社に約40年間勤務しましたが，仕事は多様で，とても面白いものでした．常に能力を試され，常に新しいことを学び続け，積極的に会社に貢献していました．私には相当量の裁量権がありましたし，若い同僚たちのメンターとなる機会がありました．自分が楽しめると同時に得意とする分野でキャリアを積めたことが何よりだと思っています．

40年にわたって充実した職業生活を送っていたブルースだが，彼が退職を決めたのは，一見，非現実的な理由である．

　それから全く唐突でしたが，私は突然退職して海洋に行きました．職業はとても心地よいものでしたが，1年間の大海原への航海に出るという，驚くような機会が持ち上がったのです．それで私はそれを選んだのです．（その後）6年間のうち3年間の広大な帆船での航海を続けました．基本的に私は，大西洋や南太平洋の島々で非常に多くの時間を過ごしながら，世界中を航海しました．合計すると海洋でおよそ2年半過ごし，8万kmを航海し，30か国を訪れました．国々を訪れて人々と知り合い，その国の文化を体験するのに，私はこれ以上の方法を思い浮かべることができません．航海しながら私は，18世紀の航海術をたくさん学びました．中でも私にとって最も面白かったのは，星座航行術でした．
　ですから，今はシカゴに戻っていますが，私が最終的に成長した時に，何をしたいかを考えているところです．

❖最もアメリカ人だと感じる時
　ブルースは航海をする中で，様々な国を訪れ，文化をみてきたが，総合的にみてアメリカに比類するものは見つけられていないと語る．

　自分がもっともアメリカ人だと感じるような時というのは，本当に特にありま

せん．私は，いつもアメリカ人だと感じています．私はアメリカ人であることが重要な強みであるという時代に育ちました．アメリカの文化，商業，工業，技術が世界で最良だと考えられていた時代でした．いくらか見習われるというような．それは心の状態です．それが私に刷り込まれていました．私はまた，広範囲に旅行する幸運に恵まれ，数多くの文化にさらされてきました．それらの中には，アメリカ人と対比してみて，より好ましいと思うような個々の側面があることがわかりました．けれども総合してみると，アメリカに比類するものは決して何も見つけていません．それが，私が私の国に対してもつ，そしてアメリカ人であることに対してもつ，肯定的な感情を支えています．

　そう言いながらも，現在のアメリカの時代思潮の様相には危惧するものがあります．最も厄介なものは，政府やメディアの中には，その他の国に対してと同様に，アメリカを傷つけるような議題を強要している者もいることです．これらの人たちは，自分たちの要求を人々の意に反して他の人たちに強要する何の権利もありません．これらの人々は，アメリカ人ではありません．そして私はこれらの問題に取り組んでいくつもりです．そして反対側に立って，それをより強固に，より良くしていくつもりです．

3－3．忘れられてきた誰かの背中をたたく友人

　ジーン・キャロル・イエィツ（Jean Carol Yates）はスーザンの元同僚である．スーザンとは 1972 年以来の知り合いだという．ジーンへの依頼は 2019 年 7 月にスーザンを通じて行い，質問と記入のためのファイルを送り，後日，記入したものを返送してもらった．

❖子ども時代および学生時代

　私は 1943 年 7 月 14 日に，イリノイ州シカゴで生まれました．戦時中で，父は私が 2 歳になるまで合衆国海軍の軍務に就いていました．母と私は，父が戻るまで，母の友人と一緒に住んでいました．いうまでもなく当時のことは覚えていません．父が戻って来てからは，私たちは，小さな安いアパートの生活に皆で戻りました．母は家にいて，父が仕事に行きました．私が 4 歳の頃，妹のジャネットが生まれました．5 歳の時に，私は住んでいるところのちょうど向かいにあるカトリックの幼稚園に入りました．

　私が 7 歳の時に，母が工場に働きに出ましたので，母と父は家を買うのに十分

なお金を貯めることができました．10歳の時，両親はマンション（a two flat）を
買い，私はカトリック学校に行くか，近隣の公立学校に行って放課後に教会でキ
リスト教の教義を受講するかの選択肢を与えられました．私はカトリック学校に
うんざりしていましたので，公立学校に行きました．それは10歳の子どもが下
したにしては，とても良い決断だといえます．カトリック学校では決して見つけ
ることができなかった学びに，自由と高揚の感覚がありました．

　小学校時代を公立学校ではなく，カトリック学校で過ごした経験をもつ人は，
この対象者たちの中だけでも，ジーンの他に，シャーレーンの夫のカール，上
記で登場したブルースがいて，珍しくないことがわかる．もちろん，この選択
は本人ではなく，親である．両親，あるいは父母のどちらかが敬虔なカトリッ
クの信徒である場合に，子どもをカトリック学校に入れることが多いだろう．
興味深いことに，このうちの二人がその後，本人の意思で公立学校を選んでい
る．

　　高校の時期になり，ルーシー・フラワーという，大学への準備クラスもいくら
かある女子ばかりの職業学校に行きました．再び私は，学ぶことに高揚感を覚え
ました．職業高校でしたので料理や裁縫の授業が少なからずありました．これら
は今でもあまり得意ではありません．けれども歴史や文学や芸術，音楽は，それ
から数学でさえも面白かったです．私は良くできて，ちょうど建設されたばかり
の真新しいシカゴ教育大学へのわずかな奨学金の提供がありました．家では，大
学に行くなんて経済的に論外で，何もそういうことを望んではいませんでしたが，
私は，そのチャンスに飛びつきました．両親のどちらも高校を卒業していません
でしたので，両親は家族の中から「教師」が出ることにぞくぞくしました．
　　オーティス小学校で教育実習をした後に，そこの校長が私に留まるようにと頼
みました．それで，私はそこに42年半いたのです！

❖その後の人生
　短い記述の中にジーンのドラマチックな人生が描写されている．

　　教えることは，私にとって，とても重要なことです．良い仕事をしたいと思っ
ていました．子どもたちに学校を大好きになってもらいたいと思っていました．
それらのすべての歳月が過ぎて，今でも私は，これらのことをどちらも成し遂げ
られたのかどうか，よくわかりません．とても熱心にやろうとしたことは確か

です.

22歳で結婚しました. 夫は車が大好きで, 今も, です. 彼はアマチュアのレースクラブで数年の間, AH Sprite（筆者注：小型スポーツカー, Austin-Healey Sprite のこと）のレースをしました. 私は整備チームでした. それはとても楽しいものでした. 人生は続きます. 子どもはいません. 20年後に私たちは離婚しました. さらに20年後に, 私たちは再び結婚しました. ええ, 私は同じ人と2回結婚したのです. 私たちはいつも他の人たちとは, 少し違っているように見えます. それは良いのか悪いのかわかりません.

もちろん死もありました. 両親や親友たちです. 一番困難だったのは, 妹のジャネットを自殺で失ったことでした. 込み入った事情です. まさに何かを解き明かしたと思った時に, そうでなかったことがわかるというものです. 時には, 一つの行動が予期しない結果となることがあります. 父には前の結婚でもうけた娘がいました. ロベルタと私は, 常にお互いをわかっていましたが, 私たちは姉妹というよりは, 親族のように思っています. ジャネットが自殺した後, 私たちはずっと親しくなりました. おかしな方法ですが, それが私たちを一緒にしてくれたのです. ジャネットは, それを望んでいただろうと思います.

❖最もアメリカ人だと感じる時

ジーンはこの問いに, 自分がアメリカ人だと誇れる心の在り方について, 父の取った行動を思い出しながら描写している.

これには, 答えるのがとても難しいです. 私は, 自分が最もアメリカ人だと感じるのは, 父のことを思い出す時だと思います. 父は第二次世界大戦に従軍しました. 彼は, 国のために尽くすのは義務だと感じていました. ノルマンディー上陸作戦の日に, 彼が乗船していた海軍の駆逐艦が沈没しました. このことが父の全人生に影響を与えました. そして, 戦争を始めるのは政府だけれども, 付けを払うのは, すべての側にいる人々であること, その付けは, 多くが彼らの命であるということを知ったのです.

合衆国がベトナム戦争に参戦した時, 私は20代の初めでした. その戦争は間違っていると感じました. イースターの日曜日にワシントンDCで反戦デモ行進があることになっていました. 私は当時, まだ実家に住んでいましたので, 行くのに父に許可を得なければならないと感じていました. 父にとって, それにイエスと言うのは難しいことでした. 後半の人生で父は気持ちが変化したとはいえ,

彼は，その戦争に反対するのであればアメリカ人ではないと感じていました．父は，私が正しいと思うことをしなければならないと言ったのです．それで私は行ったのです．私にとって，それがアメリカ人であることです．誇りに思う行動をしようとすること，そして自分の娘に，娘が正しいと思っていることをさせることです．

　私は自分の国が間違った方向に向かっていると懸念しています．憎悪や分断や偏見がみられます．人々は自分の周りで何が起こっているのかに気を配ることよりも，機器で遊ぶことに，より多くの関心を持つようになっていると感じます．貪欲さがみられます．けれども，それでも私は手を差し伸べ，忘れられてきた誰かの背中を軽くたたく，微笑むというような親切なちょっとした行為に目を向けて行くつもりです．それが私にとって，アメリカにおいて最も大切なことだと思っています．これが私にアメリカ人だと感じさせるものなのです．

3−4．自分をアメリカ人だと思えないと何度も感じた友人

　アーミニュア・ミッチェル（Arminuar Mitchell）はスーザンがフィットネスクラブで知り合った友人である．シカゴ都心のアパートメントに住んでいる．アーミニュアへの依頼は2019年7月にスーザンを通じて行い，質問と記入のためのファイルを送り，後日記入したものを返送してもらった．アーミニュアはアフリカ系アメリカ人である．そのため質問で祖先についてのことも尋ねさせてもらった．

❖祖先について

　私の祖母の祖母は，奴隷に生まれました．私の高祖母です．私の家族は，ミシシッピ州の田舎にある小さく歴史あるアフリカ系アメリカ人の町，マウンド・バイユーというところの出身です．私の祖母は1938年にシカゴに移ってきました．アフリカ系アメリカ人の北部州への「大移動」（第3章参照）の一環として，でした．

❖子ども時代および学生時代

　私は1943年にシカゴのプロヴィデント病院で生まれました．その病院は，今でも地域の病院（community hospital）です．私の学生時代は素晴らしかったです．私はいつも，通った小学校が通りの向かいにあるところに住むという幸運に恵まれていました．学校に遠くから通わなければならなかったことはありません．

でいました．そこで私は，生涯にわたる友人たち何人かに出会いました．私たちは，一緒に石けりや縄跳び，ローラースケートをしたり，地域で開催されるダンスに行ったり，運動場でブランコや滑り台やメリーゴーランドやジャングルジムで遊んだりと，とても楽しみました．

❖ その後の人生

高校を卒業後，私は2年間大学に通いました．郵便局で職を得たために，学校を辞めました．私は52年を過ごしてきた夫と出会い，子どもが一人います．2004年に郵便局を退職しました．スーザン・レーンにはカーブスというフィットネスクラブで出会いました．私たちは，それ以来，友人で，一緒に映画館に行き，いくつか同じ映画を観て楽しんでいます．

❖ 最もアメリカ人と感じる時

他の人たちの回答との大きな違いに深く考えさせられる内容だ．

私が一番アメリカ人だと感じたのは，バラク・オバマが最初のアフリカ系アメリカ人の合衆国大統領になった時です．けれども，アフリカ系アメリカ人であることは（私は今もほとんどブラック・アメリカンと言っていますが），自分をアメリカ人だと思えない（least American）ことだと何回も感じてきました．例を挙げると，子どもの頃，白人の子どもたちのグループに嫌がらせをされた苦痛を覚えています．私が彼ら白人の住む地区でバスを待っていた時のことです．

自分をアメリカ人だと思えないと感じた別の例を挙げると，ティーンエイジの少年のエメット・ティルが，ミシシッピ州の小さな町で白人女性に向かって口笛を吹いたという疑いをかけられて殺された時です．何年も後になって，その女性は口笛について嘘をついていたことを認めました．

最後に，マーティン・ルーサー・キング牧師の暗殺は，私にとってアメリカへの信頼を大きく損なうものでした．しかし，ここ20〜30年に起こっている変化について嬉しく，楽観的に思っています．ただ完了するまでには今なお，とても多くの前進が必要だと思います．

3−5．けれども私は日本人ではなかったと感じた友人

バーバラ・カトウ（Barbara Kato）は，日系アメリカ人で，長年シカゴで教員

をしていたスーザンとは，職業を通じた友人で，教職員組合の活動などで古くから交友がある．バーバラへの依頼は 2019 年 7 月に，スーザンを通じて行い，質問と記入のためのファイルを送り，後日，記入したものを返送してもらった．

❖子ども時代および学生時代

　私は日系 2 世（または日系アメリカ人の第 2 世代）の両親の四人の子どもの 2 番目としてイリノイ州のシカゴで育ちました．私たちの近隣は，ほとんどが白人でした．しかし私は，アジア人やヒスパニックの家族も含まれる公立学校に行きました．父は，シカゴで最初のバイリンガルの医師の一人で，私が放課後に公立図書館に行きたいと思えば，父の診療所には歩いて行けました．

　私は学校で勉強がとても良くできましたが，小学校時代は，ソフトボール（グローブ無しの野球）をしたり，ガールスカウトを 2 〜 3 年やったりして，概して低空飛行を続けていました．10 歳の時に 2 週間のサマーキャンプに出掛けたのですが，私の子ども時代は，ほとんど今日のスタンダードからすると，計画性のないものでした．両親の考え方は私が自分で楽しみを見つけるべきだというものでしたので，私はだいたい，そうしていました．

　父が私の学校の先生の一人から，私が 1 年学年を飛ばすことができるかどうか尋ねられた時，父は，私には年長になるための時間がたっぷりあるけれども，子どもとして同じ年齢のグループと一緒に過ごすべきだと言って断りました．

　バーバラは，高校に進学する時に，女性であることで当時はまだ学校の選択肢が限られていたこと，男子校の夏期クラスで受けた偏見に満ちた対応について綴っている．

　1967 年に私が高校に行くことになった時，市内には成績優秀の生徒のための公立学校が 2 〜 3 校しかありませんでした．そして私の住んでいる地域のそれは，男子しか受け入れていませんでした．これは私には信じられないほど不公平に思えました．ですから私は，地元の高校に進学しましたが，その特進クラスには，同じ 28 人の女子と三人の男子がいるだけでした．私はそれが息苦しく感じ，3 年生の時に，少し離れたところにある近隣校に転校することにしました．そこには，より多くの男子や女子がいました．それに関して面白い話は，男子しか受け入れていない学校が，その夏の間は，女子の参加を認めていたことでした．それで私は，初期世界史のクラスに登録したのです．私はクラスでただ一人の女子だ

ということがわかりました．そして男性の教師が，その学校に通っている男子生徒の一人に，どこに水道の蛇口があるのかを私に教えるよう命じました．私がクラスの生徒たちのために毎日レモネードを作ることができるように，です．その教師は，男子生徒たちが，それにお金を払うと私に保証しました．私はそのクラスを止め，新しい学校の歴史のクラスを取りました．

私はスクールバンドとオーケストラにも参加しました．それから学校の外では，音楽と社交的な関心から，ドラムとラッパ隊に参加しました．（転校した）この高校は，私の最初の高校よりもずっと大きく，多くのユダヤ人，アフリカ系アメリカ人，中国系，ヒスパニックやそのほかの生徒たちがいる，はるかに多様な高校でした．私たちの卒業した学年は 750 人の生徒がいました．そして，とても多くの成績優秀な学生がいましたので，私はただ上位 50 人として卒業しました．

私は大学の最初の 2 年間をイリノイ州シャンペーンのイリノイ大学に通いました．私の姉がそこに行っていたのです．そして私よりも年下の二人の子どもたちが家にはいましたので，私は，州外の大学に行くことは決して考えもしませんでした．私は，政治的行動主義（political activism）を知りたいと 1971 年に大学に入学しました．しかし，その代わりに，そこで見つけたものは，ソロリティ（筆者注：女子学生社交クラブ，第 3 章参照）とフットボールゲームでした．私は，自分の専攻が何なのか，見つけるのに苦労しました．そして最初の 2 年間に英語（言語，文学）を 17 時間取りました．イリノイ大学には 3 万 5000 人を超える学生がいますが，シカゴと比べると私には，なお，そこがスモールタウンのように見えました．おかしなことですが，私のことを外国人学生だと思う人もいました．私の両親のどちらも，私も日本に行ったことがないにも関わらず．

バーバラが最初に入学したイリノイ大学は，彼女が思ったような場所ではなかったようだ．そしてアジア系アメリカ人であることで，アメリカ人として見られなかったという経験も綴っている．バーバラは大学 3 年になるときに転学した．

私は，シカゴのすぐ郊外にあるノースウエスタン大学の 3 年生に転学しました．そして特別教育を専攻することを選びました．けれども，私の騒がしい家で勉強するのは，とても難しいとわかりましたので，二人のルームメイトと共にアパートを借りました．これが決定的に私の成績に影響を与えました．というのは，毎日 1 時間の通学と，家賃と生活費を払うために週 20 時間のアルバイトと，買い

物，料理と掃除を自分のためにしなくてはなりませんでしたので．同級生たちは，ただキャンパス内（の寮）でベッドを整え，授業に来るだけでしたから．

　転学した大学での勉強とアルバイト，遠距離通学，家事との両立に苦労したことが綴られているが，理想とする目標を見つけたバーバラの気持ちが以下に表現されている．

　それにも関わらず，それは私にとって良い決断でした．私は公教育で良い教師になることは，私が選択できる最も政治的影響力のある職業の一つだと決心もしました．それは創造的でやる気に満たされるものでした．そしてまた私は，純粋に子どもたちが好きでした．

❖その後の人生

　バーバラは，大学を卒業しても，ベビーブーマーとして，競争が激しく，希望する職に直ぐには就けずにアルバイトをしながら苦労したようだ．運よく就職した後は，様々な政治運動に参加していった．

　ベビーブームの一員として，私は大学を卒業し，大変競争が激しい就職市場へ入っていきました．私は，シカゴの公立学校で教える資格を得ていましたが，幼稚園生の12人の生徒のための職はほとんどなく，なお多くの教師がいました．私は，大学を卒業した最初の何年かを，引き続き，シアーズ小売店の苦情処理部門と放課後のユースプログラムでアルバイトをして過ごしました．
　信じられないことに，私の6年生の時の教師が，シカゴの公立学校の人事部に転勤となり，私の応募書類を何フィートもの書類の山の中から見つけて，幼稚園の職について，私に連絡してきてくれたのです．私は信じられないと言いましたが，それは，シカゴは合衆国の中で3番目に大きな都市で，その当時，おおよそ44万人の生徒と2万6000人の教師を擁する3番目に大きな公立学校システムを持っていたからです．私は1976年に公立学校での教職を始め，退職する2009年までそこにいました．
　ヤングアダルトとして私は，より政治的になって行きました．私は女性のための全国組織のシカゴ支部を手伝っていました．彼らは女性のための同一賃金と同一待遇を保証する憲法の男女平等憲法修正条項（the Equal Rights Amendment）（第3章参照）のために取り組んでいました．1978年に，その男女平等憲法修正条項が憲法に含まれる権利となるためには，イリノイ州を含む，あと3州が必要

でした.

　1979 年に，心臓のペースメーカーを付けていた父が，そのバッテリーを交換することが必要となったのですが，彼の個人健康保険が，この二回目の手術の後に抜け落ちていたことがわかりました．不幸なことに，これは彼が新しい職を見つけなければならないということでした．そのため両親と弟妹は，ノースカロライナに引っ越しました．父が退役軍人病院に勤務するためでした．

　ノースカロライナ州は ERA を通過させるために必要なもう一つの州でしたので，私は母が，そこでの抗議運動に参加するように説得しました．父は 1981 年に他界しましたが，私の家族は，ノースカロライナにそのまま留まりました．結婚した私の姉と私だけがシカゴ地域に残りました．

　いったん大学を卒業すると，私にとって自立することが，とても重要なことでした．けれども私が一つ両親に頼んだのは，私が 24 歳の時，デュープレックス（筆者注：2 階構造になっているアパートメント）への少々の頭金を出してもらうことでした．それは私が生涯借家暮らしにならずに，経済的安心の基礎を築くことができるようにするためでした．私は 40 年後も同じ建物に住んでいます．

❖最もアメリカ人だと感じる時

　これは興味深い質問です．元来，私は政治的に活動している時に，最もアメリカ人だと感じると言えると考えています．ERA や女性の健康問題やシカゴの教員組合の少人数教育のための抗議活動にせよ，他の人々のために加わり，一つの目標のために支持を表明することには何かしらアメリカ的なものがあります．

　私は我々の州都で，教育基金のために抗議活動をしたことがあります．第二次世界大戦中に日系アメリカ人が強制収容されたこと（第 3 章参照）に対する賠償が取り下げられた時に，母と最高裁判所で 1980 年代に座り込みをしたことがあります．ワシントン DC で，ロビー活動をしたことがあります．バラク・オバマのオフィスも含みます．彼がイリノイ州の上院議員だった時です．それはナショナル・ライティングプロジェクトの基金のためにです．幼稚園（教育）のための大学教員に対して，書き方教育を改善する方法を訓練して，他の教師たちを援助するために専門的な発達のワークショップを率いる方法を示す，というプロジェクトです．私は 1988 年からシカゴ地域のライティングプロジェクト（the Chicago Area Writing Project）のメンバーで，2003 年から現在までその理事をしています．

　以下のコメントでは，バーバラが祖先の祖国である日本を訪れた時の経験が述べられている．日系アメリカ人が 1 世から受け継いでいる，100 年経ってもなお変わらないと思える文化とともに，自分が日本人ではないと感じるものについての記述は大変興味深い．

　そのほかの時に，私がアメリカ人だと感じるのは，私が他の国にいる時です．私がメキシコやカナダやヨーロッパに行ったときには，私は日系アメリカ人のようには感じず，ただアメリカ人だと感じます．これは私が東京に住んでいる私の叔父を訪ね，電車で四国の南部に行った時に，特にそう思いました．私は皆と同じように見えました．でも日本出身のようには感じませんでした．私が叔父のヒデアキと話した時です．彼は，ちょうど私の母のように，ワシントン州のシアトルで生まれましたが，1937 年に，学校のため日本に行っていて，結局，第二次世界大戦中と戦後も日本に留まったのです．私たちの家族がアメリカに来て 100 年後でさえも，私が日本の文化をどのくらい多く持ち続けているかを知るのは，面白いことでした．夕食でたくさんの小皿料理を食べることとか，街なかの通りでポイ捨てをしないというような．けれども，私は日本の人ではありませんでした．(I was not of Japan.) 私が好きな音楽や私が重視する個性や私が敬愛する政治活動は，全くアメリカのものです．

　現在のところ，私は私たちの現大統領（2019 年時）に反対する何百万人という人々の活動に参加している時に，最もアメリカ人だと感じます．それは，ただ彼の酷い声明だけでなく，より重要なのは，彼の差別的で有害な政策に対してです．それは，彼の就任式の翌日に行われた女性たちの行進に参加したことや 2018 年の中間選挙で数人の国会議員候補のために働いたというだけでなく，同じことをするのに，私が他の人々を組織することができたということも含めてです．

　私たちは，報復や社会的な汚名さえ恐れていません．このように，アメリカ人であるということは楽観主義者であり，権利を与えられていると感じることなのです．私たちは，もし個人の声が一緒になれば，私たちはマジョリティになり，そして私たちの合衆国憲法の前文に書かれているように，私たちの国を"より完全な結合"へと舵を切るのを助ける強い力になりうることを知っています．アメリカは，今までも決して"完全"ではありませんでしたが，私たちアメリカ人はいつも，より良くなるようにしようとすべきなのです．そして率直に言うと，私たちを，このより高いスタンダードへと導くのを助ける人々は，権力の座にない

　人々なのです．

　このように，バーバラは若い頃から政治的活動をし続け，その時にアメリカ人だと最も感じている．

3－6．友人たちの語りを読み取る

　ここではスーザンの友人たちのライフヒストリーの興味深い部分を取り上げてみたい．

　シャーレーン・アンダーソンと夫カール・アンダーソンのインタビューでは，二人が理科の教師になった 1960 年代のアメリカにおいて，東西の冷戦という時代背景から，当時のソビエト連邦とアメリカ合衆国との軍拡競争が教育界にまで影響を及ぼしたことが語られている．いわゆる「スプートニクショック」によって理科と数学の教師へ政府の助成が行われたために，二人は，アメリカ国立科学財団より助成を受けて，働きながら大学院で高度な教育を受ける機会を得たこと，二人が知り合ったのも，理科の研究成果を発表する中学生の競技大会の場であったことなどである．国際状況が個人の人生を左右しうることが彼らの語りに表れている．

　またシャーレーンのインタビューの中に，教職に就いてから，数回の中断を経て教職を再開したことが出てくる．既述のスーザンの場合も同様だが，教師のフルタイムでの再就職事情に日本とは異なるものが感じられる部分だ．さらに働く女性としての語りでは，夫の目をかわしながら，しぶとく自分の仕事を続けた母の姿の「母はただ，常に，あっぱれと言えるような働き方をしていました」という描写は印象的だ．「時代のせい」と言いつつも仕事を続けた母の行動を誇りに感じているシャーレーンのまなざしも読み取れる．

　最もアメリカ人だと感じる時を問う質問へは，シャーレーンとカールによる興味深いコメントが含まれている．それは「合衆国の外への旅行では，他の国々からの人々が，どうしてか，私たちアメリカ人を見つけるのに苦労しないようにみえるということを自覚しています」というものだ．おそらく，このような，他の国々の人々からアメリカ人たちが聞かされてきたことには，アメリカ人がアメリカ社会の中で育んで身につけた，無意識であるがアメリカ的なものが含まれているのだろう．彼らは具体的にこれらが何を指しているかを述べていないが，アメリカ人旅行者がグループの中で快活に話し，議論するなどの，

一般的に聞かれる外面的な振る舞いだけに留まらない，細かくみれば，他の国々の人々には生じることが少ない，アメリカ的なものが顕在化するのだと思われる．

　ブルース・クレランドは，1950年代，1960年代という時代がアメリカにとってどのような時代だったのかを鋭い洞察力で回顧的に記述している．子ども時代を過ごした1950年代についてブルースは「政府やメディアへの世間一般の信頼があり，共通の価値観があり，良好な職業倫理があり，ものごとが，ただより良くなるというような純粋な確信があった」と述べ，そのことをアメリカンドリームだと形容している．それは「古き良き時代」への懐古のようでもあるが，ブルースの，現代のアメリカ社会の様相への批判や不満の表明でもあるだろう．

　シャーレーン夫妻が理科の教師として政府から専門教育の学費を助成されたことを語っているが，ブルースは当時の公立中学校で，生徒として卓越した理数科教育の恩恵を被ったことを記述している．時代の影響を強く感じる部分だ．しかし彼は，中学生の頃に受けたいじめの経験についても，ほんの少しだが触れている．長じてからは思い出として語ることのできるエピソードであろうが，彼にとって，その後の人生を経ても脳裏に残り続けるネガティブなライフイベントであることがわかる．さらにブルースは，アメリカ東部の名門私立大学「アイビーリーグ」と呼ばれる大学がもつ教育風土の価値についても語っている．自信や成功の考え方を染み込ませてくれたという，単なるエリート主義とは異なるアイビーリーグ独特の伝統を，ブルースは「当時の他の高等教育機関にはめったに見られなかったもの」，「非常に積極的な社交志向」と評価して，その大学で享受したことがわかる．そしてそれは，故郷の中西部を離れ，地理的に異なるニューイングランドに移った青年ブルースが出会ったカルチャーショックでもあったことだろう．

　ブルースは最後にアメリカに対する意識を綴っている．世界の様々な地域を見て個々の側面には，アメリカよりも好ましいと思えるものがあるが，総合的にみて「アメリカに比類するものは決して見つけられていない」と自身の肯定的なアメリカ観を述べている．

　ジーン・キャロル・イエィツは，どのように人生を歩んだのか，どういう教師でありたかったか，同じ人と2回結婚したこと，妹の死や異母姉妹との交流なども記してくれた．彼女の父親は合衆国海軍に従事しており，第二次世界大

戦に従軍した．ノルマンディー上陸作戦の日に，乗船していた駆逐艦が沈没したという体験をしている．ベトナム戦争反戦デモに参加しようとする娘のジーンに，その戦争に反対するのであればアメリカ人ではないと感じていた父だったが「自分が正しいと思うことをしなければならない」と言って行かせてくれたことを綴っている．自らの意に反しながらも，娘の考えを尊重した父の行動をアメリカ人だと称えている．ベトナム戦争が間違っていると感じたジーンは，反戦デモに参加した．「正しいと思うこと」，「誇りに思う行動」をするために．ジーンにとっては，それがアメリカ人であることだった．そして「手を差し伸べ，忘れられてきた誰かの背中を軽くたたく，微笑むというような，親切なちょっとした行為に目を向けて行く」ことにアメリカ人だと感じさせるものを重ねている．しかし，現在のアメリカについて，憎悪や分断や偏見がみられ，間違った方向に向かっているとも懸念している．

　アーミニュア・ミッチェルは，アフリカ系であることから，アメリカ社会で生きてきて受けた差別に触れているのが印象的である．最もアメリカ人だと感じる時を尋ねた質問への答えに対して「自分をアメリカ人だと思えないと感じる時がしばしばあった」ことにも言及しており，その痛みの描写が切ない．そして短い表現ながらも，差別を受けた人，差別と闘った人，初の黒人大統領についても，同じアフリカ系アメリカ人として共鳴の記述をしている．アーミニュアが取り上げたエメット・ティルの事件は黒人への残酷なリンチの歴史を浮き彫りにしたものだ．人種差別の問題は残念ながら過去のことではない．公民権運動を経てもアメリカ社会に，なお存在し続ける根深い社会問題である．2020 年夏には警察官による差別的扱いで死亡した黒人の事件を発端に人種差別への抗議デモが沸き上がった．それは短期間のうちにアメリカ国内のみならず世界中へと広がった．ジャックが指摘するように，人種差別は解決をみない継続的な問題であるが，同時に，その問題に対する共感力の大きさを見せつけられた形だ．差別意識がある人々が社会に存在する一方で，それ以上に差別を恥じる人々も社会に存在することが表明された．

　バーバラ・カトウもアジア系へ注がれるステレオタイプな視線を体験してきた．同じ大学について，スーザンの再従弟のジョンは，大きすぎて人と知り合うのに苦労したと回想しているが，バーバラの「スモールタウンのように見えた」という描写には，そこで体験した，偏狭さに対する失望が感じられる．またバーバラが高校に進学する 1967 年になっても，彼女の学区には男女差が存

在していた．公民権法が成立してもアメリカ社会には，引き続き，なお多くの差別的状況があったことが読み取れる．バーバラは，アクティビストとして政治的活動をして，アメリカ人としての権利を行使してきた人である．同じように人種的マイノリティのアーミニュアとは，行動の点において対照的であるようだ．アーミニュアが差別の歴史を振り返って，アメリカ人だと感じられないことが何度もあった，と記述したのに対して，バーバラは，最もアメリカ人だと感じるのは政治的に活動している時だと，アメリカ人に与えられた権利の価値を述べているからだ．他の人々のために加わり，一つの目標のために支持を表明することには何かしら，アメリカ的なものがある，そういう時にアメリカ人であることを感じると答えている．しかし，これは単にバーバラに限った理想主義的なコメントではない．インターネットの普及で集会や抗議活動の計画が容易になったこともあり，ミレニアル世代（1981～1996 年生まれの世代）を中心としてアメリカで幅広い人々の間でアクティビズムの機運が高まっていることを最近の新聞が取り上げている．ワシントン・ポストなどの調査によると 16 年以降，全米成人の五人に一人以上が，なんらかの抗議活動やデモ行進に参加したと回答しているという（日本経済新聞 2019 年 9 月 18 日夕刊）．2020 年夏の人種差別反対デモは，おそらくこの数値を大きく塗り替えただろう．正しいと思うこと，誇りに思うことをすることがアメリカ人だと答えたジーンにも通じる考え方でもある．

　バーバラ・カトウは日系アメリカ人 3 世である．これに関しての興味深いコメントは「私がメキシコやカナダやヨーロッパに行ったときには，私は日系アメリカ人のようには感じず，ただアメリカ人だと感じます」というものだ．バーバラがこれに続いて述べている，叔父を尋ねて日本に旅行した時のことを描写した部分には，そこで強く意識した「けれども私は日本の人ではありませんでした．私が好きな音楽や私が重視する個性や私が敬愛する政治活動は全くアメリカのものです」という感覚が記されており「アメリカ人」であるバーバラがはっきりと表明されている．○○系アメリカ人であるという民族的アイデンティティへの誇りはアメリカ国内での多様性の証であるが，○○系アメリカ人は既に，それ自体「アメリカ人」であることをまず語っている．それは他の国に身を置いた時にひときわ強く意識されるのだろう．

　スーザンの友人たちのライフヒストリーは，これらの中に多様なアメリカが描写されていることに意義がある．充実した人生への夢をかなえた教育の力，

差別や偏見の存在と克服，権利の行使など，当人たちが経験し志向してきたア
メリカ社会の多様性が描写されている．また，当人たちのみならず，彼らの親
世代の姿も，映し出されて見えるのが興味深い．当人たちが「家族の中で初め
て大学を卒業した」，「高校も卒業しなかった両親は，家族の中で教師が出るこ
とにぞくぞくした」，「大学に行く機会がなかった両親は子どもたちにより良い
教育を求め信じられないくらい懸命に働いた」と語る時，移民という経験を経
て，アメリカ社会がもたらす制度や価値に機会や勇気を与えられて，世代を下
りながら上昇移動してきたアメリカ人の社会移動の様相も感じ取ることができ
る．

第 **3** 章

語りからスケッチされるアメリカ

　ここまで，第1章でスーザンのライフヒストリー，第2章でスーザンに関わる人たちのライフヒストリーをみてきた．この中には我々，日本人からみるとアメリカを感じるフレーズが少なからず埋め込まれている．本章では，それらをピックアップして「歴史・時代」，「文化・宗教」，「教育制度」，「社会」に分けて，もう少し詳しく綴ってみたい．

❖歴史・時代のスケッチ

　まず語りの中に登場したアメリカの歴史や時代を反映したトピックを取り上げよう．

1．南北戦争（American Civil War）

　スーザンは，父方の曾祖父が南北戦争でユニオン軍の大尉として戦ったことを語っている．また曾祖父が南北戦争時に南部州が発行した紙幣をもっていて，祖父がそれをスクラップブックに貼っていたこと，それを外してスーザン自身のレポートに貼り，教師に提出した逸話も述べている．歴史上の出来事をスーザンの曾祖父という視点で見ると急に身近なものに見えてくる．その曾祖父のエラスムス・コーウィン・ギルブレスの従軍日誌をたまたまデトロイトの図書館で発見したスーザンは，その後，曾祖父の従軍日誌を編集する作業に従事することを決心し，親族などからも資料を集め，数年ののち，とうとう，それをシカゴの出版社から出版している（写真3-1参照）．

　60万人以上の戦死者（戦病死を含む）を出したといわれる南北戦争は，奴隷解放をめぐって北部州と南部州が戦ったものであるということはアメリカ史上のメジャーな出来事として一般に知られている．資料によると，奴隷解放の方針を取ったアメリカ合衆国から南部11州が脱退して南部連邦（the Confederate States of America）を作ったが，南北戦争は，その脱退州（the Confederate）とアメリカ合衆国側（the Union）との1861〜1865年の戦いである．主として自由な労働力に頼る小農場が中心であった北部州は，産業化も根づいていた．人々は

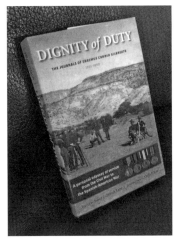

写真 3 - 1 　スーザンが編集出版した曾祖父の南北戦争従軍日誌（左）
と掲載されている曾祖父（右）

　交通システムや銀行や保険などの金融産業，通信ネットワークなどに多大の投資を行っており，自由な労働力の基盤としての奴隷解放に賛成する立場を取っていた．しかし南部州では，プランテーションと呼ばれる大農場で奴隷を主な労働力として綿花などの栽培を行っていた．人々は土地にではなく，奴隷に多大な投資をしていた．綿花の価格が高騰するにしたがって，所有物としての奴隷の価格も高騰していたからである．1860 年までには，南部白人の一人当たりの富は，北部の 2 倍であったといわれている．南部州は南部経済にとってなくてはならない存在だった奴隷の解放には反対だった（britannica.com 参照）．また別の資料では，以下のような記述がある．奴隷制をめぐる分裂は，奴隷制についての聖書解釈の正反対の結論により起こったものであり，南北戦争は北部でも南部でも熱烈な宗教的支持を受けた戦争だった（Noll 2008＝2010）．すなわち，聖書にも奴隷の描写があり，奴隷制は神から認められた制度という解釈があったため（Noll 2008＝2010：35）だという．歴史に名を遺すいくつかの戦いを経て南部連邦軍は降服し，アメリカ合衆国に統一された．

2．ハルハウス（Hull House）

　スーザンの母の大叔母の二人は，ハルハウスで音楽の教師をしていた．ハルハウスとは，19 世紀の終わり（1889 年）にジェーン・アダムスとエレン・ゲイ

ツスターによってシカゴに設立された
セツルメントである．セツルメントは
19世紀末〜20世紀初頭にかけて起
こった社会改良運動のための拠点施設
である．原型はロンドンの貧困地区に
1884年に開設されたトゥインビー・
ホール（Toynbee Hall）である．英国教
会の聖職者サミュエル・バーネットと
その妻ヘンリエッタが，オックス
フォード大学やケンブリッジ大学の学
生たちと貧困地区に共に住み，その施

写真3-2　ハルハウス博物館
2012年筆者撮影.

設を拠点に地域福祉に取り組んだ活動である．ハルハウスは米国で最も影響力
のあったセツルメントハウスといわれ，その活動は，全米のセツルメント運動
の先進的事例の一つとされている（North western University 資料参照）．
　筆者は，スーザンにハルハウス博物館に連れて行ってもらったことがある．
ハルハウスの一部が，現在は博物館として公開されているものだ．イリノイ大
学シカゴ校のキャンパスの一角にある．建物の中には，元々1ブロック（街区）
ほどの大きさがあったハルハウスの建物群の模型のほか，ヨーロッパからやっ
てきたばかりの多くの移民たちに職業教育をした様子がわかる写真や道具類，
ハルハウス・マップと呼ばれる，移民たちの住む地区を出身国籍別や賃金額別
に色分けした地図が展示されている．地図は当時のハルハウスのスタッフが，
地域の社会調査のために作成したものだ．世界史のテキストに載る歴史上の出
来事が，そこには記録として保存されていた．

3．アフリカ系アメリカ人の大移動（Great Migration）

　スーザンの友人アーミニュアがアフリカ系アメリカ人としての自身の歴史を
描写した際に，南部ミシシッピ州の小さな町に奴隷の子どもとして生まれた祖
母が1938年にシカゴに移ってきたが，それは大移動（Great Migration）の一環
だったと記している．大移動とは，南部の田舎町に住んでいたアフリカ系アメ
リカ人が差別の少ない，より良い経済的機会を求めて北部州の都市へ移り住ん
だことをいう．第一次世界大戦によって供給が断たれたヨーロッパ系の移民労
働者に代わる労働力として，北部州の都市では，アフリカ系アメリカ人の労働

写真 3-3　大移動を象徴した彫刻
（シカゴ南部）

2012 年筆者撮影.

力需要が高まった．したがって，大移動は 1916 年頃から始まり，公民権運動によって南部州のアフリカ系アメリカ人の社会的環境が改善された 1970 年頃まで続いた．この期間に，およそ 600 万人のアフリカ系アメリカ人が大移動したという．

　アフリカ系アメリカ人への差別が著しく激しかった南部ほどではないにせよ，北部州においても依然として，居住地域や職業選択の差別が存在していたが，この大移動によって，それまで大部分が田舎に住んでいたアフリカ系アメリカ人は多くが都市居住者となった．ニューヨークやシカゴなど大都市では，アフリカ系アメリカ人が及ぼした文化的影響力も大きかった．特にニューヨークでは文学や音楽や舞台芸術の中心地として花開いたアフリカ系アメリカ人の文化はハーレム・ルネッサンスと呼ばれている（以上，History.com 参照）.

4．日系アメリカ人の強制収容

　スーザンの友人のバーバラは日系アメリカ人 3 世である．そのストーリーの中にバーバラがこれまで行ってきた政治活動の記述がある．その中に，第二次世界大戦中に日系アメリカ人が強制収容されたことへの賠償請求が取り下げられたことに対して，バーバラが 1980 年代に母親とともに最高裁判所で抗議の座り込みをしたことが記されている．シアトルで生まれた彼女の母親が収容所に隔離されたことは，ライフヒストリーの中に記されていないが，世代からすると強制収容されたことは間違いない．

　スーザンの弟のジャックが語ってくれた中にも，日系人と結婚した友人がいて，その人の両親が第二次世界大戦中に収容所に入れられたことに触れた部分があった．そして，そのようなことを私たちの国がしたのだとジャックは語った．

　日系アメリカ人が第二次世界大戦中に強制収容されたことは，近年まで日本ではあまり知られていなかったように思う．12 万人の日系アメリカ人が有刺鉄線で囲まれ，武装した警備兵が監視する 10 か所の強制収容所に送り込まれ

たという．その 7 割はアメリカ生まれの日系 2 世で，アメリカの市民権を持っていた．それは，ユタ州やコロラド州などの寒冷な砂漠地という辺鄙な収容所での剥奪生活であった．日系人が多かった西海岸地域では，移民の苦労を乗り越えて経済的に成功した人々も少なくなかったと聞く．彼らは，自宅から強制的に立ち退きを命じられ，持てるだけの荷物しか持ち込むことを許されずに収容所に送られた．彼らが住んでいた家や家財は，足下を見たアメリカ人たちに安く買い叩かれたという（全米日系人博物館ヒラサキ・ナショナル・リソースセンター資料参照）．

　こういった事実は，おそらくアメリカ国内でも，それほど広く知られていたわけではなかっただろう．賠償の訴えが取り下げられてバーバラ母子が抗議の座り込みをしたのが 1980 年代だということからも，それがうかがえる．日系アメリカ人 3 世のバーバラは公民権運動の時代に青年期を過ごし，祖父母や両親の世代の 1 世，2 世が受けた苦難に対する権利要求の後押しをしたのだ．ホーン川島瑤子（2018）によると，強制収容に対し，リドレス（過ちを正し正義を回復する）要求までに時間を要した理由として，多くの日系人が戦後の生活の立て直しのため，ゆとりがなかったこと，日系人たちが「我慢する」「仕方がない」「波を立てない」という日本的姿勢で差別に対応してきたこと，日本の真珠湾攻撃が心理的負い目として残っていたこと，日系人の中の差異と対立による要求への足並みの乱れがあったこと，強制収容が日系人にとって大きなトラウマとなり，語ることを避け，過去のこととして忘れようとしたなどの要因があるという．祖国が移民した先の国と戦うことになって，日系アメリカ人の立場は苦しいものだったに違いない．しかし強制収容所でアメリカに忠誠を誓う証にアメリカ軍に志願した日系 2 世の若者は 3 万人近くおり，日系人の名誉回復に貢献したという（ホーン川島 2018）．

　日系アメリカ人の強制収容から 40 年後の 1982 年に政府の「戦時市民転住収容に関する委員会」は，強制収容は軍事的必要性によって正当化できるものではなく，その歴史的原因は人種差別，戦時ヒステリーであり，政治指導者の失政だったと結論づけた．そして 1988 年に「市民の自由法（日系アメリカ人補償法）」が当時のレーガン大統領によって署名され，アメリカ政府は初めて公式に謝罪し，補償金を支払った（全米日系人博物館ヒラサキ・ナショナル・リソースセンター資料参照）．

5．スプートニクショックと教育助成

　スーザンの友人シャーレーンとカール夫妻はアメリカの政治情勢の恩恵を語っている．それはスプートニクショックと呼ばれているものによる．1957年に，当時，冷戦中のソビエト連邦が人類初の人工衛星，スプートニク1号の打ち上げに成功したことのアメリカの衝撃を表す言葉である．中学校や高校で理科の教師をしていたシャーレーン夫妻は夏期休暇や勤務後の時間を利用して，教職をしながら大学院の修士課程で学んでいた．この当時，アメリカ政府は，科学教育分野でソビエト連邦に後れを取らないようにするために理数科の教師がより高度な教育を積むことを奨励した．彼らは，この政策によって後押しを受け，アメリカ国立科学財団から教育費用が助成された．二人にとっては，政府によって，より高度な専門性を身につけることと，より高い給料を受け取ることができる機会を与えられたことになる．シャーレーン夫妻が出会うきっかけとなった中学生の科学研究の競技会も当然このような政治情勢で奨励されたと考えられる．スーザンの友人でシカゴのコンドミニアムに住むブルースも，それまで通っていたカトリックの小学校から，親を説得して公立中学に進学を決めたのは，その当時の公立中学では，卓越した理科と数学の教育が行われていたからだと語っている．彼がその後，インフォーメーション・テクノロジーの分野に進み，能力を発揮することができたのも，その時代の恩恵の一つだろう．

6．ベビーブーマー

　この言葉は，米国で1946～1964年に生まれた人々を指す．第二次世界大戦後に多くの退役軍人が家族を作り始めた時期で，人口規模が圧倒的に大きいことから，この世代が及ぼす社会経済的，文化的影響は大きいといわれてきた．しかしベビーブーマー当人たちにとっては，第2章でスーザンの弟のジャックが述べているように，学校で伝統的に行われてきたスポーツが経済的理由でカットされ，自分たちで，どうにかやるしかなかったというようなことや，スーザンの友人のバーバラが記しているように，就職市場は大変競争が激しく，大学を卒業して公立学校で教える資格を得ていたものの，何年かはアルバイトをしなければならなかったというように，教育予算や就職機会において不利な世代だったといえる．

　ベビーブーマーは，現在では70歳代を越える人々も多くなっている．文化

的影響力の側面からみると，彼らはステレオタイプの高齢者像を嫌う傾向にあり，多様性があるといわれ，今後の高齢者観をポジティブな方向へ変えていく影響力をもっているともいわれている（Fry 2003）．しかし人口規模が大きいだけに，ベビーブーマーの高齢化は米国の高齢化をけん引することにも直結している．2020 年のセンサスによると，ベビーブーマーは白人が 71.6% を占めており，白人人口の高齢化を象徴している．後述するが，同センサスではベビーブーマーが 21.8%，ミレニアル世代が 22.0% の人口比率となり，長くトップを占めていたベビーブーマーの比率をミレニアル世代が上回る予測も報告されている（Frey 2021）．

7．1960 年代の意義

　スーザンたちのストーリーを聞いていると，1960 年代がアメリカ社会にとって，大きな意味を持っていることがわかる．以下は，スーザン夫妻の結婚 50 周年記念パーティーのために集まった親族たちの夕食後の談話で，その中の一人が語ってくれた話の概要である．

　1960 年代は，アメリカにとって，とても大きなインパクトがあった年代です．ジョン・F. ケネディの暗殺，マーティン・ルーサー・キングの暗殺，アファーマティブアクション（筆者注：社会的差別で不利益を被ってきた黒人や女性などに対する積極的差別是正措置．進学や就職時に特別枠を設けるなど），ベトナム戦争などがありました．アファーマティブアクションでは，黒人だけでなく，女性に道を開きました．同様に 60 年代半ばに販売されるようになったピルは，女性に大きな影響を及ぼしました．それまでは結婚するまでタブーとされてきたセックスが許容されるようになりました．もちろん，それまでも表向きだけという面はありましたが，特に私が通っていたカトリックの大学では，とても厳しかったのです．全寮制で，平日は 9 時半，週末でも 11 時には帰宅しなければなりませんでしたが，24 時間フリーになり，各自が鍵を持つようになりました．そして男女一緒の寮もできました．大学や親も，この頃を境に，次第にゆるくなったのです．私は 14 人きょうだいの 12 番目で，一番上が大学に入るという時に生まれました．ですので，（上のきょうだいとは）一緒に住んでいませんでした．親は上のきょうだいには，とても厳しかったのですが，自分の頃は教育方針がゆるくなっていました．また，今まで男性にしか開かれていなかった職業も，女性が自由に選択で

きるようになりました．それまで女性は，職業を持つなら教師か看護婦か秘書と
いわれていました．それまでの世代とその後の世代では，この点が大きく異なっ
ています．医師は男女半々になりました．時には4：6の時もあります．最高裁
の判事も6：3になりました．

　ベトナム戦争は，当時，若者世代だった彼らに大きな影響を及ぼしている．
ジャックが述べているように，同世代の若者を中心に5万5000人のアメリカ
人が戦死した．ジャックは異国にいて良心的参戦忌避をしたようだが，1960
年代の若者のカウンターカルチャーは，スーザンの友人のジーンも参加した反
戦デモ行進をはじめ，反戦運動のうねりとなった．
　これらの変革をもたらした運動は，周知のように公民権運動（the civil rights
movement）と呼ばれている．1950年代後半から，黒人の人種差別撤廃を求め
る運動として起こった．この運動は1960年代の時代思潮とともに捉えられて
いるが，アメリカの宗教学者マーク・A.ノールは，アメリカの歴史のはるか
昔から続く中心的問題から発し，公民権運動を必然とした現実が現在に至るま
でのアメリカ社会を形成してきたことを著書（Noll 2008＝2010）で明らかにして
いる．それによると，実は公民権運動は南北戦争で未解決の問題を解決しよう
としたものであるという．南北間の争いは1863年の奴隷解放宣言で解決した
ようにみえたのだが，南北戦争を経てなお，リンチ法による黒人へのテロの放
任，黒人公民権に対する北部の無関心，南部における黒人の政治参加を抑える
ための黒人差別法（ジム・クロウ法）の施行など黒人を社会的無保護状態のまま
放置してきたことは事実であった．ノールは，奴隷制についての考えと，黒人
についての考えとは異なっており，「黒人問題は奴隷問題よりも深いところに
存在する」（ノールによるフィリップ・シャフの論文からの引用，Noll 2008＝2010：43）
ことに人種問題の根深さを指摘する．そして南北戦争後に伸びていった黒人教
会が黒人差別法を覆す重要な役割を果たすようになり（Noll 2008＝2010：95），
「ある日，アメリカの政治の在り方に根本的な変革をもたらすことになった」
（Noll 2008＝2010：109）という．すなわち「公民権運動は黒人宗教からの推進力
が決定的」であり，それが「アメリカの政治勢力の全般的な再編を促進し，ア
メリカ市民のエートスに劇的変化をもたらした」（Noll 2008＝2010：113-14）．も
ちろん公民権運動の展開において連邦政府の拡大や公民権侵害のひどさを全米
に印象づけることになった全米的メディアの影響力，大規模な黒人の隷属労働

が不必要になった経済システムの変化などの要因（Noll 2008＝2010：131-35）も
不可欠なものであり，特に「アメリカの歴史でこれほど多くの悪の訂正にこれ
ほど速やかに政府が動いたことはなかった」（Noll 2008＝2010：155）と論じてい
る．そして上記のように，1960年代に様々な事柄に対して政治の文脈が変
わっていった．したがって公民権運動は「公民権を獲得する運動であったが，
同時にそれは転換をめざす運動であった」（Noll 2008＝2010：160）．それが時代
思潮となっていったのだといえよう．

　公民権法を制定させようとしていたジョン・F.ケネディ大統領が暗殺され
（1961年），後継のジョンソン大統領が包括的公民権法を成立させた（1964年）．
公民権運動は人種差別撤廃だけでなく，女性運動，その他のマイノリティの平
等要求運動，ベトナム戦争反戦運動，大学改革要求運動，同性愛者運動などを
刺激して大きな社会変革となった（ホーン川島（2018）参照）．この時代に，まさ
に青春期を過ごしていた本書の登場人物にとって，それぞれの人生に大きな影
響を与えた時代であったのだ．

　しかし，そういった様々な面に及んだ進歩的な社会変革は「反動」をも生み
出すことになった．連邦の権威の拡大にたいする反動，「権利革命」に対する
反動となって，アメリカ社会を政治的にも宗教的にも再編していくことになっ
たという．アメリカの宗教的伝統には，元来，連邦政府のエリートによる上か
らの影響に対する強い恐れと，社会的な力よりもむしろ個人的な力としてのキ
リスト教信仰への強い傾倒とが伴っており，そうした宗教観は，侵入してくる
連邦政府に対する政治的恐れと，州政府の特権への政治的支持と，たやすく合
流した（Noll 2008＝2010：95）のだという．同書でノールは，公民権運動後にア
メリカの政治と宗教の関係が次のように変化したと分析している．すなわち，
白人福音派は浮動層（スイング・グループ）から共和党支持の中心勢力へ，白人
カトリックは強力な民主党支持から内部分裂へ，黒人プロテスタントは，フラ
ンクリン・ローズベルト時代の半ばから民主党を強力に支持してきたが，さら
に民主党支持を強め，主流プロテスタントの共和党支持は強固なままであった
が，21世紀になってやや低下し，どの宗教も奉じない者（セキュラーズ）の票
は，民主党寄りから，強力な民主党支持へと変わった（Noll 2008＝2010：165）．

　様々な転換をもたらすうねりとなった公民権運動とその「反動」による政治
と宗教の再編は現在のアメリカ社会の分断の状況を生み出している遠因ともい
えるのではないだろうか．

8. ERA (the Equal Rights Amendment)

　第2章でバーバラは，ヤングアダルトとして，より政治的になっていった70年代の自分が，この ERA のために取り組んでいたことを記している．ERA は the Equal Rights Amendment の略で，男女平等憲法修正条項，あるいは平等権修正条項という意味である．バーバラによれば，当時，彼女は，その批准のための運動の全国組織のシカゴ支部を手伝っており，この ERA によって，女性が男性と同等の賃金や待遇を保証されることを合衆国憲法の修正条項に含まれる権利とするために活動していた．

　ちなみに合衆国憲法の修正条項とは，アメリカ合衆国憲法本文第5章に基づき，合衆国議会が発議し，諸州の立法部が承認した，合衆国憲法に追加され，またはこれを修正する条項のことで，一般に Amendments（修正条項）と呼ばれる．現在，第27条まである．このうち第1〜10条は Bill of Rights と呼ばれ，1791年に成立した．「権利章典」と訳されるが，イギリスの1689年の「権利章典」と区別するため「人権（保障）規定」と訳されることもある（American Center Japan 資料参照）．

　60〜70年代の ERA 批准を主な目的とした運動は，第2波フェミニズムと呼ばれ，女性の参政権実現のための1848〜1920年代の第1波フェミニズム運動と区別されている．ERA は第1波フェミニズム運動の急進派の一部が，第1波が始まった1848年から75周年になる1923年に「女性党」を組織し，連邦議会に提出していた．以来，ERA は毎議会に提出され，葬られてきたが，第2波運動によって重要な達成目標として引き継がれた（ホーン川島 2018）．竹村和子（2004）によると，第2波フェミニズムは，個人の認識・心理や社会の言語使用も含み込む，性差別の重層性を言挙げしたという．そしてこの ERA は性別に基づく法的差別をすべて憲法違反とする条項で，その及ぶ範囲は雇用，婚姻，教育，福祉など，社会生活全般に関わるといっても過言ではないという．ようやく1972年に連邦議会で可決され，その批准のために各州に送られた．同じ年に22州が可決したが，それ以降の3年間は8州，3州，1州，そして1977年に1州と，賛同のスピードが落ち，加えてすでに可決していた州が無効の決定さえ下すようになった．当初楽観視していたフェミニストたちもこれに危機感を抱き，1977年以降は，運動を強化するとともに批准期限の1979年をあと3年延長するよう，集会やロビー活動やデモ運動を展開した．その結果，期限延長が認められ，批准に必要な38州のうち35州はすでに可決していたが，

期限切れの 1982 年，残る 3 州（*ノースカロライナ，フロリダ，イリノイ*）が否決したことをもって ERA の実現は叶わなかったのだという．

　バーバラは，ライフヒストリーの中でこの 3 州に触れ，バーバラの両親や弟妹たちが 1979 年に父親の仕事の都合でイリノイ州からノースカロライナ州に引っ越すことになった時，母親を説得してノースカロライナでの抗議運動に参加するように促したことが記されている．しかし，結果的には ERA は期限切れのため，批准されなかったのである．ホーン川島（2018）は社会的潮流が進歩から保守へと転換しつつあった時期だったと述べている．

❖文化・宗教のスケッチ

　ここでは対象者たちが語ったアメリカの文化的，宗教的背景が感じられるトピックを取り上げよう．

9．家　系　図

　筆者は，アメリカで調査を重ねる中で，自分たちの家系図の調査に取り組んでいるという人たちが少なくないということに気がついた．家系図はファミリー・ツリー（family tree）と呼ばれているが，ジニオロジー（genealogy）という正式名称もある．スーザンもインタビューの中で，自身の祖先について詳しく語っている．それは小学生の頃，祖父が祖先について調べたスクラップブックを見つけて興味をもったことが始まりのようだが，曾祖父や曾祖母，その前の世代までさかのぼって，ヨーロッパのルーツまでをも調べている．

　以前，スーザンが住んでいたシカゴのコンドミニアムで調査をした時も，図書館でマイクロフィルムを見たりして自分のルーツを調査していると語った女性がいた．ジニオロジーという言葉があることは，その時のインタビューで初めて知った．彼女は，ジニオロジーに取り組むことで，デンマークにさかのぼる自分自身のルーツを知ることができ，自分を良く理解できるような気持ちになると語っていた．ウィスコンシン州のオランダ系移民の子孫が多く住むスモールタウンで調査した時もまた，家系図調査のプロジェクトに取り組んでいる夫婦がいた．誰でも年齢を重ねると，祖先のことに興味がわいてくるのかもしれないが，アメリカでは，ネイティブアメリカンを除いて，すべてが移民であって，誰もが，どこからかやって来た祖先を持っている．そして年月が経つにつれて，ネイティブアメリカンも含めて様々なルーツをもつ者同士が混じり

合っていく．移民という移動を絶えず経験してきた国で，家系図の調査も自身のアイデンティティの証としての意義があるのだと思う．

　今回のプロジェクトで筆者は第1章の資料としてスーザンの家系図をスーザンへのインタビューを基に作成した．その後スーザンに校正をお願いした過程で，何人かの祖先や親族の名前について，短い通称名でなく，正式名を知ることができた．そして面白いことに気づかされた．そこでは，しばしば父と息子が同名で，息子には Jr. を付け「父の名＋Jr.」としていた（スーザンの父の兄，スーザンの母の兄，スーザンの弟の一人）．その孫も「祖父の名＋Ⅱ」という形で孫から見て祖父の名前が付いている場合があった（スーザンの父の兄の息子）．さらに子どもに男子が二人いる場合は，弟はミドルネームに母方の祖父の名前が付けられていた（スーザンの父，スーザンのもう一人の弟）．祖先の名前の継承がこのような形で行われていることは大変興味深い．

10. フラタニティ／ソロリティ

　スーザンのライフヒストリーインタビューの中で，双子の弟たちが高校で，ある排他的な少年グループへの入会を申請したという話が出てくる．スーザンは，それはフラタニティのようなもので，ギリシャ文字の名前があったと語っている．入会を申請したら，ジャックは入会を許可され，スティーブは却下されたくだりが述べられている．

　フラタニティとは，主に共通の目的や利益や楽しみのために組織されたグループとそれに属する人々を意味するが，アメリカの学生のフラタニティとは，多くは大学で社交的な目的のために組織される男子学生のグループを指し，会員の推薦がなければ入会することができない．スーザンが言うように，排他的で秘密の儀式をもち秘密結社的でもある．伝統的に，そのグループの名前はシグマ・カイなどギリシャ文字を組み合わせたものが付けられることが多いようだ．学生のフラタニティは社交的な目的以外にも研究や専門分野の活動のために組織されるものもある．

　同様に，アメリカの女子学生の社交グループをソロリティという．やはりギリシャ文字の名前をもつ（以上，Merrian-Webster.com 参照）．バーバラはライフヒストリーの中で，政治的行動主義を学びたいと入学した大学で見つけたものはソロリティとフットボールゲームだったという失望感を記している．アジア系の学生にも同様の社交グループがあるようだ．おそらく，その始まりは白人

学生のグループに排除された結果ではないかと思われる.

11. ブッククラブ

　スーザンの弟のスティーブがライフヒストリーの中で,移住した先のノース
ポートで妻が入っていたブッククラブに入ったことや,その後,自宅でブック
クラブを主催したことを語っている. アメリカでの調査の際に,余暇活動に関
連して,いろいろなところで何度も耳にしたのは,このブッククラブである.
その名の通り,読書をするための読書会グループだ. 近隣グループや職場仲間
や大学の同窓生グループなど,メンバーの関係はいろいろで,比較的学歴の高
い階層によって行われているようだ. お茶を飲みながらする,おしゃべり中心
の社交的なものから本格的に議論する目的のものまである (Long 2003).

　メリーランド州の郊外住宅地で調査した時には,6000人ほどのコミュニ
ティに8〜10ものブッククラブがあると説明された. 対象者の一人は,所属
しているブッククラブについて,自分にとって,とても大切な活動だと語った.
また別の住人は,おしゃべり中心のブッククラブと真面目に読書するブックク
ラブの2つに参加していると話していた. 順番に本を選んで,その番になった
人は次回までに内容を皆に話すのだそうだ. 同時に,人生のことなども話し,
仲良しグループの語り合いの場になっているという.

　スーザンもシカゴに住んでいた当時,コンドミニアムの住人たちのブックク
ラブに参加していた. 筆者も一度,そのブッククラブに同席させてもらったこ
とがある. こちらは本のテーマについて議論が活発に行われていて,非常に真
面目なものだった. 最後にメンバーの一人が次に取り上げたい本を推薦してい
た. その本を取り上げるかどうか,それについてもメンバー間で遠慮のない意
見交換が行われていたのが印象的だった.

　読書会グループがこのように社会の隅々に存在するのは興味深いことだ. フ
ラタニティやソロリティ,そしてブッククラブのような,共通の価値観で結び
つくグループや組織は,多様性の大きな社会だからこそ発展するのではないだ
ろうか. 多民族多人種の移民国家であるアメリカの社会には,多様な価値観が
あり,自分たちとは異質な考え方も多く存在する. 価値や考え方を異にする異
質な世界を受け入れる想像力が常に問われる. それを尊重するが,だからこそ,
それとバランスを取るように,価値を共有する人々に出会い,思いを分かち合
いたい,共感し合いたいという,特定のグループ活動への欲求は高まるのでは

ないか．

12. 文化活動／余暇活動

　スーザンは，働きながら大学院で学び，教員キャリアのグレードアップを図り，自己実現を目指していたが，その目的を果たした後も，自分の楽しみのために文学や経済学などの授業を受講していた．夫のリーは，在職中に大学で5年間数学を学んでいた．退職後も様々な大学のプログラムに登録して学んでいた．指導者から得られる刺激やクラスメイトとの間の絆が魅力的だったという．

　スーザン夫妻がシカゴの都心のコンドミニアムに住んでいた当時，そこに住む退職者たちに退職後の活動について調査をしたことがある．彼らは都心で豊富に得られる文化的環境を享受した活動を多く行っていた．都心の大学キャンパスや図書館で開催される社会人向け講座の受講，オペラや演劇などの観劇，コンサートや映画の鑑賞など，自分のための教養や娯楽の文化活動のほか，高校未修了者のための教育活動，幼稚園や小学校での教師のサポート，博物館の運営協力，コンサートホールでの案内，教会での慈善活動などのボランティア活動も積極的に行っていた．これらの文化活動やボランティア活動を通じて価値観を共にする人々や多様な世代の人々と交流することも享受していた（加藤2016）．このように大都市ならではの文化的資源を都市生活者は上手く活用しているようだ．

　都市生活者に限らず，全米に散らばる親族を訪ねて感謝祭やクリスマスの休暇には，長距離の移動を伴った訪問もしばしば行われている．2017年のスーザン夫妻の結婚50周年のパーティーには，シカゴから車で半日以上かけて来た友人たちもいた．国内の面積が大きく異なっていることで，距離の感覚が日本に住む筆者たちとは違っているように思う．平均時速150キロくらいを出してハイウェイを数時間走り続けるという距離は，週末の定期的な行き来の内だ．スーザンの再従弟のジョンにノースポート（北ミシガン）でインタビューした時も，これからミシガン湖の南岸をぐるっと回って，今夜行われるウィスコンシンに住む孫たちの野球の試合の応援に行くと話していた．ミシガン州の北部から南下し，イリノイ州のシカゴを経由してウィスコンシン州までのドライブである．「スケールが違う」という言葉のリアリティを感じた．アメリカ人であることの恩恵として国土が広大で変化に富んでいて自然が美しいことを挙げた人たちが多くいたが，州をまたぐインターステート・ハイウェイが国内を巡り，

ドライブ旅行の手段が整備されているために長距離の移動でかなえられる余暇
も多様にみえる.

13. アメリカ人と宗教

　スーザン夫妻，スーザンの弟たち，そしてスーザンの幼なじみのシャーレー
ンとその夫は宗教的信仰をもっていない．シャーレーンが語っているように，
アメリカ人全体からみると，それは少数派といえるだろう．しかしそのことで
人格さえ疑われる時もあるようだ．多数のアメリカ人は，宗教的信仰，すなわ
ちキリスト教の信仰をもち，アメリカ社会や文化の特徴にも大きな力を及ぼし
ており，それが政治にも少なからぬ影響を与えている.

　ノール（2008＝2010）によると，アメリカの歴史で宗教は社会的にはカルヴァ
ン主義という形で機能してきたという．カルヴァン主義とは，広くいえば
ピューリタン（福音派），メソジスト的な自発的な傾向を受けついだ活動派の
エートスであり，不正に対し直接戦うのが正常の方法であり，カトリックや，
宗教とは関係のないリバタリアニズム（個人の自由の行使を妨げない限り他人の問題
は，あくまで他人の問題と考える）とそこが異なる点だという．1920 年代にアメリ
カを訪れたフランス人のアンドレ・ジグフリードが広義のカルヴァン主義のエ
ネルギーにあふれた自発的活動がアメリカ社会生活のすべての面を彩っていた
と，アメリカの宗教と社会生活の結びつきを述べたことを同書で取り上げてい
る（Noll 2008＝2010：26-27）．それは，超自然的な信仰，聖書の文字通りの読み
方，民主主義とアメリカ独立のレトリックの積極的な追求などを特徴とし，個
人の転生への願いや社会での日常的な影響力の行使が望まれている．これらに
はメソジスト，バプテスト（洗礼派），ディサイプル派，黒人教会が含まれると
いう.

　ノール（2008＝2010）の翻訳者の赤木昭夫によると，アメリカにおいて独特の
形でキリスト教が大いに伸びたのは，政治と宗教の分離が建国当初から憲法で
定められたことによって，どの宗派も政治に働きかけることが可能であり，か
えって宗教が政治に大きな影響を及ぼすことが可能であったためだという．そ
の結果アメリカは，世界で最も活発で特異なキリスト教国として，宗教をはず
しては何も語ることができない歴史を形成してきたという．彼によると，アメ
リカの成人の 76.5％がキリスト教徒（カトリックとプロテスタント系の比率は1：
2）で，宗教組織に加わっていない者が 14.1％，キリスト教以外の宗教信者は

3.7％だという．（Noll 2008＝2010：224-25）

14. パーティー

　スーザンの家に滞在させてもらった際，しばしば友人知人を招いてのパーティーが開かれた．筆者がスーザンのところへと渡米するのは，スーザンの誕生日や結婚記念日に合わせることが多いためもあるが，感謝祭だから，訪問者の誕生日だから，など様々な理由で滞在中に必ずパーティーが開かれた．

　スーザンやリーの誕生日のパーティーは，料理の得意なスーザン自身がとっておきのレシピを見ながらチョコレートケーキやローストチキンやミートローフやシチュウなどを作って準備した．時にはスーザンとリーが愛してやまないメキシコ料理を近所で働くメキシコ人に頼んで作ってもらい，ケータリングしてもらっていたこともあった．

　スーザン夫妻の結婚50周年のパーティーの時は，既に移住していたミシガン州北部の町のイタリアンレストランに友人たちを招待して催された．イタリア料理で祝うのはローマで結婚式を挙げた彼らの記念日の決まり事らしい．はるばるシカゴからも友人や親族たちが何人かやって来た．

　滞在中に，近隣に住むスーザンの弟のスティーブが開くパーティーに招かれたこともあった．地元でブラスバンドクラブに属し，楽器を演奏するスティーブが音楽仲間と共に自宅でチャリティコンサートを開催したのだ．近隣の人々が料理を持ち寄る（ポットラック），気軽なパーティーであった．

　ある調査でメリーランド州の郊外住宅地の住人のお宅に滞在させてもらった

写真 3 - 4　スティーブ宅でのホームコンサートのポットラックパーティー
2017 年筆者撮影.

時にも，ホストファミリーが近所の友人たちを夕食に招いてパーティーを開いてくれた．またウィスコンシン州に滞在した時にも，調査対象者となった家族が，やはり友人を招いてパーティーを開いてくれた．このような機会に思いもかけず，新たな対象者が見つかることもあった．

　これらの筆者の経験からみると，アメリカ人はパーティーを，人を自宅に招くことを好む傾向にあるように思う．細かく観察してみると違いがみられるかもしれない．しかしアメリカの社会に集まりを好むそのような文化が確かにあるように感じるのだ．

15. 居 住 移 動

　スーザン夫婦がシカゴ都心のコンドミニアムから北部ミシガンのノースポートに移り住んでから，まだ日が浅いが，既述のように，それ以前に彼らは，ウィスコンシン州のミシガン湖畔にサマーハウスを所有していた．夏期を過ごす家だ．厳冬期には，リーの出身地に近いアリゾナ州に電車や車で移動し，コンドミニアムを借りて過ごしていたという．シカゴのコンドミニアムを処分するのを機にリーは，アリゾナ州のフェニックス近郊に冬を過ごすための小さな家を買ったのだそうだ．その家はシカゴの家財の収納も兼ねているという．ちなみにミシガン州の家を購入した彼らは，ウィスコンシン州のサマーハウスを売却した．

　アメリカでは，家を買う，売る，借りる，引っ越すなどによる居住移動が頻繁に行われている．以前，訪れたメリーランド州の郊外住宅地でも住人から，アメリカでは所有する住宅は，ライフステージに応じて売却することを見込んだ資産だと聞かされた．資産価値を保つために，すっきりと美しく暮らし，手入れも怠らない．住宅地コミュニティの住宅所有者組合（home-owner's association）も近隣全体の環境を良好に保つための委員会を持っている場合が多く，樹木や生垣の手入れなど外観に対して個別に忠告をすることもあるようだ．

　「スノーバード」という言葉がある．北部地域に住むアメリカ人が厳冬期に避寒地を求めて南部地域に滞在するために居住地を季節的に移動することを渡り鳥になぞらえて指した言葉だ．半年以上に及ぶ場合も珍しくない．長期に移住できるのは，在職中では無理なので，スノーバードになれるのは退職者である．この場合，北部地域にある自宅以外に，南部にセカンドハウスを持つ場合もあるが，多くはリゾートハウスとしてのコンドミニアムを借りる．トレー

ラーハウスを借りる，あるいは所有するキャンピングカーで南部に移動するなどをして避寒地で過ごす．アリゾナ州やフロリダ州などでは，退職者を対象としたスノーバードのためのリタイアメントコミュニティが存在する．リタイアメントコミュニティは 55 歳以上など，一定年齢以上を対象とした住宅コミュニティだ．ゴルフコースやスイミングプール，娯楽施設を取り囲むようにコンドミニアムや戸建て住宅が配置されているものや，固定されたトレーラーハウスがコンドミニアムや戸建て住宅の代わりに配置されたモービルホーム・パークもある．トレーラーハウスの方が戸建て住宅よりも安価なので，これをモービルホーム・パークで所有して厳冬期をしのいでいる人々もいる．長期滞在を見越して，このような避寒地コミュニティには，高齢者に合わせた様々な日常生活サービスやセキュリティサービスも得られる（加藤 2016）．

　余裕があれば複数の住居を所有し，避暑や避寒に出掛ける，所有までいかなくても，休暇を過ごすために家を借りる，今までの家を売り，別の場所に家を買う，あるいは子どもが独立して夫婦だけになった，車の運転をあきらめたなど，ライフステージが変化したために引っ越すなどが日本と比べて多いことに驚く．ただ，これについては最近，居住移動がヤングアダルトのミレニアル世代を中心に減少しているというデータがある．1940 年代末〜1960 年代にかけてはアメリカ人の 20% が毎年転居していたが，2008 年の金融危機後には11〜12% に下がり，2019 年には 9.3% と半減した．これは特にその世代に移動の減少が生じているためだという（Frey 2021）．市場経済が文化的側面に長期に影響を与えているようだ．

❖ 教育制度のスケッチ

　ここでは語りに登場した，アメリカの教育制度や教師のキャリアアップについて取り上げよう．

16. 学 校 制 度

　スーザンへのインタビューの中で，学校制度について触れている部分がある．小学校について，ほとんどは 8 年生までだが，スーザンの通ったミシガン州ディアボーンの学校では 6 年生までだったと説明している．アメリカでは幼稚園から高校までは無償だが，公教育のスタートは幼稚園からの場合と 1 年生からの場合があるようだ．その後は Junior high school と呼ばれる中学校に行く

場合と中学校がなく，ダイレクトに高校（High school）となる場合がある．小学校が8年生まである場合には，次は9～12年生の4年間の高校となる．スーザンたちが通ったディアボーンでは，小学校が6年生までで，次が7～9年生の中学校，そして10～12年生の高校だったという．

アメリカにおけるこのような公立学校の様々な区切りの存在は，全国共通の学校制度がなく，各州や学校区に自治権が委託されていることによる．資料によると，教育に関する最終的な権限は州政府にあるが，大半の州は決定権の一部と公立の小中学校の運営を地元の教育機関，または学校区に委ねているという．学校区は全米でおよそ1万5000あり，それぞれが管轄域内の公立学校を監督しており，ほとんどの州は学校区に予算を決定し，カリキュラムを実施していく大きな権限を与えている（American Center Japan 資料）．

文部科学省（2019）によると，就学義務に関する規定は州により異なり，就学義務開始年齢を6歳とする州が最も多いが，7歳あるいは8歳とする州でも，6歳からの就学が認められており，6歳児の大半が就学しているという．義務教育年限は9～12年であるが，12年とする州が最も多く，初等・中等教育は合計12年である．その形態は，6-3(2)-3(4)年制，8-4年制，6-6年制，5-3-4年制，4-4-4年制など多様であり，これらのほかにも，初等・中等双方の段階にまたがる学校もある．現在は5-3-4年制が一般的であるという（図3-1参照）．なお，同資料によると，高等教育機関は，総合大学，リベラルアーツカレッジをはじめとする総合大学以外の4年制大学，2年制大学の3つに大別される．専門職大学院（学部）は，医学，工学，法学などの職業専門教育を行うもので，独立の機関として存在する場合（専門大学，専門職大学院大学）もある．専門職大学院（学部）に進学するためには，通常，総合大学またはリベラルアーツカレッジにおいて一般教育を受け，さらに試験，面接を受ける必要がある．また2年制大学には，ジュニアカレッジ，コミュニティカレッジ，テクニカルカレッジがある．州立の2年制大学は，主としてコミュニティカレッジまたはテクニカルカレッジである．

公教育に市場原理が導入されることも生じている．恒吉僚子（2004）によると，その例として民営企業による公立学校の運営，ヴァウチャー制度，チャータースクールなどがある．1990年代以降，民営企業は様々なルートでアメリカの公教育領域に参入しつつあるという．またヴァウチャー制度とは，家族が特定額の支払い保証書（ヴァウチャー）をもらい，自分たちが選択した学校の費

208

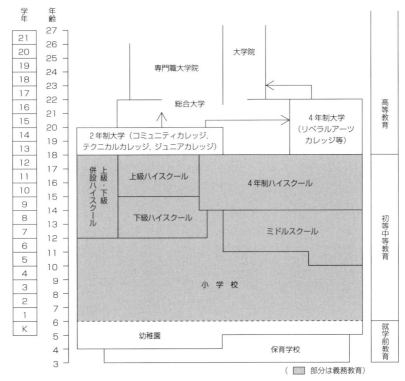

図3-1 アメリカの学校系統図

出典：諸外国の教育統計 2019 年版（文部科学省）．

用として用いることができるという制度である．さらにチャータースクールとは，地方自治体や州の教育委員会等の公的機関と設置者側が契約を結ぶことによって成立する公立学校であり，公立学校を縛る規制の多くが免除されるが，どのように学校が責任を果たすかが重視され，それがない場合は契約が更新されない．保護者団体や教師，既存の青少年クラブや民営企業が設立母体になっているという．これらの多様な学校が選択肢に加わることには，公立学校を競争にさらすことによって改善させることができる，貧困家庭の学校選択の幅を広げることができるなどの賛成意見や，階級や人種間の格差が広がるなどの反対意見があるという．

17.　ヘッドスタート

　スーザンがシカゴで最初にフルタイムでの仕事に就いたのは，ヘッドスタートの教師だった．米国連邦政府の健康及び人的サービス省（U.S. Department of Health & Human Services）のヘッドスタート室（Office of HEAD START）によると，ヘッドスタートはリンドン・ジョンソン大統領の 1964 年の一般教書演説の「貧困との戦い」で宣言されて始まったもので，貧困の連鎖を断ち切るために低所得家庭の子どもたちに対して，情緒的，社会的，健康面，栄養面，心理面といった諸ニーズを満たすために，翌年の 1965 年から行われている連邦政府の支援施策である．1965 年には試行的なプロジェクトとして，8 週間のサマープログラムが行われた．サマープログラムの成功を受けて国会は，翌年の 1966 年には，半日の，年 9 か月のプログラムを承認した．1972 年からは障害児へのサービスも開始された．1975 年には，3 〜 5 歳児の子どもたちへのサービスのガイドラインとして，初めての『ヘッドスタートプログラムの指導指針（The Head Start Program Performance Standards）』が出版された．この指導指針のアイデアは，公立学校のための連邦政府の指導指針計画へと広がっていった．その後，プログラムは改良され，0 歳児から 3 歳児未満の子どものための早期ヘッドスタートプログラム（Early Head Start Program）も始まった．1998 年には，1 日を通した通年のサービスとなった．教育だけでなく，保健サービスや家族への福祉サービスなども組み込まれている．1965 年の開始以来，3600 万人がヘッドスタートを受けているという．ヘッドスタート制度は，それぞれの学校や組織が連邦政府から助成金を獲得する形で運営されているため，サービスを提供するのは公立学校，私立学校のほか，非営利団体，営利団体，託児所なども含まれており，スタッフが家庭に出向くサービスも行われているという．

18.　才 能 教 育

　スーザンが小学校に入ったばかりの頃，既に読むことができたスーザンを，教師が，より上手に読める子どもたちのグループに入れたということに触れている．結局，そのグループに付いていけなかったスーザンを，教師は別のグループに入れてくれた．また，小学校では音楽の能力試験があり，スーザンは 5 年生の時に高得点を得てその試験にパスして好きな楽器を演奏する機会を与えられた．家に帰って，ヴァイオリンを演奏したいと親に宣言したことを語っ

ている．これらは個々の能力を伸ばす教育方針によるものといえるだろう．

　スーザンの友人のシャーレーンも小学生だった頃，2年生，4年生というように1年おきに学年が進んだことを語っている．このような飛び級の制度は日本でもあるようだが，高校から大学へ，あるいは大学から大学院への飛び級を指している（文部科学省資料参照）．つまり日本では，高等教育が対象である．シャーレーンの体験は，初等教育でのことだ．これに関連してスーザンの友人バーバラは，学校の教師が親にバーバラの飛び級を打診したが，同年代の子どもたちと過ごさせたいという理由でその打診を断ったことを述べている．

　以前，訪れたメリーランド州の郊外住宅地では，調査対象者の息子が地元の小学校ではなく，その地域にある特別校に通っていた．メリーランド州で行われている「マグネット・プログラム」という制度の一環だという．それは市内にある8つの小学校から50人がテストや成績で選ばれて，高学年の2年間を彼らのために用意された特別校で過ごすというものだ．中学でも同様だという．特別な才能を伸ばす，公教育でのこのような取り組みは教育政策として意義あることだと思う．ただし，こうした特別なプログラムを実施している地域は一部であると推察される．その調査対象者が，その地域に引っ越してきた理由の一つに「マグネット・プログラム」があったことを挙げていたからだ．スーザンもまた両親が子どもたちに良い教育を望んでいたためにディアボーンに引っ越したと語っている．アメリカに限らず，子どもの教育環境が居住地選択の重要な条件となることは珍しくないだろう．一方で，このような意義ある取り組みも普及の面でみると課題を残しているようにも思う．

19. 教員のキャリアアップ

　芸術教育の免許状を取得して小学校の教員をしていたスーザンや，中学校や高校で理科の教員をしていたシャーレーン夫妻は，教員をする傍ら，大学院の修士課程の授業を受講して単位を取得していたのだが，それにはキャリアアップの目的があった．修士課程を修了し，さらにポストマスターとして30単位を取る（＋30），さらにもう30単位を加算して60単位を取る（＋60）とそれに応じて教員の給料が上昇したという．それは教員が，より高度な専門知識を身につけるモチベーションともなったであろうし，スーザンのように教育分野の専攻の変更の機会ともなったであろう．

　シャーレーンの夫のカールは，教員をしながらオレゴン州立大学で修士号を

取得したのち，夏期に中西部や東部のいろいろな大学の授業を取りに行ってポストマスターとして60単位以上を得たことをライフヒストリーの中で語っている．既述のように，時代が影響した場合もあるだろうが，教員がキャリアアップのために在職のまま大学院の授業を受講することは当時から珍しいことではなかったようだ．もちろん仕事の傍ら，それを実践することは容易なことではなかっただろう．

❖社会のスケッチ

　ここでは，病理，産業，制度，政治，人口的多様性などアメリカ社会に生じた様々なトピックを語りの中から取り上げよう．

20.　アルコール依存症

　これまで，いろいろな人たちへのインタビューで，家族の誰かがアルコール依存症であることが珍しくないように感じた．筆者のアメリカ滞在中のある時，スーザンの弟スティーブの友人の家にスーザン夫妻とスティーブとともにディナーパーティーに招かれた．食事の後に居間で談話となった時，アルコール依存症の話題になった．スーザンは弟のジャックがアルコール依存症から立ち直ったことを話した．ジャック本人が今回のインタビューで，その経緯について詳しく語っている．その後，親族の中には，アルコール依存症だった人が少なからずいることが語られた．すると，その友人の祖父もアルコール依存症だったが，そのために家族が大変な思いをしたことを告白した．

　アメリカの国立保健協会（The National Institutes of Health）の「アルコールと関連状態に関する国立疫学調査（NESARC)」のデータによると，アメリカ人の12.7%（8人に1人）がアルコール依存症だという．なかでも男性はアルコール依存症が16.7%，ネイティブアメリカンは16.6%，貧困線以下の人々は14.3%，中西部の人々は14.8%と高い比率となっているという（Washington Post, 2017/8/11).

　厚生労働省の資料によると，日本では成人の飲酒実態調査（2003）で，多量飲酒者が860万人，アルコール依存症の疑いのある人が440万人（4.5%)，治療の必要なアルコール依存症患者が80万人（人口の0.9%）と推定されることがわかったという．データの比率からみても，アルコール依存症はアメリカの方がはるかに深刻な病理となっているようだ．

　ジャックがアルコール依存症から立ち直ったきっかけとなったのはアルコホリック・アノニマス（Alcoholics Anonymous）と呼ばれる自助グループ組織への参加である．このグループは 1930 年代にアメリカで始まった．公式サイトによると，アルコール依存症の問題を抱える人々がお互いの経験を共有し，アルコール無しで満足のいく生活を送るための非専門的，非政治的，多人種の，誰にでも開かれた自助組織である．現在では全米各州のほか，世界 94 か国にある．日本でも 1970 年代後半から活動が始まり，東京都豊島区の本部をはじめとして，広島市，鹿児島市，名古屋市，札幌市など 7 か所で 5000 人がメンバーとなっている．1950 年代には，アルコホリック・アノニマスをモデルに独自の断酒会も結成されており，そのメンバーは 1 万人だという（Alcoholics Anonymous 公式サイト：厚生労働省資料）．

21. 自動車産業と地域

　スーザンの育ったミシガン州のデトロイト近郊は，アメリカの自動車産業の中心地だった．20 世紀初頭の 1908 年には，フォード社が初の大量生産車 T 型フォードを生産し，ゼネラル・モーターズ（GM）の前身企業が発足し，その後，1925 年には，クライスラー社も創業している．アメリカの自動車産業のビッグ・スリーがこの地域に生まれた．

　スーザンの父は，フォード社の会計士をしていたし，スーザンや弟たち，友人のシャーレーンが通ったディアボーンの公立中学校は，ヘンリー・フォードの妻の結婚前の名前をとって，クララ・ブライアント中学校という校名であった．シャーレーンによると，ディアボーンの公立学校はフォード社の恩恵で，群を抜いて豊富な財源があり，優秀な教師やカリキュラムがあり，最新の図書や機器や施設が備わり，様々な活動が行われていたという．

　このようなアメリカの自動車産業は，その後，1970 年代になると，マスキー法による排ガス規制など環境問題への対処が課題となり，オイルショックも重なり，いち早く技術的に優位に立った日本車によって壊滅的な打撃を受けた．自動車産業の衰退によって，多くの人々が仕事を失った．1980 年代には，デトロイトの町は廃墟が目立つようになったという（日本経済新聞 2019 年 7 月 10 日日刊）．「あの当時，デトロイトにいたら，人々は『日本の国はアメリカのとても大切なものを奪った』，『日本人は私たちの国に酷く，とても悪いことをしている』と言っただろう」，「人々には，影響を被ったものに対して，大変，偏

見に満ちた見方がある」と，学部生時代に人類学を専攻したジャックは「エスノセントリズム」（自民族中心主義）という用語を用いて偏見の存在を懸念したコメントを述べている.

　現在アメリカでは経済格差の拡大とともに，ミドルクラス層の縮小が進行しているといわれている．今，アメリカで「ラストベルト（錆びた地帯）」と形容されている，まさにこの地域の経済衰退が深刻な影を落としている．しかし前掲紙（日本経済新聞 2019 年 7 月 10 日日刊）は自動運転技術という新たな技術革新によるデトロイトの復活可能性も伝えている.

22.　公営住宅とジェントリフィケーション（Gentrification）

　スーザンの友人，アーミニュアの家族は，アフリカ系アメリカ人の居住地となったシカゴ南部地域，ブロンズビルに住んでいたが，その後，シカゴ市によって，その地域に建設された「ハウジング・プロジェクト」と呼ばれる公営住宅に入居したことが記されている.

　現在では再開発によって，これらの公営住宅群は取り壊され，新たに「アーバン・リニューアル」として開発されている．時代とともにスラム化していった公営住宅地域の貧困の集中をなくし所得混合（ソーシャルミックス）の居住地を作るという都市計画である．当地に居住していたアフリカ系アメリカ人はミドルクラスとなって出て行く場合もあったようだが，残っていた人々も再開発事業で新たに建設された住宅には，すべてが留まることはできずに郊外へと移住を余儀なくされた．あるいは家賃が高くなって転居せざるを得なくなった.

写真 3 - 5　再開発によって建設されたブ
　　　　　ロンズビルの低層集合住宅
2012 年筆者撮影.

写真 3 - 6　建設予定物件の看板広告
2012 年筆者撮影.

　再開発後のブロンズビルをアーミニュアが案内してくれたことがあった．彼女が通っていた教会だけはそのまま残っていて，懐かしそうだったが，彼女が住んでいた公営住宅群は跡形もなく，地域は美化され，瀟洒な低層の建物が多く建てられていた．

　これらは都市貧困地域の高級化による旧住民の追い出しの意味も込めて「ジェントリフィケーション」と呼ばれている社会現象である．ジェントリフィケーションは，米国だけでなく，世界中の大都市でも同様に生じている．米国ではシカゴに限らず，大都市のインナーエリアの再開発で 1980 年代後半〜2000 年代にかけて起きている（Hyra 2008）．

23. 人種的民族的多様性

　スーザンが評価するアメリカには「肉，ニンジン，セロリ，ジャガイモなどこれらの異なる物が含まれていて，どこかに行ってしまわない」，「違いがあることがわかっていて，なおかつ美味しい食べ物の中で一緒になっている」といった，シチュウに例えたアメリカの多様性についてのコメントが特に強調されている．

　多様性といっても文化，宗教，生活スタイルなど，その側面は様々だが，とりわけ，移民国家アメリカの人口的多様性とは実際にどの程度なのか，人種的民族的多様性についての最新のデータをみてみよう．それが延いては，文化的多様性，宗教的多様性，生活スタイルの多様性を引き起こすことには異論がないだろう．

　ブルッキングス研究所シニアフェローのウィリアム・フレイによると，2020 年のセンサス予測では人種的民族的多様性は，さらに拡大している．2010〜2020 年の人口の伸び率でみると，白人が 0.6％の増加率なのに対し，非白人，エスニックマイノリティの人口の増加率は 40％以上になっている．中でも 18 歳以下の人口でみると，非白人，エスニックマイノリティの人口増加率は 50％以上に達しているという．これは白人の人口が高齢化し，子育て世代が相対的に少なくなっていることと，白人以外の人種や民族グループは，より若く，それゆえ出生率に貢献しているからだとみられている．それが 18 歳以下の人口比率にも反映しているというわけである．2020 年 1 月 1 日現在のアメリカ合衆国の人口は 3 億 3020 万人だった．2010 年のセンサスと比べて 7.1％の伸びだが，最初のセンサスが行われた 1790 年以来，最低水準だという．大恐慌

時代でも 7.3％の伸びだったということなので，この数値の意味の大きさがわかる．1990 年代には移民が多く，ミレニアル世代（1981～1996 年に生まれた世代）の出生も多かったことから 13.2％の増加であった．それだけに，この数値は顕著な低下にみえる．実際の人口比率はというと，2020 年センサスでは，白人が 59.7％（1990 年センサスでは 75.6％），黒人が 12.5％（1990 年 11.7％），ラテン系またはヒスパニックが 18.7％（1990 年 9 ％）となる予測だという．1990 年のセンサスと比較して，この 30 年間にアメリカの人口の人種的民族的な比率は，白人の人口比率が約 16％減少し，ラテン系またはヒスパニックの人口比率が 2 倍となったことが読み取れる（Frey, Brookings Report 2020/3/31）．また世代の人口規模が最も大きいのは，ベビーブーマーの 21.8％を抜いて，ミレニアル世代の 22.0％となった．それ以下の世代と合わせると 50.7％を占め，全人口の過半数となった．ベビーブーマーは白人が 71.6％を占めるのに対して，ミレニアル世代の白人比率は 55％に低下しており，若い世代の人種的民族的多様性は増大している．いずれにしてもアメリカの人口は今後，移民がけん引役となり，それなしでは減少が予測されている（Frey, Brookings Report 2021/1/11）．

　この傾向をどのように捉えるかは様々な観点があるだろう．以下にみるように，民主党と共和党という政治的な立場によっても議論の内容は対照的だといえる．白人を中心とした社会を理想だと考える人々は，この人種的民族的構成の変容に対して危機感を持つだろう．アメリカ社会の多様性に価値を見出す人々は，この変化に対して勇気づけられるだろう．

24. 民主党と共和党

　スーザンの両親，特に母親が熱心な民主党支持者だったことをスーザンは回想している．両親の志向はスーザンや弟たちの政治的信条にも強く影響を及ぼしていることがわかる．

　アメリカでは伝統的に民主党と共和党の二大政党が勢力をもち，これまで大統領はすべて民主党か共和党のどちらかの政党の立候補者が選出されている．スーザンが子ども時代を過ごしたコミュニティは，白人のミドルクラスが多く住む地域で，ほとんどが共和党支持の家庭だったと語っている．

　民主党は大きな政府，共和党は小さな政府を目指しているといわれている．つまり，すべての人々の利益になるような（common good）社会を実現するため

に，民主党は企業活動を規制によってコントロールし，富裕層への税率を厚くし，貧しい人々や社会的弱者に対して社会保障を充実させるなど，政府の権限を大きくしようとする．また妊娠中絶，LGBT，移民労働者などへの権利も擁護する立場をとっている．これに対して，共和党は，ビジネスセクターの規制を緩和して，法人税や所得税の税率を低くし，政府の権限を小さくして自由な経済活動で利益を上げてもらうことが，結果的に社会全体の利益につながると考える．企業や富裕層が提供する寄付や基金などを通じた「福祉」が社会問題を解決するという立場をとっている．伝統的な価値観を重んじ，妊娠中絶，LGBT，移民労働者への権利擁護には消極的である．しかし，現在のような大きな政府＝民主党，小さな政府＝共和党というイデオロギーは，実際には歴史的に複雑に入り組んでおり，必ずしもどちらかの立場というものでなく，混在していた（Noll 2008＝2010：23-24）という．

　松尾弌之（2004）によると，共和党の支持者は白人の中産階級で，性別では男性が多く，民主党の支持者は恵まれない人々や黒人などのマイノリティ，労働者，女性，知識階層が多いというが，近年ではその区分もぼやけてきているという．そして，このように政治手法の異なる二大政党によって交互に政府の実質的入れ替えが行われるという状況は，暴力をともなわない革命が4年から8年間隔で繰り返されることを意味し，政治の世界に希望を託するという発想が生まれるゆえんでもあるという．

　アメリカでのフィールドワークの経験から筆者は，出会ったアメリカ人の多くがはっきりとした政治意識をもっていることに驚かされている．日常的な会話の中では政治の話はあまり出ないが，ひとたび真面目な話になると，あるいは訪問が大統領選挙の時期に当たると，自分がどちらの政党を支持するのかという意思を積極的に語る場面が少なからずあり，無党派層もかなり存在するものの「どうでもいい」といった無関心な態度にはこれまで出会ったことがない．彼らには，どちらの政党が政権を握るかによって，日常生活が大きく左右されるという経験的事実があり，どういう政治的判断から由来するものかがわかっている．それが多くのアメリカ人の政治意識を高めていることは確かだろう．

　ここまでみてきたように，第1章と第2章の描写を通して，語りの中にはアメリカ社会を表象する多くのトピックが表れたが，それらが，まる一章を割いて取り上げるほどのボリュームとなったことは，スーザンをはじめとして11

人それぞれの語りや綴りがライフヒストリーという個人的な話でありながら，いかにアメリカ社会と密接に関連しているかを示しているといえよう．このことはライフヒストリー法のもつ醍醐味である．対象者たちの語りがアメリカ社会をスケッチしてくれたのだ．

終 章

アメリカ的なるもの

　アメリカ人であるスーザンのライフヒストリーに触れ，またはスーザンの周りの人々のライフヒストリーに触れると，アメリカ社会がスーザンやスーザンの周りの人々の人生に様々な形で影響を及ぼしていることが見えてくる．スーザンをはじめとする対象者たちの語りは彼らの人生の語りだが，アメリカ社会での語りでもある．読者の皆さんは，彼らの語りからアメリカが日本とは異なる社会であることを感じ取ったことと思う．もちろん異なる社会で異なる文化が立ち上がり，自分たちとは異なる価値観や心情が形成されていくのはごく当たり前のことである．しかし，様々な形で我々が断片的に見聞きする情報には文脈や背景が省略されていることで異文化に対して安易なステレオタイプを生じさせてしまっているものも多いのではないだろうか．筆者はライフヒストリーという方法で，その問題に挑戦してみた．本書では語りを部分的なコメントとしてではなく，ひとつながりの文脈の中で解釈することで，異なる社会，アメリカに生きる人たちに接近しようとした．

　この章では最後に本書のこれまでの内容を振り返ったうえで，「アメリカ的なるもの」について考えてみたい．

　第1章は，スーザンのライフヒストリーとそこから筆者が読み取った意義をまとめた．スーザンは，自分の祖先がどこから来て，どのように自分につながっているのかという家族の歴史に関心が強く，成長の過程で親族に話を聞いたり，親族が作っていた祖先のことを記録したスクラップブックに興味を持っていた．そのため，インタビューでも曾祖父まで遡る祖先の歴史について細かく語ってくれた．スーザンは，両親や祖父母や祖先たちが自身の人格形成や価値観にどのような影響を与えたのかについて回想し，明らかに自信という自己肯定感が彼らによって育まれたことを感じている．この自己肯定感を基盤として，教師という職業の選択や継続，夫と歩む生活の設計，リーダー的役割の遂行を含む人生の道筋が形づくられていったのだろう．外国での居住を含め，数多く海外を旅行した経験をもつスーザンは，帰国した時に感じる慣れ親しんだ感覚の心地よさに自分がどれほどアメリカ人かがわかったと述べている．典型

的とはいえないと感じる自分を文化の一部として包摂してくれるアメリカは
スーザンにとっての「人生の家」なのだ.

　第2章は，スーザンに関わる人たち，すなわち，スーザンにとっての重要な
人たちのライフヒストリーである. スーザンの夫，弟たち，再従弟，そして友
人たちのライフヒストリーと筆者が読み取った意義をまとめた. スーザンに関
わる人たちの，それぞれ異なるライフヒストリーは興味深い. 夫リーのライフ
ヒストリーには，子ども時代の家族の分断が描かれ，リーの故郷に対する思い，
故郷の生活世界を拒絶してきた心情が描かれている. また恩師から受けた影響，
特にその後の音楽家としての人生に方向づけられた経緯が描かれている. しか
し，音楽家人生に終止符を打つ決心をした描写には切なさが滲み出ている. ま
た社会的正義に対する思いを述べた，現在のアメリカ社会に対する批判は特に
パッションが感じられ，彼の政治意識の高さがわかる. 弟ジャックもまた別の
形で社会的正義を述べている. ジャックは青年期を過ごした 60 年代という時
代性と同時に，自分の価値観が両親から影響を受けたものであることに幾度と
なく言及している. それはもう一人の弟スティーブの人生にとっても同様だと
思われる. スティーブは妻の難病との闘いに後半生を捧げたこととその苦闘の
様子を綴っているが，病によってもたらされたバリアを克服するように過ごし
た日々の前向きな描写には，どこか救われる気がする. さらに，リーやス
ティーブやジャックがスーザンに関わることを描写している部分からは，スー
ザンの語りとは別の方向からの語りとして，同じ事象が立体感をもって立ち上
がってくることが興味深い. 再従弟のジョンの誇りは，他者のアメリカンド
リームの実現に手を差し伸べた自身の行動であり，移民の祖先が達成したアメ
リカンドリームである. 続いてスーザンの友人たち六人のライフヒストリーと
筆者が読み取った意義をまとめた. シャーレーンとカール夫妻は二人のキャリ
アアップを後押しした時代の恩恵を語り，スーザン同様，自分たちを育てた家
族への想いを語り，親の影響力についても触れている. ブルースは成長期に刷
り込まれたアメリカの肯定的な部分が自身のアメリカ人意識に影響しているこ
とを綴っている. ジーンは第二次世界大戦直後の家族の生活を描写し，親とは
違う世界にどのように進んだのかを記し，父の姿にアメリカ人であることの意
味を見つけている. アーミニュアは，祖先が大移動でアメリカ南部からシカゴ
にやって来たことや幼少期に過ごした公営住宅での懐かしい思い出を綴ってい
る. しかし，アフリカ系アメリカ人として白人の少年たちから嫌がらせを受け

たことの回想はアメリカの根深い人種差別が彼女を苦しめていることに気づかせてくれるものだ．バーバラは求める進路に迷走し，高校や大学を転学したこと，性別による不公平感や人種への偏見を政治的活動に昇華させたことを綴っている．日系人として祖先から受け継いでいる文化に気づき驚くとともに「日本の人ではない」と感じたアメリカ人としてのアイデンティティの記述が印象的だ．

　第3章は，それぞれのライフヒストリーの中に表れたアメリカ的なキーワードを筆者が24個掬い取って，それらが埋め込まれている語りの文脈にも触れながら解説を試みた．24のキーワードは，日本の文化や社会の中では表れないか，表れにくいものとして筆者は取り上げた．アメリカ人の彼らがライフヒストリーを語る中での，歴史的な出来事や歴史的な背景，社会に根づいた習慣や制度，人々の行動や病理として重要なものであり，結果的にはアメリカ社会の描写の試みとなった．

　本書の対象者たちの人生に，時代や政治が与えた影響は小さくない．ジェンダー意識が色濃くあった時代には，その時代と同調行動をする主流となる人々の影響力は相当なものだった．その時代のジェンダー意識は，スーザンが得意としたスポーツの能力を発揮することを妨げたし，職業意識の強かった彼女は，その時代の中で，結婚に対して否定的になっていた．バーバラは進路の選択肢に男女差があることに対する不条理感や大学での失望感を経て，そのような想いを政治的行動主義へ向けていくようになった．東西冷戦時代のスプートニクショックは，国家による科学技術への多大なサポートをもたらした．シャーレーンとカール夫妻は，政府から科学の教師として，より高い専門性を身につける機会を与えられ，ブルースは，それまで通っていたカトリックの私立学校では得られなかった，卓越した理科と数学の教育を公教育で受けることができた．そしてそれは，彼に先駆けとしてのインフォーメーション・テクノロジーの分野に進む道を開いた．60年代は，ケネディ暗殺，ベトナム戦争参戦，公民権運動など，特にこの時代に青年期を過ごした，本書の登場人物たちの人生に少なからぬ影響を及ぼした出来事が起きた時代であった．公民権運動にみられる社会的公正，社会正義への志向は，スーザンが両親から受けた教育と同じ方向性を持つものであった．彼女はそれに「心地よさを感じていた」．ジャックにとっては，この時代の社会革命の思潮は，合衆国憲法を心から尊重し，社会をより良くするために法律の世界を追求する志を高めるものだった．またこ

の時代は，バーバラに政治的活動に目覚めることへの原動力を与えたに違いない．ジャック兄弟やバーバラが経験したのは，ベビーブーマーであることによる社会的不利益だった．教育活動での不利益，特にスポーツで周りから評価されていたジャックとスティーブには，それらの活動が制限されていたことの不利益だった．バーバラにとっては，大学を卒業しても就職が決まらず，数年間はアルバイトをしなければならなかったという不利益だった．一方でブルースは，科学技術分野の教育環境の充実によってもたらされた恩恵が，彼のアメリカ人としての心の在り方に及ぼした影響を語っている．「アメリカ人であることが重要な強みであるという時代」，「アメリカの文化，商業，工業，技術が世界で最良だと考えられていた時代」に育ったことが心の状態としてブルースに刷り込まれていた．抑えた表現を用いながらも，世界の他の地域を旅して数多くの文化に触れたが「アメリカに比類するものは決して見つけていない」と，自らがアメリカ人であることに対して肯定的な感情があると断言している．同じ時代を通過しながらブルースのように考える人もいれば，そうでない人もいる．リーのアメリカ社会への評価は冷静である．現在のアメリカ社会の趨勢に対して大きな，あるいは繊細なまでの失望感を感じている．アフリカ系アメリカ人のアーミニュアにとっては，アメリカ社会の主流を占める白人社会からの疎外感があり，彼女はアメリカ人であることの複雑な心境を語っている．ジャックも彼が教える学生の中には，アメリカにいて疎外感を感じているものが少なくないことに言及している．

　それでは，筆者が対象者たちのライフヒストリーから捉えた「アメリカ的なるもの」とは総括するとどのようなものといえるだろうか．それはもちろんひとまとめに語ることはできない．しかし時代と時間の流れの中に位置づけられた彼らのコメントにアメリカ社会が立ち上がっており，その中に彼らにとっての「アメリカ的なるもの」が表れている．

　アメリカ社会が日本社会と根本的に異なるのは，その成立が「移民社会」であることだ．建国の時代から現代にいたるまで，奴隷として連れてこられた人々も含めて世界の様々な地域から様々な時期に移民が絶え間なくやって来てアメリカ人を構成してきた．ある時は「メルティングポット」と形容され，それがやがて「シチュウ」という考え方になっていったように，アメリカ社会には，多様な由来を持つ人々の多様な背景に対して，異なる価値を尊重することがアメリカ人である，すなわちアメリカ人の政治哲学者ウォルツァーが表現す

るところの「社会の多様性の尊重に同意するということでアメリカ人は己のア
メリカ人気質を証明する」（Walzer 1992＝2006）という風土が育まれていったの
かもしれない．皆，他と異なる何かしらの側面をもってやって来たことが始ま
りなのだから．そしてこれとバランスを取るように，特定の組織やクラブなど
の同じ価値を共有するグループの活動も盛んである．移民ということの中には，
夢や豊かさを求めて祖国を後にしてきた人々がいる一方で，難民として，ある
いは迫害を体験してきた人々もいる．彼らにとってはアメリカが「最後の希望
の地」であった．オーケストラ団員の妻であったエヴァは腕にアウシュビッツ
の入れ墨があった．さらに黒人のアーミニュアにとってアメリカは今なお，自
分がアメリカ人として感じられる社会とはなっていない．そういった多様な
「移民」たちのエートスが思いや願いとなり「アメリカ的なるもの」の一端に
組み込まれている．また東西冷戦に影響を受けながら結果的に発展したアメリ
カの科学技術や，60年代の若者たちのマインドに強く訴えた社会正義への変
革の歴史も「アメリカ的なるもの」の在りかを左右してきただろう．それは
「最もアメリカ人だと感じる時」に彼らが寄せてくれたコメントの中にもそれ
ぞれの言葉で刻まれている．建国の歴史から遡り，民主主義や自由に権利を表
明できる政治システムをもつこと，産業や社会インフラの先進性，あるいは移
民からはじまり社会階層を上昇していこうとするアメリカンドリーム，それを
実現させるための機会や勇気を与えてくれたアメリカの制度，そして時には忘
れられてきた人々への共感，そういったアメリカ社会が保持し価値としてきた
ものに対する誇りとして，また地域的に多様な環境を味わうことのできる広大
な国土や多様な人々による多様な文化が存在することへの誇りとして彼らが
語ってくれたことの中に感じられる．

　これらは「まえがき」でも触れたようにアメリカ人であることの基層にアメ
リカ人が共有している価値ではないだろうか．共和党支持者であれ，民主党支
持者であれ，政治的立場に関係なく，そのことについてはアメリカ人として同
意するという価値ではないか．深読みすれば，アメリカの理念を語る際に使わ
れることが多い言葉，合衆国憲法の起草者たちが想起した，古代ギリシアにま
で遡る，共通善（common good）という言葉が内包する，すべての人々の利益に
なる社会を念頭において，そのようなものを無意識に準拠枠として類推するよ
うな価値ではないか．この「善」について，佐伯啓思は共和主義についての論
考の中で，たとえそれが「現実に自明なものとして存在していなくとも」それ

を想定することで「観念は理想という形をとって現実的生に作用する」(佐伯 2007：35-36) ものだとその意味を述べている．筆者には，そのような公共的な善を理想とする伝統が，現在でもアメリカ人やアメリカ社会に多かれ少なかれ何かしらの影響を及ぼしているように思われるのだ．「典型でない」ものを受け入れていく寛容性も含めて．残念なことにそれに背を向けるように偏見や差別は確かに存在する．アメリカ社会への失望やアメリカ社会からもたらされた痛みの描写がそのことを示している．しかしそれに抗議する人々が常に現れるのもみてきた通りである．分断や個人主義に振れるアメリカ社会に失望し，抗議し，憤る人たちもアメリカ人の一つの姿である．バーバラが述べたように，これまでも決して完全ではなかったアメリカが「より完全な結合」へと舵を切るために．

　読者の皆さんはアメリカ的なるものへ接近しようとする筆者の探求の思いを，本書から少しばかり受け取ってもらえただろうか．

あ と が き

　スーザンと筆者は，日本人の私の友人を通じて知り合ってから十数年になる．京都に住むその友人が京都を旅行していたスーザン夫妻と初めに知り合っていた．三十三間堂でのことだ．当時小学校で英語の講師をしていた友人は生徒たちを連れてそこを訪れていた．外国人観光客としてのスーザン夫妻に生徒たちが話しかけた．アメリカで小学校の教師をしていたスーザンは，会話だけでなく，生徒たちにスーザンのアメリカの自宅に手紙を出すことを提案したという．もちろんスーザンはアメリカから生徒たちに返事を出した．

　そんな小さな接点から縁は展開した．展開した縁を大切に育んでいた友人を仲立ちとして，やがて筆者もその縁の一部になり，展開の遠心力に身を預けた．筆者とスーザン夫妻との出会いは，スーザン夫妻がそれから数年後に再び日本を訪れたときである．友人がスーザン夫妻と一通り京都を巡ったのちに，奈良に住む筆者に，彼らに奈良を案内してやって欲しいと依頼してきたのが縁だった．スーザン夫妻のリクエストにしたがって法隆寺に案内し，帰りに奈良駅前でお好み焼きの夕食を一緒に食べた．それも日本のローカルフードを食べてみたいという彼らのリクエストだった．その当時，アメリカの退職者の社会的活動をテーマに博士論文に取り組もうとしていた筆者に，別れ際に「もしよかったら，シカゴにいらっしゃい．退職者の友人たちを紹介しますよ」と言ってくれた．それはリップサービスではなく，三十三間堂での出来事のように本当に実行された．スーザンの厚い協力が無かったら学位論文をこれほど順調に完成させることは難しかっただろう．深く感謝すべき恩人だ．以来，アメリカを何度か訪れ，彼女や彼女の夫，彼女の親族や友人たちと交流する機会を得て，スーザンの生きてきた人生の話を聞かせてもらって，アメリカ社会を描いてみたいと思うようになった．その思いは，ごく自然に熟成し，そして本格的な構想へと発展した．

　そしてそれは，ここまでみてきたように，スーザンやスーザンの周りの人たちのライフヒストリーの語りを通して，多様なアメリカ社会の一場面として読者の皆さんの心に届いたのではないかと思っている．

　一方，スーザンにとって，ライフヒストリーを語ることは，どのような意味

226

があっただろうか．スーザンにこのプロジェクトの話をお願いしたとき，スーザンからは「自分にとって，とても光栄なことだと思っている」と感謝の気持ちを伝えられた．もちろん，肯定的に受け入れてもらえたことは筆者にとっては大変，嬉しかったし，安堵したが，スーザンにとっても自己の人生を回顧する機会になったのではないだろうか．それは，70代のスーザンの年齢だからこそ，意味が増すものだと思う．これまでみてきたように，もともとスーザンは家族の歴史に興味があり，祖父母から話を聞いたり，家系図を作ったりしていた．曾祖父の従軍日誌の編集も然りだ．自分の家系図だけでなく，友人のアーミニュアの家系図作成に協力したこともあるそうだ．スーザンは自身をそういった家族の歴史の一部として考えながらライフヒストリーを語ることで自分と向き合う時間になったのではないかと想像している．

　スーザンを中心としてスーザンと交流のある親族や友人たちなど，本書で取り上げたアメリカ人たちは，アメリカの60年代の社会の意味がアメリカ人にもたらしたものなど，その時代に青春期を過ごした目撃者として生き生きと語ってくれた．アメリカ人としてのアイデンティティについても人生を通して培ったものとして率直に語ってくれた．このように，アメリカ社会を時代と変化のタイムスパンの視点で捉えたことは本書の大きな意義といえるだろう．それはスーザンたちのように年代を重ねてこそ描写できることである．

　本書の執筆開始から出版に至るまでの数年間には，アメリカを取り巻く社会状況の大きな変化があった．世界中でパンデミックが起こり，アメリカ大統領が変わった．しかし，引き続き，執筆の初めの頃と変わらず，アメリカ社会は分断に揺れている．社会の中に価値観や貧富の差という分断が存在することは否定できない現実である．それだけに，それらを縮小していく努力は不可欠だ．賢明な政治や政策により格差を，知識の蓄積や，情報の交換により価値観の違いから生じる溝を縮小していかなくてはならない．本書でもみてきたが，人の生活は多面体のようなものであり，そのために人は多面性をもつ生き物である．社会の多様な人々と接する時に，その多面体のどの側面を相手に向けるかによって空気は変わるだろう．憎悪や敵意ではないものを相手に向けていくためには，そしてそれらを自然に向けていけるようにするためには，もっともっと多くのきっかけや前提が必要となるだろう．しかし，どんなに重い歯車であっても，それが回りだすようになれば，次第に社会の空気は変わっていけるので

はないだろうか．良きリーダーシップがアメリカ社会の空気を分断から結合へと変え，多くの人たちがそれに応えていけばいいなと異国にいてアメリカの友を思う筆者は切に願っている．

　最後に，筆者の真剣な思いを真摯に受け止めて長期にわたって協力を惜しまなかったスーザンに深く敬意を表し，感謝したい．そしてスーザンの周りの重要な人たちである夫のリー，弟のスティーブ，ジャック，再従弟のジョン，友人のシャーレーン，カール，ブルース，ジーン，アーミニュア，バーバラも同様である．筆者の夢に手を差し伸べ，アメリカ人らしいやり方で背中をそっと後押ししてくれたことに感謝したい．もちろん筆者の京都の友人の松井隆子さんはそもそもの縁をつないでくれた恩人である．心から感謝したい．さらに，本書を出版するという夢を叶えてくれた晃洋書房の卓越した編集者，山本博子さんに深く感謝申し上げる．そして筆者の夢を見守り，応援し続けてくれた筆者の家族たち皆に感謝したい．

　2021 年初夏

加 藤 泰 子

参 考 文 献

蘭由岐子，2009，「Ⅵ インタビュー」谷富夫・芦田徹郎編著『よくわかる質的社会調査　技法編』ミネルヴァ書房.

Fry, Patricia, 2003, "Retirement, baby boomer style," *The World & I*, 18: 287.

Gans, Herbert J., [1962] 1982, *The Urban Villagers: Group and Class in the Life of Italian-Americans. Updated and Expanded edition.* Free Press（＝2006，松本康訳『都市の村人たち：イタリア系アメリカ人の階級文化と都市再開発』ハーベスト社）.

Hyra, Derek, 2008, *The New Urban Renewal: The Economic Transformation of Harlem and Bronzeville*, Chicago: The University of Chicago Press.

原田隆司，2009，「Ⅳ 参与観察法」谷富夫・芦田徹郎編著『よくわかる質的社会調査　技法編』ミネルヴァ書房.

ホーン川島瑤子，2018，『アメリカの社会変革——人種・移民・ジェンダー・LGBT』筑摩書房〔ちくま新書〕.

樋口進，2005，『成人の飲酒実態と関連問題の予防に関する研究　平成 16 年度総括研究報告書』厚生労働省.

加藤泰子，2011，「高齢者コミュニティの居住環境と生活の質についての一考察——米国メリーランド州 Leisure World を事例として」『同志社アメリカ研究』47 号，pp. 71-93.

————，2016，『高齢者退職後生活の質的創造——アメリカ地域コミュニティの事例』東信堂.

Long, Elizabeth, 2003, *Book Clubs: Women and the Uses of Reading in Everyday Life*, Chicago: The University of Chicago Press.

Lane, Susan Gilbreath ed.,2015, *Dignity of Duty: The Journals of Erasmus Corwin Gilbreath, 1861-1898*, Pritzker Military Museum & Library.

松尾弌之，2004，「共和党と民主党」松尾弌之・小田隆裕・柏木博・巽孝之・能登路雅子・吉見俊哉編『事典現代のアメリカ』大修館書店.

文部科学省，2019，『諸外国の教育統計 2019 年版』.

Noll, Mark A., 2008, *GOD AND RACE IN AMERICAN POLITICS: A Short History*（＝2010，赤木昭夫訳『神と人種——アメリカ政治を動かすもの』岩波書店）.

小田利勝，2017，『社会調査法の基礎』プレアデス出版.

大谷信介・木下栄二・後藤範章・小松洋編著，2013，『新・社会調査へのアプローチ——論理と方法』ミネルヴァ書房.

佐伯啓思，2007，「「自由」と「善き生」——共和主義の現代的変容」佐伯啓思・松原隆一郎編著『共和主義ルネサンス——現代西欧思想の変貌』NTT 出版.

佐藤郁哉，1984，『暴走族のエスノグラフィ——モードの叛乱と文化の呪縛』新曜社.

————，1992，『フィールドワーク増訂版　書を持って街へ出よう』新曜社.

清水石珠実, 2019,「グローバルウォッチ『活動家』気質，社会を覆う」(日本経済新聞 2019
　　年 9 月 18 日夕刊).

杉本貴司, 2019,「Disruption 断絶の先に　逆襲デトロイト自動運転の都へ」(日本経済新聞
　　2019 年 7 月 10 日日刊).

竹村和子, 2004,「フェミニズム」松尾弌之・小田隆裕・柏木博・巽孝之・能登路雅子・吉
　　見俊哉編『事典現代のアメリカ』大修館書店.

谷富夫, 2008,「Ⅰ ライフヒストリーで社会を読み解く」谷富夫編『新版ライフヒストリー
　　を学ぶ人のために』世界思想社.

─────, 2010,「Ⅰ 質的社会調査の方法と意義」谷富夫・山本努編著『よくわかる質的社
　　会調査　プロセス編』ミネルヴァ書房.

恒吉僚子, 2004,「初等・中等教育」松尾弌之・小田隆裕・柏木博・巽孝之・能登路雅子・
　　吉見俊哉編『事典現代のアメリカ』大修館書店.

Walzer, Michael, ed. 1992, *What It Means To Be An American*, Marsilio Editori S.P.A.（＝2006,
　　古茂田宏訳『アメリカ人であるとはどういうことか──歴史的自己省察の試み』ミネル
　　ヴァ書房).

Whyte, William Foote, [1943] 1993, *Street Corner Society, Fourth Edition*, The University of
　　Chicago Press（＝2000, 奥田道大・有里典三訳『ストリート・コーナー・ソサエティ』
　　有斐閣).

Web サイト

Alcoholics Anonymous（https://www.aa.org/pages/en_US/information-on-alcoholics-anony
　　mous　2020 年 2 月 26 日最終閲覧).

American Center Japan（https://americancenterjapan.com/aboutusa/laws/2569/　2020 年
　　3 月 31 日閲覧).

Frey, William H., Brookings Report 2020/3/31（https://www.brookings.edu/research/the-
　　2020-census-is-here-what-will-it-tell-us/? utm_campaign=Brookings%20Brief&utm_so
　　urce=hs_email&utm_medium=email&utm_content=85551925　2020 年 4 月 2 日閲覧).

─────, Brookings Report 2021/1/11（https://www.brookings.edu/research/what-the-
　　2020-census-will-reveal-about-america-stagnating-growth-an-aging-population-and-
　　youthful-diversity/? utm_campaign=Brookings%20Brief&utm_medium=email&utm_con
　　tent=106333405&utm_source=hs_email　2021 年 1 月 14 日閲覧).

Ingraham, Christopher, Washington Post, 2017/8/11（https://www.washingtonpost.com/
　　news/wonk/wp/2017/08/11/study-one-in-eight-american-adults-are-alcoholics/　2020
　　年 2 月 25 日最終閲覧).

厚生労働省,「平成 23 年度たばこ・アルコール対策担当者講習会」資料（https://www.
　　mhlw.go.jp/topics/tobacco/houkoku/120329.html　2021 年 6 月 1 日最終閲覧).

─────,「e-ヘルスネット」（https://www.e-healthnet.mhlw.go.jp/information/alcohol/

a-05-006.html　2021 年 6 月 1 日最終閲覧).

文部科学省「飛び入学について」(https://www.mext.go.jp/a_menu/koutou/shikaku/071113
　　18.htm　2020 年 2 月 26 日最終閲覧).

Northwestern University 資料, Hull House Maps and Papers (https://florencekelley.north
　　western.edu/historical/hullhouse/　2020 年 2 月 26 日最終閲覧).

Office of HEAD START, U.S. Department of Health & Human Services (https://www.acf.
　　hhs.gov/ohs　2020 年 2 月 26 日最終閲覧).

全米日系人博物館ヒラサキ・ナショナル・リソースセンター資料, 日系アメリカ人強制収容
　　所 (www.janm.org/jpn/nrc_jp/index_jp.html　2020 年 2 月 26 日最終閲覧).

人名索引

事 項 索 引

〈アルファベット〉

Amendments　198
Bill of Rights　198
common good　215
ERA　182,198
KJ法　6
letter　35,36
MBA　172
MIT（マサチューセッツ工科大学）　54
NSF助成　159
U of M　56
xenophobia　130

〈ア 行〉

アーバナ・シャンペーン校　154
アイデンティティ　25,102,112,113,126,130,
　200,220
アイビーリーグ　185
アウシュビッツ　81,82,222
アクション・リサーチ　6
アクティビズム　187
アジア系アメリカ人　180
アジア人　149,151,152,179
アッパーミドル　101
アナーバー　36,56,131,140,145
アファーマティブアクション　195
アフリカ系アメリカ人　44,177,180,191,213,
　219,221
アメリカ
　――国立科学財団　159,194
　――中西部　114,127,185
　――的なるもの　17,25,218,221-223
アメリカンドリーム　102,110,155,157,170,
　185,219,222
アリゾナ州　127,205
アルコール依存症　146,147,152,211
アルコホリック・アノニマス　146,147,212
アングロサクソン　51
イーストマン音楽大学　120,121

イエローペリル　149,152
いじめ　52,171,185
異文化　11,17
　――理解　1,5,7,100
移民　102,109,155,157,188,191,199,200,
　215,219,222
　――社会　221
依頼状　9
イリノイ州　181
イリノイ大学　158,163,180
インターステート・ハイウェイ　202
インタビュー　6,13,94
　アクティヴ・――　14
　――ガイド　15
　――記録　19,25
　――調査　13
　構造化――　13
　スタンダード・――　14
　半構造化――　14
　非構造化――　14
インナーシティ問題　110
ヴァウチャー制度　207
ウィスコンシン　71,75,157
　――大学　38
ウェストテキサス　114,116,126,128
エイリアン　149,152
エスノセントリズム　149,152
エバンストン　69,88,111
エリート主義　172,185
演奏家　29,114
大きな政府　215
オーケストラ　42,53,56,118,122,154,180
　――の妻たち　81,83
オーラルヒストリー　16
音楽家　81,105,130,143
音楽教師　117,128,160
恩師　128,219

〈カ 行〉

会話分析　6

《著者紹介》

加 藤 泰 子（かとう　やすこ）

　浜松市生まれ．広島大学教育学部卒業後，断続的に中学・高校の教員を務める．
2012 年同志社大学大学院アメリカ研究科博士後期課程修了．博士（アメリカ研
究）．現在，同志社大学社会学部嘱託講師ほか，龍谷大学，京都女子大学，花園
大学兼任講師．専門社会調査士．

主要業績

　「アメリカ郊外コミュニティにおけるタウンプランニングの精神的メッセージの
　　役割——ニューアーバニズムの伝統的近隣住区開発を事例として——」
　　（『日本都市社会学会年報』26 号，日本都市社会学会，2008 年）
　「シニア住民の生活の質と地域行事——米国郊外住宅地における「5K レース」
　　を事例として——」（『日本都市社会学会年報』28 号，日本都市社会学会，
　　2010 年）
　「高齢者コミュニティの居住環境と生活の質についての一考察——米国メリーラ
　　ンド州 Leisure World を事例として——」（『同志社アメリカ研究』47 号，
　　同志社大学アメリカ研究所，2011 年）
　『米国高齢者の生活の質についての研究——多世代包摂性をめぐる地域コミュニ
　　ティの 4 つの事例研究——』（同志社大学博士論文，2012 年）
　「ジェントリファイヤーの社会的役割の考察——米国シカゴ市都心回帰高齢者の
　　社会参加活動を事例に——」（『評論・社会科学』109 号，同志社大学社会
　　学会，2014 年）
　「都心住民の生活実態と社会意識についての一考察——京都市中京区明倫学区と
　　城巽学区を事例として」（『社会科学』45 巻 4 号，同志社大学人文科学研究
　　所，2016 年）
　『高齢者退職後生活の質的創造——アメリカ地域コミュニティの事例——』（東
　　信堂，2016 年）
　「「都心回帰」が都心の地域社会に何をもたらしたのか——大阪市北区菅南地区
　　を事例として——」（『評論・社会科学』122 号，同志社大学社会学会，
　　2017 年）

スーザンのアメリカ
——ライフヒストリーによる異国の友人理解の試み——

2021 年 8 月 20 日　初版第 1 刷発行　　＊定価はカバーに
　　　　　　　　　　　　　　　　　　　表示してあります

著　者　　加　藤　泰　子 ©
発行者　　萩　原　淳　平
印刷者　　田　中　雅　博

発行所　株式会社　晃　洋　書　房

〒615-0026　京都市右京区西院北矢掛町 7 番地
電話　075 (312) 0788番代
振替口座　01040-6-32280

装丁　野田和浩　　　　　印刷・製本　創栄図書印刷㈱

ISBN978-4-7710-3515-7